Volker Kauder (Hg.)
Verfolgte Christen
Einsatz für die Religionsfreiheit

Volker Kauder (Hg.)

VERFOLGTE CHRISTEN

Einsatz für die Religionsfreiheit

SCM Hänssler

SCM

Stiftung Christliche Medien

MIX
Papier aus verantwortungsvollen Quellen
FSC www.fsc.org FSC® C006701

SCM Hänssler im SCM-Verlag GmbH & Co. KG · 71088 Holzgerlingen
Internet: www.scm-haenssler.de; E-Mail: info@scm-haenssler.de

Bildnachweis:
Seite 10: Frank Bergmann, CDU/CSU-Bundestagsfraktion.
Seiten 38, 104, 105, 138: Ulrich Scharlack, CDU/CSU-Bundestagsfraktion.
Seite 158: Föderation der Aramäer in Deutschland.
Seite 182: Open Doors.
Klappenbild: © Martin Lengemann.

Soweit nicht anders angegeben, sind die Bibelverse folgender Ausgabe entnommen:
Neues Leben. Die Bibel, © der deutschen Ausgabe 2002 und 2006
SCM R.Brockhaus im SCM-Verlag GmbH & Co. KG, Witten.
Weiter wurden verwendet:
Einheitsübersetzung der Heiligen Schrift, © 1980 Katholische Bibelanstalt, Stuttgart.

Umschlaggestaltung: Kathrin Retter, Weil im Schönbuch
Titelbild: Volker Kauder: © Martin Lengemann;
Orissa, Indien: © Jan Bittner
Satz: typoscript GmbH, Walddorfhäslach
Druck und Bindung: CPI – Ebner & Spiegel, Ulm
Gedruckt in Deutschland
ISBN 978-3-7751-5418-5
Bestell-Nr. 395.418

Inhalt

Volker Kauder

Mein Einsatz für die verfolgten Christen

Es ist kurz vor Weihnachten 2010. Ich verlasse den Plenarsaal des Deutschen Bundestags. Hinter mir liegt ein besonderer Sitzungstag. Gerade haben wir über ein wichtiges Thema diskutiert: den weltweiten Schutz der Religionsfreiheit. Die Lage von bedrängten und verfolgten Christen stand dabei im Mittelpunkt. Aber wir haben nicht nur diskutiert, sondern der Deutsche Bundestag hat an diesem Dezembertag auf Antrag der christlich-liberalen Koalition auch einen Beschluss gefasst, der einen Meilenstein im politischen Engagement gegen die Diskriminierung und Verfolgung von Gläubigen darstellt. Zum ersten Mal in der Geschichte des Parlaments wurde festgestellt, dass der Einsatz für Religionsfreiheit ein wichtiger Bestandteil der deutschen Außenpolitik ist. Was mich dabei besonders freute, war die Tatsache, dass auch Abgeordnete der Sozialdemokraten und Grünen mit der Koalition gestimmt hatten. Allein die Linke hatte geschlossen gegen unseren Antrag gestimmt. Damit war ein Thema in der deutschen Politik etabliert, das mir persönlich sehr am Herzen liegt: der Einsatz für das Recht, seinen Glauben frei zu leben.

Der Beschluss des Deutschen Bundestags ist ein wichtiges politisches Signal, das über die Grenzen Deutschlands hinaus gehört wird. Er ist eine Ermahnung an alle, die die Menschenrechte mit Füßen treten: Deutschland ist nicht gewillt, ihrem Treiben widerspruchslos zuzusehen. Er ist zugleich ein Zeichen der Unterstützung für die vielen Christen, die um des Glaubens willen Verfolgung und Diskriminierung erleiden müssen. Die Debatte im Bundestag verfolgte der Bischof von Bagdad, Shlemon Warduni, auf der Ehrentribüne. Noch am Morgen hatte er mit mir und den Menschenrechtspolitikern meiner Fraktion über die Situation im Irak gesprochen. »Hölle auf Erden« nannte er die Lage in seiner Heimat und beschrieb mit eindringlichen Worten, wie Christen von Extremisten ermordet und entführt werden. Immer wieder kommt es vor, dass sie gezwungen werden, zum Islam zu konvertieren. Der Irak ist ein besonderer Fall und Christen haben hier Schreckliches zu erleiden. Das Problem von Verfolgung und Diskriminierung betrifft aber weit mehr Menschen auf dieser Erde: Christen ebenso wie die Angehörigen anderer Glaubensrichtungen. Auch ihnen gilt der Beschluss des Deutschen Bundestags und die Botschaft: Euer Schicksal ist nicht vergessen.

Das verdrängte Leiden der verfolgten Christen

Dass sich der Deutsche Bundestag in so klarer Weise zum Recht auf freie Ausübung der Religion bekannte, war eine Zäsur. Von unserem Antrag und den Debatten im Bundestag wird noch die Rede sein. Bevor der Einsatz für Religionsfreiheit ein politisches Thema in Deutschland werden konnte, hatte viel geschehen müssen. Zunächst musste die Lage der verfolgten und bedrängten Christen zu einem Thema in der Öffentlichkeit werden.

In den Diskussionen in Deutschland über die weltweite Menschenrechtslage spielte jahrelang das schwere Los von gläubigen Menschen, die wegen ihrer Überzeugung unterdrückt werden, kaum eine Rolle. Für mich war es immer unverständlich, dass die zahlreichen Menschenrechtsorganisationen, die bei uns viel dazu beigetragen haben, Menschenrechtsverletzungen in aller Welt bekannt zu machen, eher zurückhaltend sind, wenn es um das Thema der Christenverfolgung geht. Auch die Medien in Deutschland hielten sich zurück. Es schien, als sollten Fragen des Glaubens mit aller Macht aus der Öffentlichkeit herausgehalten werden. Für viele Menschen, insbesondere politisch Verfolgte, wurde die Stimme erhoben. Aufgrund ihrer Religionszugehörigkeit Verfolgte, insbesondere verfolgte Christen, standen jedoch nur in seltenen Einzelfällen im Fokus von Menschenrechtsorganisationen. Massive Menschenrechtsverletzungen wurden damit totgeschwiegen.

Religionsfreiheit – ein fundamentales Menschenrecht

Auch die deutsche Politik hat den Einsatz für Religionsfreiheit lange Zeit vernachlässigt. Zu Unrecht, geht es hier doch um einen zentralen Bereich der Menschenwürde. Die Garantie, seinen Glauben ungestört leben zu können, ist eine Grundvoraussetzung für ein Leben in Freiheit.

Das christliche Menschenbild ist die Richtschnur meines politischen Handelns. Der Mensch ist, so lehrt uns die Bibel, nach dem »Bilde Gottes« geschaffen worden (1. Mose 1,27). Diese Gottesebenbildlichkeit macht seine Würde aus. Er ist, das entnehmen wir dem Galaterbrief des Neuen Testaments, »zur Freiheit berufen« (Gal 5,13), zunächst und vor allem, um aus freier Entscheidung in eine Gemeinschaft mit Gott treten zu können. Ohne diese Freiheit wäre dem Menschen die wahre Erwiderung der Liebe Gottes nicht möglich.

Die Voraussetzung für diese Entscheidung für Gott ist die sittliche Begabung des Menschen, also seine Fähigkeit, zwischen Gut und Böse zu unterscheiden. Weil Freiheit für das Verhältnis zwischen dem Menschen und Gott so zentral ist, darf weder der Staat noch irgendwer sonst hier mit Zwang oder gar Gewalt eingreifen. Vielmehr gilt es, den Menschen mit Rechten auszustatten und so dafür zu sorgen, dass er das Besondere, das auf Freiheit basierende Verhältnis zwischen ihm und Gott, in dieser Welt leben kann.

Der Einsatz für Religionsfreiheit hat aber auch eine über die Frage des Individuums hinausgehende Bedeutung. Nur dort, wo jeder Einzelne seinen Glauben frei leben kann, ist auch die Gesellschaft frei. Deshalb ist es wichtig, dass wir uns für ein umfassendes Verständnis von Religionsfreiheit einsetzen. Das Recht auf freie Religionsausübung umfasst nicht nur das eigene, private Leben, sondern auch das öffentliche. Religionsfreiheit bedeutet demnach auch das Recht, in der Öffentlichkeit seinen Glauben bekennen und sein Leben – auch für andere sichtbar – auf Gott ausrichten zu dürfen.

Die Tatsache, dass das Recht auf die freie Ausübung der Religion auf so existenzielle Weise mit der menschlichen Würde verbunden ist, macht die Religionsfreiheit zu einem festen Bestandteil der Menschenrechte. Dies war auch die Überzeugung der Verfasser der Allgemeinen Erklärung der Menschenrechte. Als sie nach den Schrecken des Zweiten Weltkriegs zusammenkamen, um im Auftrag der Vereinten Nationen die fundamentalen Rechte eines jeden Menschen zu formulieren, bekam die Religionsfreiheit in diesem Katalog ihren festen Platz. In Artikel 18 der Allgemeinen Erklärung der Menschenrechte heißt es: »Jeder hat das Recht auf Gedanken-, Gewissens- und Religionsfreiheit; dieses Recht schließt die Freiheit ein, seine Religion oder seine Weltanschauung zu wechseln, sowie die Freiheit, seine Religion oder seine Weltanschauung allein oder in Gemeinschaft mit anderen, öffentlich oder privat durch Lehre, Ausübung, Gottesdienst und Kulthandlungen zu bekennen.« Jeder Staat, der heute den Vereinten Nationen angehört, erkennt die Allgemeine Erklärung der Menschenrechte an.

Artikel 4 des Grundgesetzes:
»Glaubens- und Gewissensfreiheit«, Jakob-Kaiser-Haus, Berlin

Diese formale Anerkennung der Menschenrechte bedeutet jedoch leider nicht, dass sie auch tatsächlich in allen Ländern geachtet werden. Wir Deutsche können uns glücklich schätzen, dass unser Grundgesetz das Recht auf Religionsfreiheit mit ähnlichen Formulierungen schützt und seine Gewährleistung in Rechtsprechung und Praxis gesichert ist. Allerdings lebt die Mehrheit der Menschen in Staaten, die Religionsfreiheit stark einschränken oder gar nicht schützen. Als Mitglied des Deutschen Bundestags erfahre ich immer wieder von schockierenden Schicksalen.

Nach allgemeinem Verständnis ist jedes einzelne der Rechte des Menschen unveräußerlich und jedem Individuum inhärent. Der Katalog der Menschenrechte, wie er beispielsweise in der Allgemeinen Erklärung der Menschenrechte festgehalten wurde, muss immer als Ganzes und für alle Menschen ohne Einschränkungen gelten. Für unser politisches Engagement zugunsten der Religionsfreiheit ist dieses Verständnis sehr wichtig. Es geht nie darum, exklusive Rechte für bestimmte Gruppen zu fordern. Die Religionsfreiheit, die wir einklagen, muss für alle Menschen gelten, unabhängig davon, welcher Religion sie angehören.

Bei Vorträgen zur Religionsfreiheit bekomme ich Beifall für die Forderung, dass es Christen in islamischen Ländern gestattet sein muss, Kirchen zu bauen. Zurückhaltender fällt der Beifall aus, wenn ich sage, dass es für mich ebenso selbstverständlich ist, dass Muslime in Deutschland Moscheen bauen dürfen. Ich sage es trotzdem jedes Mal. Mir ist es wichtig, hier ganz klar zu sprechen: Das Recht auf Religionsfreiheit ist nicht verhandelbar. Es kommt auch vor, dass ich nach meinen Vorträgen angesprochen werde: »Herr Kauder, dass Muslime bei uns Moscheen bauen können, ist ja in Ordnung, aber es sollte ihnen nur erlaubt werden, wenn die Regierungen in ihren Herkunftsländern auch den Bau von Kirchen zulassen.« Das wäre aber eine Einschränkung der Religionsfreiheit, die inakzeptabel ist. Wir würden den Menschen, die bei uns leben, ein fundamentales Recht vorenthalten und unser Verhalten und ihr Schicksal von der Politik eines anderen Staates abhängig machen. Das geht natürlich nicht. Erfolgreiche Menschenrechtspolitik kann man nur machen, wenn man mit gutem

Beispiel vorangeht. Nur dann ist man in einer Position, Verhaltensänderungen auch von anderen einzufordern.

Religionsfreiheit konkret: Einsatz für verfolgte Christen

Als Politiker weiß ich, dass ein politisches Anliegen nicht abstrakt bleiben darf, wenn es erfolgreich umgesetzt werden soll. Eine allgemeine Berufungsgrundlage wie etwa die Menschenrechtserklärung der Vereinten Nationen ist wichtig. Erfolgreiche Politik benennt Probleme und formuliert Lösungen mit dem Ziel, die konkreten Lebensumstände der Menschen zu verbessern. Aus diesem Grund sage ich immer wieder: »Politik beginnt mit dem Betrachten der Wirklichkeit. Auch Menschenrechtspolitik muss konkret sein.« Ich werde häufig gefragt, warum ich das Schicksal der verfolgten Christen so besonders betone. Die Antwort lautet dann: »Weil Christen die Religionsgruppe sind, deren Angehörige am häufigsten verfolgt werden.«

Es gibt noch einen weiteren Grund, den ich nenne: Ich bin überzeugt, dass wir als Christen eine große Gemeinschaft darstellen. Im Alltag ist diese Gemeinschaft oft nicht so sichtbar, weil Ländergrenzen, Sprach- oder Kulturräume sie trennen. Auch die vielen Spaltungen zwischen den Kirchen haben dazu geführt, dass wir die Gemeinschaft aller Christen nicht mehr erleben.

Im Neuen Testament ist diese große christliche Gemeinschaft jedoch ein wichtiges Thema. In einem seiner Briefe vergleicht der Apostel Paulus die Gemeinschaft der Christen mit einem menschlichen Körper. Er schreibt an die Gemeinde in Korinth: »Wenn eines [ein Glied] leidet, leiden alle anderen mit, und wenn eines geehrt wird, freuen sich alle anderen mit.« Und er erinnert uns: »So bildet ihr gemeinsam den Leib von Christus, und jeder Einzelne gehört als ein Teil dazu« (1. Kor 12,26f). Als Christ bin ich also aufgerufen, mich dem Schicksal meiner Brüder und Schwestern im Glauben verpflichtet zu fühlen, mit ihnen mitzufühlen, als wäre ich selber betroffen.

Für meinen politischen Alltag spielt die Motivation, die ich aus der Bibel erfahre und über die ich spreche, eine wichtige Rolle. Ich bin außerdem davon überzeugt, dass der Einsatz für verfolgte Christen allen Menschen zugutekommt, gleich welchen Glaubens und welcher Weltanschauung, weil er sich immer auf die universellen Menschenrechte bezieht. Dies gilt auch und gerade für Menschen, die sich mit keiner Religion identifizieren können. Trotzdem muss ich mich auch immer wieder mit Kritik auseinandersetzen. In der Debatte im Deutschen Bundestag haben einige Abgeordnete kritisiert, wir würden uns zu stark auf die Christen konzentrieren. Dabei wurden in unserem Antrag ausdrücklich auch konkrete Menschenrechtsverletzungen an anderen Religionsgruppen benannt. Wenn aber ein Antrag abgelehnt wird, wie von Teilen der linken Opposition geschehen, weil er von verfolgten Christen spricht, dann steckt mehr dahinter, als viele Kritiker zugeben mögen. Dann äußert sich darin eine radikale Ablehnung der Religiosität des Menschen an sich. Diese Haltung, die in den letzten Jahrzehnten zum Ausdruck eines Zeitgeistes zu werden schien, hat mit dazu beigetragen, dass das Schicksal von bedrängten und verfolgten Christen in der Öffentlichkeit bisher nicht thematisiert wurde.

Dass religionsferne Menschen nichts von Christenverfolgung wissen, ist vielleicht verständlich, dass aber auch in unseren Kirchen davon lange Zeit keine Rede war, verwundert sehr. Dabei spielt die Verfolgung von Christen im gesamten Neuen Testament eine wichtige Rolle. Christus selber kündigte vor seinem Tod an, dass die, die ihm nachfolgen werden, Verfolgung erdulden müssen. Tatsächlich erleben Christen seit den Tagen der ersten Gemeinde in Jerusalem Verfolgung. Gerade weil die Bibel uns Christen mit so deutlichen Worten auffordert, füreinander einzustehen, ist es mir lange unverständlich gewesen, wie wenig das Schicksal von Christen in Not in unseren Kirchen und Gemeinden behandelt wurde. Warum wurde in den Fürbitten für die ganze Welt gebetet, nicht aber auch für die Brüder und Schwestern, die unter Verfolgung leiden? In manchen Kirchen wurde fair gehandelter Kaffee getrunken, aber die Frage, wie es eigentlich den Christen in den Ländern geht, aus denen der Kaffee kommt, wurde nicht gestellt. Zum Glück hat sich hier in den vergangenen Jahren viel geändert. Dazu haben viele Engagierte beigetragen, die das Schweigen ihrer Kirche nicht hinnehmen wollten. Ich erinnere mich an eindrückliche Begegnungen bei der Evangelischen Allianz. Hier traf ich auf entschiedene Christen, denen das Leid ihrer Geschwister im Glauben keine Ruhe ließ. Gerade ihrer Beharrlichkeit ist es zu verdanken, dass dem Thema von den großen Kirchen heute größere Aufmerksamkeit zukommt. Dabei legen diese Christen immer sehr viel Wert darauf, dass es sich nicht nur um ein politisches Problem handelt, sondern dass es auch eine geistliche Herausforderung ist. So ruft die Evangelische Allianz einmal im Jahr dazu auf, an einem weltweiten Gebetstag für verfolgte Christen teilzunehmen. Als ich im Sommer 2011 zur Allianzkonferenz nach Bad Blankenburg eingeladen worden war, um über die Lage von verfolgten Christen zu sprechen, kamen etwa 500 Mitchristen zu dem Vortrag in diese kleine Stadt in Thüringen. Sie wollten sich informieren, aber auch gemeinsam beten. Ich bin überzeugt, dass von solchen Treffen eine große Kraft ausgeht, die jeder Einzelne mit in seine Gemeinde nimmt.

Zusammenarbeit mit den Kirchen in Deutschland

In den großen Kirchen in Deutschland hat sich in den letzten Jahren viel Positives entwickelt. Die Evangelische Kirche in Deutschland hat im Jahr 2008 festgehalten: »Das weltweite Leiden von Christen beim Namen zu nennen, ist eine wichtige Aufgabe der Kirche.« Die Synode beschloss zudem, einmal im Jahr in besonderer Weise der verfolgten Christen zu gedenken, und fordert alle Gemeinden auf, am zweiten Sonntag in der Fastenzeit (Reminiscere) die Verfolgten in die Fürbitten aufzunehmen. »Lasst uns jede Gelegenheit nutzen, allen Menschen Gutes zu tun, besonders aber unseren Brüdern und Schwestern im Glauben« (Gal 6,10). Mit diesen Worten des Apostels Paulus aus dem Galaterbrief erinnerte der damalige Ratsvorsitzende der EKD, Bischof Wolfgang Huber, an die Verpflichtung für Christen, sich gegenseitig beizustehen.

Papst Benedikt XVI. erklärte das Jahr 2011 zum Gedenkjahr für die verfolgte Kirche. In seiner Friedensbotschaft sagte er: »Von Herzen danke ich den Regierungen, die sich bemühen, die Leiden dieser Brüder und Schwestern in ihrer menschlichen Existenz zu lindern, und fordere die Katholiken auf, für ihre Brüder und Schwestern im Glauben, die unter Gewalt und Intoleranz leiden, zu beten und sich mit ihnen solidarisch zu zeigen.« Er rief dazu auf, »den Einsatz für den Aufbau einer Welt zu erneuern, in der alle frei sind, ihre Religion oder ihren Glauben zu bekennen und ihre Liebe zu Gott mit ganzem Herzen, mit ganzer Seele und mit allen Gedanken zu leben.« Als weltumspannende Institution ist die römisch-katholische Kirche selber in vielen Ländern von Diskriminierung betroffen. Ihre Gläubigen erleiden Bedrängnis und Verfolgung.

Im Nahen Osten gilt dies in besonderer Weise für die Kirchen, die mit Rom uniert sind und doch den eigenen Ritus beibehalten haben. Die Maroniten im Libanon stellen die größte dieser unierten Kirchen dar. Sie erkennen den Papst als ihr geistliches Oberhaupt an und feiern die heilige Messe in Gemeinschaft mit der weltweiten katholischen Kirche. Im Irak gehören rund zwei Drittel der Christen der chaldäisch-katholischen Kirche an, die in den vergangenen Jahren ein wahres Martyrium erfahren hat. Aus Sorge um die Gläubigen in der Ursprungsregion des Christentums hat der Vatikan im Herbst 2010 zu einer Sondersynode für den Nahen Osten eingeladen. Der alltäglichen Diskriminierung, den Bedrohungen und Übergriffen sollte nicht länger tatenlos zugesehen werden. Viele Berichte während der Synode zeigten: Christen haben trotz einer oft besseren Ausbildung nicht die gleichen Möglichkeiten wie ihre Mitbürger, für ihr Auskommen zu sorgen. Sie werden in vielen Staaten der Region nicht als vollwertige Bürger mit gleichen Rechten anerkannt. Zwar gibt es in vielen arabischen Ländern auch eine lange Tradition des friedlichen Zusammenlebens, die auch heute noch lebendig ist. Dennoch bestimmen immer wieder die islamischen Extremisten das Geschehen. Diese

Missstände zu ändern ist ein vordringliches Ziel. Letztlich geht es darum, dass Christen wieder Vertrauen fassen, dass auch sie eine gute Zukunft im Nahen Osten haben können. Nur so kann dem stetigen Strom an christlichen Auswanderern begegnet werden. Wenn der Exodus anhält, werden an den Orten der ersten Gemeinden, die wir aus der Bibel kennen, und in den kulturellen und geistlichen Zentren der frühen Christenheit eines Tages keine Christen mehr leben.

Ein enger Austausch mit den Kirchen und Gemeinden in Deutschland ist mir wichtig. Wenn wir etwas für die Bedrängten und Verfolgten erreichen wollen, müssen wir an einem Strang ziehen. Aus diesem Grund war ich froh, dass beide großen Kirchen im Herbst 2011 meiner Einladung zu einem Kongress der CDU/CSU-Bundestagsfraktion folgten. Wir hatten diesen Kongress in der Woche veranstaltet, in der Papst Benedikt XVI. Deutschland besuchte. So wollten wir aus dem Parlament heraus einen inhaltlichen Beitrag zu einem zentralen Anliegen des Papstes leisten. Der aus dem Vatikan angereiste Kurienkardinal Peter Turkson, der Ratsvorsitzende der evangelischen Kirche, Präses Nikolaus Schneider, und Erzbischof Ludwig Schick unterstrichen in ihren Beiträgen die Bedeutung dieser Zusammenarbeit.

Zu dem Kongress waren auch Christen aus Indien, Syrien und Nigeria eingeladen, aus Ländern also, in denen ein christliches Bekenntnis eine Gefahr für Leib und Leben darstellt. Der Generalsekretär der Evangelischen Allianz Indien, Richard Howell, schilderte die Lage in seiner Heimat. Er betonte die negativen Auswirkungen des Kastensystems. Das soziale Stigma der Angehörigen der unteren Kasten steht im großen Widerspruch zur christlichen Botschaft, die von der Gleichwertigkeit aller Menschen ausgeht. Besonders in Erinnerung geblieben sind mir die Schilderungen von Monsignore Obiora Ike, einem engagierten Priester aus Nigeria. Die Entwicklungen in diesem bevölkerungsreichsten Land Afrikas, dessen Einwohner etwa zur Hälfte Christen und zur anderen Hälfte Muslime sind, wurden bei uns lange nicht mit der gebührenden Aufmerksamkeit wahrgenommen. Im nördlichen Teil des Landes leben mehrheitlich Muslime. Einige

Bundesstaaten haben sogar die Scharia eingeführt. Bei Spannungen zwischen Christen und Muslimen sind in den vergangenen Jahren viele Menschen ums Leben gekommen. Aus der islamischen Sekte Boko Haram, was in etwa »westliche Bildung ist Sünde« bedeutet, hat sich eine Terrorgruppe entwickelt, die für zahlreiche Angriffe auf christliche Kirchen mit vielen Toten verantwortlich ist, aber auch für einen Anschlag auf die Vertretung der Vereinten Nationen in Nigeria. Monsignore Ike wies in seinem Vortrag auf die zunehmende Islamisierung in den nördlichen Landesteilen hin. Das zerstörerische Potenzial dieser Entwicklung werde oft nicht richtig wahrgenommen. Er berichtete, dass sich etwa kein Christ darauf verlassen kann, nicht durch ein Schariagericht verurteilt zu werden. Und auch für die Muslime bedeute die Scharia eine Einschränkung der Religionsfreiheit. Die Einführung eines parallelen Rechtssystems und – wie zusätzlich immer wieder gefordert – die Einführung eines islamischen Bankensektors zementiere die Zweiteilung der Gesellschaft. Der einzige Weg zu einem friedlichen Zusammenleben liege aber in der Zusammenarbeit. Dass Menschen in Nigeria, wie Obiora Ike und viele andere, mit denen ich in den vergangenen Jahren sprechen konnte, sich für friedliche Wege des Zusammenlebens einsetzen, verdient höchsten Respekt. Und es verdient unsere Unterstützung.

Ich freue mich über die Möglichkeit einer Zusammenarbeit mit den Kirchen beim Eintreten für Religionsfreiheit. Und doch ist mir klar: Kirche und Staat haben unterschiedliche Aufgaben, diese Zusammenarbeit kann nicht die Regel sein. Als Mitglied einer Kirche ist es mir wichtig, dass diese Kirche ihren Einsatz für verfolgte Christen nicht in erster Linie als politische Aufgabe begreift. Vielmehr ist es zunächst eine geistliche Herausforderung, mit der Tatsache umzugehen, dass Gläubige immer wieder in diese existenzielle Not geraten. Wenn es der Glaube ist, der von anderen zum Anlass für Angriffe genommen wird, sind die Kirchen gefragt, hier Erklärung, Trost und geistliche Unterstützung zu bieten.

Das Problem der Christenverfolgung ist immer ein Appell an unsere Bereitschaft, praktische Hilfe zu leisten. Denn Christsein bedeutet stets auch, zu handeln und für den Nächsten da zu sein.

Alle Christen kennen das Beispiel vom barmherzigen Samariter, der nicht an dem Verwundeten, der am Wegrand liegt, vorbeigeht, wie es die anderen vor ihm getan haben. Unser Nächster kann auch in Afrika, in Asien oder im Nahen Osten leben. Wenn wir vom Leid anderer Christen erfahren, ist es daher wichtig, dass wir uns von ihrem Leid anrühren lassen und tätig werden. Ich wünsche mir, dass die verfolgten und bedrängten Christen durch unsere praktische Hilfe mehr von diesem Geist der Nächstenliebe erfahren.

Die Handschrift der Union: Religionsfreiheit wird in der Großen Koalition zum Thema

Als Vorsitzender der CDU/CSU-Bundestagsfraktion wollte ich auch im Bereich der Außenpolitik dazu beitragen, die Handschrift der Union in der Politik der Bundesregierung deutlich zu machen. Dies bedeutete auch dort den Einsatz für eine wertegebundene Politik. Meiner Überzeugung nach muss es das Ziel unserer Politik sein, Werte und Interessen zum Gegenstand unseres Auftretens anderen gegenüber klug und überzeugend zu vertreten. Die Benennung und Durchsetzung der Menschenrechte, das Beharren auf ihrer Einhaltung kann nicht ein beliebiger Bestandteil unserer Haltung sein. Dies gilt für mich als Mitglied einer christlichen Partei, insbesondere mit Bezug auf die Wahrung des Menschenrechtes auf Religionsfreiheit. Immer wieder begegne ich aber der Meinung, in der internationalen Politik müsse die Frage vernachlässigt werden, was moralisch richtig und was falsch ist. Auf Werte Rücksicht zu nehmen, sei in der internationalen Politik ein Luxus. Dieser Haltung setzen wir unsere Konzeption der wertegeleiteten Außenpolitik entgegen.

Mit der Bundeskanzlerin haben wir eine starke Verbündete für eine wertegeleitete Außenpolitik. Das Thema Religionsfreiheit auf die Tagesordnung zu setzen, war jedoch nicht so einfach angesichts des in der Bevölkerung verbreiteten Desinteresses – schließlich wird eine erfolgreiche Menschenrechtspolitik nicht durch die Bundeskanzlerin verordnet. Vielmehr kommt es darauf an, zu überzeugen und Mitstreiter zu gewinnen. Es galt daher zunächst, das Problembewusstsein in Deutschland zu schärfen. Dazu organisierte die CDU/CSU-Bundestagsfraktion eine Konferenz zum Thema Religionsfreiheit. Ziel war es, unter dem Titel »Christenverfolgung heute« dafür zu sensibilisieren, dass es sich um ein aktuelles Problem handelt. Ebenso musste aber auch die gesellschaftliche Dimension des Problems deutlich gemacht werden. Untersuchungen zeigen, dass Einschränkungen der Religionsfreiheit, die sich meist gegen Minderheiten richten, zu neuen gesellschaftlichen Spannungen führen, auch wenn vorgegeben wird, gerade diese verhindern zu wollen. So tragen Gesetze, die die Religionsfreiheit einschränken, häufig zu einem Klima des Misstrauens, der Denunziation und Gewalt bei. Anstatt befriedend zu wirken, stehen in deren Folge die Forderung der Mehrheit nach wiederum schärferen Gesetzen und härteren Strafen gegen die Minderheiten – ein Teufelskreis.

In der Diskussion waren sich die Experten einig: Das Thema Religionsfreiheit sei zu lange vernachlässigt worden. Die Politik müsse tätig werden. Aber: So wichtig diese Konferenz für die Standortbestimmung unserer Politik war, es reichte nicht aus, dass sich Politiker und Menschenrechtsexperten einig waren. Die Botschaft musste weitergetragen werden und unsere Positionierung musste auch gegenüber der Öffentlichkeit erklärt werden. Der Weltgebetstag für verfolgte Christen, zu dem die Evangelische Allianz einige Wochen nach unserer Konferenz aufrief, schien mir eine gute Gelegenheit, um auf das Anliegen der Union aufmerksam zu machen. In einem Artikel für die in Düsseldorf erscheinende Rheinische Post erläuterte ich am 10. November 2006 unseren neuen Schwerpunkt für die Menschenrechtspolitik: »Die Universalität der Menschenrechte und insbesondere des Rechts auf Religionsfreiheit müssen wir gegenüber den Staaten, die dieses Menschenrecht verletzen, klar ansprechen. (...) Das Thema Christenverfolgung muss sensibel, aber ohne falsche Rücksichtnahme behandelt werden. Aus Sorge, die Konflikte mit der islamischen Welt könnten sich verfestigen, wird die Verfolgung von Christen oft nicht offen angesprochen. Diese Tabuisierung ist der falsche Weg.«

Damit war ein wichtiges Prinzip der wertegeleiteten Außenpolitik benannt: Klare Worte bei Menschenrechtsverletzungen. Aber auch die Herausforderungen in unserer eigenen Gesellschaft mussten beim Namen genannt werden: »Wir müssen die Bedeutung der Religionsfreiheit aber auch in unserer eigenen Gesellschaft deutlich machen, wo Säkularisierung in den letzten Jahrzehnten stark vorangeschritten ist. Große Teile unserer Gesellschaft haben heute keinen persönlichen Bezug mehr zu Religion. Damit hat sich vielfach die Meinung durchgesetzt, Religion sei Privatsache und habe in der Öffentlichkeit nichts zu suchen. Christen, die in anderen Ländern verfolgt werden, weil sie ihren Glauben öffentlich bekannt haben, scheinen bei einer solchen Sichtweise ihre Probleme selbst verursacht zu haben.« Die Aufgaben für die kommenden Jahre waren beschrieben.

Selten habe ich so viele Zuschriften auf einen Zeitungsartikel bekommen wie nach meinem Aufruf in der Rheinischen Post. Viele Leserbriefschreiber waren dankbar, dass das Thema endlich öffentlich gemacht wurde. Einige schilderten mir ihr persönliches Engagement. Einige schrieben seit Jahren Briefe an gefangene Christen, die von Hilfsorganisationen übermittelt wurden. Andere beteiligten sich regelmäßig an Protestschreiben gegen Menschenrechtsverletzungen. Sie alle drückten ihre Freude und Zustimmung aus, dass ihr Anliegen endlich von der deutschen Politik aufgegriffen wurde.

Der erste Praxistest – Die Aufnahme von Irakflüchtlingen in Deutschland

Die Lage von bedrängten und verfolgten Christen öffentlich zu machen, war ein wichtiger erster Schritt. Es war uns aber klar, dass es dabei nicht bleiben konnte. Es galt auch, politisch zu handeln. Die Gelegenheit dazu ergab sich bald. Die dramatische Entwicklung im Irak und die grausame Verfolgung von Christen waren eine Herausforderung für unsere wertegeleitete Außenpolitik.

Trotz des schnellen Einmarsches der Amerikaner 2003 war die Lage im Irak in den folgenden Monaten eskaliert: Gefechte zwischen den Besatzungstruppen und Aufständischen, zunehmend auch Anschläge von Terroristen. Im Irak war ein Bürgerkrieg zwischen Sunniten und Schiiten um die Vorherrschaft im Staat ausgebrochen. Jeden Abend zeigten die Nachrichtensendungen in Deutschland die schrecklichen Bilder. Kaum jemand jedoch berichtete in dieser Zeit, dass immer wieder auch die Christen im Visier der islamischen Extremisten standen und grausame Dinge erleiden mussten. Dabei hatte der Exodus der Christen aus dem Irak längst begonnen. Zu Hunderttausenden verließen sie ihre Heimat und suchten Schutz in den angrenzenden Staaten. Vertreter des Arbeitskreises Religionsfreiheit der Evangelischen Allianz besuchten mich in Berlin, um mich auf das traurige Schicksal der irakischen Christen aufmerksam zu machen. Öffentliche Aufmerksamkeit erfuhr das Thema jedoch nicht. Der Irak schien den Deutschen weit weg, und da sich Deutschland nicht an dem Krieg beteiligt hatte, gab es kaum jemanden, der sich eingehend mit der Lage an Euphrat und Tigris befasste. Das änderte sich erst, als die katholische Hilfsorganisation missio sich des Themas annahm. In einer für eine Hilfsorganisation beispiellosen Kampagne wurde das Schicksal der christlichen Irakflüchtlinge bekannt gemacht. Reisen zu den Flüchtlingen in den irakischen Nachbarländern wurden organisiert und Vertreter von Hilfsorganisationen aus der Region wurden nach Deutschland eingeladen. Auf einer Tagung der Konrad-Adenauer-Stiftung in Berlin schilderten sie das Leid der Flüchtlinge in eindringlichen Worten. In meiner Fraktion nahmen sich die Menschenrechtspolitiker des Problems an. Die Sprecherin der CDU/CSU-Bundestagsfraktion für Menschenrechte und humanitäre Hilfe, Erika Steinbach, beklagte am 30. März 2008 in einem Artikel in der Frankfurter Allgemeinen Sonntagszeitung das Schweigen im Westen angesichts der brutalen Verfolgung der irakischen Christen. Mit Blick auf die prekäre Lage der Flüchtlinge in den Nachbarstaaten forderte sie: »Wir müssen den verfolgten Christen des Iraks durch Aufnahme auch in Deutschland beistehen.«

Angesichts der großen humanitären Not war ich dankbar, dass sich der damalige Bundesinnenminister Wolfgang Schäuble sehr aufgeschlossen gegenüber dieser Forderung zeigte und nun seinerseits einen konkreten Plan zur Aufnahme einer größeren Gruppe von Irakflüchtlingen in Deutschland vorschlug. Es sollte sich um diejenigen handeln, bei denen der Hohe Flüchtlingskommissar der Vereinten Nationen von einer besonderen Schutzbedürftigkeit ausging. Dafür hatten die Vereinten Nationen einen Katalog von Kriterien entwickelt. Ein wichtiges Kriterium hieß »Angehörige von religiösen Minderheiten«. Ungefähr die Hälfte der aufzunehmenden Flüchtlinge waren Christen.

Die Entscheidung zur Aufnahme von irakischen Flüchtlingen in Deutschland haben wir nicht leichtfertig getroffen. Nur in äußersten Notfällen nimmt Deutschland Flüchtlinge in einer größeren Gruppe auf. Die Mehrzahl der Menschen, die bei uns Schutz finden, beantragt nach der Einreise Asyl. Angesichts des erschreckenden Ausmaßes der irakischen Flüchtlingskrise war es hingegen gerechtfertigt, hier die Aufnahme eines größeren Kontingents zu erlauben. Aber auch mit Blick auf die christliche Gemeinschaft im Irak mussten Fragen gestellt und beantwortet werden. Trugen wir mit der Aufnahme einer größeren Gruppe nicht dazu bei, dass sich der Exodus der Christen aus dem Irak verstärkte? Wir entschieden uns dafür, nur Flüchtlingen aus den Nachbarländern anzubieten, nach Deutschland zu kommen. Dies waren Menschen, die ihre Heimat bereits verlassen hatten, und für die angesichts traumatischer Erlebnisse eine Rückkehr in den Irak nicht mehr in Betracht kam. Unser Einsatz für verfolgte Christen hatte sich in konkreter Politik niedergeschlagen.

Einsatz für Religionsfreiheit – Auftrag und Selbstverpflichtung der christlich-liberalen Koalition

Die christlich-liberale Koalition war die erste Bundesregierung, die sich im Koalitionsvertrag ausdrücklich zum weltweiten Einsatz für Religionsfreiheit bekannte. Im Kapitel über die Menschenrechtspolitik des Koalitionsvertrages heißt es: »Ebenso kontinuierlich wird sich die Bundesregierung weltweit für Religionsfreiheit einsetzen und dabei ein besonderes Augenmerk auf die Lage christlicher Minderheiten legen.«

Ein zentrales Anliegen der Union, für das ich mich auch persönlich eingesetzt hatte, war damit auf den Punkt gebracht. Es geht uns in unserer wertegeleiteten Außenpolitik um Religionsfreiheit als universales Recht. Für dieses Recht, so verpflichtete sich die Bundesregierung, würde sich Deutschland weltweit einsetzen. Zugleich kam hier zum Ausdruck, dass Christen in vielen Teilen der Welt unter Verfolgungsdruck stehen – insbesondere dort, wo sie als Minderheiten leben.

Die Haushaltsdebatte im Deutschen Bundestag ist für die Mitglieder der Bundesregierung ebenso wie für die Abgeordneten der Regierungsfraktionen immer eine gute Gelegenheit, die Schwerpunkte ihrer Politik zu erläutern. Traditionell wird die Beratung über den »Einzelplan 04«, wie der Etat des Bundeskanzleramts im Parlamentsdeutsch heißt, genutzt, um die großen Linien der Politik zu diskutieren.

Ich entschied mich, in meiner Rede zur Aufstellung des ersten Haushalts der christlich-liberalen Koalition am 20. Januar 2010 neben Themen wie der Rückführung des Staatsdefizits, der Energiepolitik und unseren Schwerpunkten im Bereich der Integration auch das Thema Religionsfreiheit anzusprechen.

»Wir müssen mit denjenigen solidarisch sein, die nichts anderes wollen, als sich als Christen zu ihrem Glauben zu bekennen.« Es sollte aber auch deutlich werden, dass es nun darum ging, unsere Ankündigung aus dem Koalitionsvertrag umzusetzen. So fügte ich hinzu, dass ich hier »einen starken Beitrag der Bundesregierung« erwartete.

Nach der Debatte im Deutschen Bundestag wandte sich Bundesaußenminister Guido Westerwelle an mich. Er hatte meine Rede von der Regierungsbank aus verfolgt und versicherte mir, dass der Einsatz für Religionsfreiheit einen festen Platz auf seiner außenpolitischen Agenda habe. Diese Rückmeldung war mir sehr wichtig, denn langfristig konnte der Einsatz für Religionsfreiheit nur erfolgreich sein, wenn alle in Regierung und Parlament an einem Strang ziehen. Nur wenige Wochen nach meiner Rede erläuterte der deutsche Außenminister vor dem Menschenrechtsrat der Vereinten Nationen in Genf die Schwerpunkte der deutschen Menschenrechtspolitik. Den Vertretern von Staaten wie Saudi-Arabien, China oder Kuba teilte er mit: »Das friedliche Zusammenleben innerhalb einer Gesellschaft und der Völker untereinander wird nur gelingen, wenn wir die Religionsfreiheit und den Glauben als untrennbaren Teil unserer Identität anerkennen. Jeder Mensch muss den Glauben leben dürfen, den er für sich als wahr erkannt hat. Das gilt für Angehörige christlicher Minderheiten ebenso wie für Anhänger jeder anderen Religion.«

Ich war froh, als ich wenig später die Rede las und sah, dass der Bundesaußenminister bei den Vereinten Nationen diese klaren Worte gefunden hatte. In Guido Westerwelle hatte ich einen verlässlichen Mistreiter, der sich der menschenrechtlichen Bedeutung der Religionsfreiheit bewusst ist.

Arbeitsschwerpunkte setzen im Deutschen Bundestag – der Antrag »Religionsfreiheit weltweit schützen«

Im Deutschen Bundestag galt es zu Beginn der Legislaturperiode, die Schwerpunkte unserer Menschenrechtsarbeit für die kommenden Jahre zu formulieren und die parlamentarische Arbeit entsprechend zu strukturieren. Um das Thema Religionsfreiheit im Plenum des Deutschen Bundestags zu debattieren, mussten wir einen Antrag formulieren und zur Abstimmung stellen. Ich beriet mich mit den Mitgliedern meiner Fraktion im Ausschuss für Menschenrechte und Humanitäre Hilfe und bat sie, gemeinsam mit den Kollegen von der FDP unsere Kernanliegen auszuformulieren.

Aus meiner Sicht war es unbedingt notwendig, noch einmal festzuhalten, was das universelle Recht auf freie Ausübung der Religion, so wie es in der Allgemeinen Erklärung der Menschenrechte festgehalten ist, umfasst. Auf Reisen hatte ich des Öfteren erfahren, dass meine offiziellen Gesprächspartner mir gegenüber behaupteten, in ihren Ländern sei Religionsfreiheit in der Verfassung garantiert und werde selbstverständlich von den Behörden geschützt. Zugleich aber lagen mir Berichte des Auswärtigen Amtes oder von Menschenrechtsorganisationen über diese Länder vor, die von gravierenden Verstößen sprachen. Diese Widersprüchlichkeit liegt in einer unterschiedlichen Definition der Religionsfreiheit begründet. Viele islamische Staaten verstehen unter Religionsfreiheit das Recht des Menschen, eine Religion zu haben. Mit Religion meint man aber nur staatlich anerkannte Religionen. Oft wird etwa positiv über die Buchreligionen gesprochen, manchmal auch über traditionelle Religionen. So gibt beispielsweise Iran vor, Religionsfreiheit zu schützen und verweist auf die Kirchen der armenischen Minderheit im Land oder auf die kleine jüdische Gemeinschaft. Gleichzeitig verfolgt der Staat Angehörige der Bahai auf brutale Art und Weise: Viele religiöse Führer der Bahai sitzen in iranischen Gefängnissen oder leben im Exil – auch in Deutschland. Aber auch die Angehörigen der anerkannten Religionen können sich nicht auf die gleichen Rechte berufen wie die muslimische Bevölkerungsmehrheit. An diesem Beispiel wird deutlich, dass die Religionsfreiheit nicht auf die Freiheit einer Gemeinschaft reduziert werden darf, ihren Glauben in einer Art Reservat auszuüben, sondern immer auch die individuelle Freiheit umfassen muss.

Recht auf Glaubenswechsel

Ein großes Problem für die Christen, insbesondere in islamischen Ländern, ist die Frage des Glaubenswechsels. Das, was wir Christen als Bekehrung bezeichnen, ist in diesen Ländern mit Einschränkungen belegt. Überall in der islamischen Welt ist der Glaubenswechsel ein gesellschaftlicher Skandal und zugleich ein Politikum. Hier wird das unterschiedliche Verständnis von Religionsfreiheit deutlich. In vielen islamischen Staaten wird unter Religionsfreiheit das Recht des Menschen verstanden, eine (und nur eine) Religion zu haben. Der Wechsel des Glaubens, der als Abfall vom Islam gesehen wird, ist für Muslime in islamischen Staaten verboten. Denn der Abfall vom Islam, auch Apostasie genannt, gilt als schwere Sünde, die nicht nur als eine persönliche Verfehlung gesehen wird, sondern als ein Vergehen, das auch durch den Staat sanktioniert wird.

Saudi-Arabien steht für eine besonders strenge Variante des Islam, den Wahhabismus. Das Land fördert die weltweite Ausbreitung dieser besonders dogmatischen Auslegung des muslimischen Glaubens, unter anderem auch durch gezielte finanzielle Unterstützung entsprechender Bewegungen im Ausland. Gleichzeitig sind in Saudi-Arabien alle nicht islamischen Religionen streng verboten. Immer wieder werden Menschen zum Tod verurteilt, weil sie ihren Glauben gewechselt haben. Die Christen in Saudi-Arabien, die in der Regel als Gastarbeiter aus Asien oder Afrika kommen, leben unter permanenter Bedrohung. Auch in Iran werden immer wieder Todesurteile gegen Menschen verhängt, die Christen geworden sind. Der Fall eines christlichen Pastors wurde weltweit bekannt, weil er von einem Gericht wegen des Abfalls vom Islam 2010 zum Tode verurteilt wurde.

Das Recht auf Glaubenswechsel wird von vielen Staaten bestritten. Daher war es mir wichtig, dass der Deutsche Bundestag sich eindeutig zu der Rechtsauffassung bekennt, dass das international verankerte Recht auf freie Religionsausübung das Recht auf Religionswechsel umfasst. Auch wenn ich die Probleme in islamischen Staaten klar beim Namen nenne, geht es dabei nicht darum, in innerislamische Auseinandersetzungen über das richtige Koranverständnis einzugreifen. Von Seiten der Politik muss aber darauf gedrängt werden, eine deutliche Unterscheidung zwischen persönlicher Sünde und von Staats wegen zu sanktionierendem Verhalten zu machen. Deswegen war es notwendig, dass sich der Deutsche Bundestag hier zu Wort meldete.

Öffentliches Bekenntnis und Werben für Religion

Zur freien Religionsausübung gehört auch, dass die Botschaft der Religion von Gläubigen frei weitergegeben werden darf. Der Begriff »Mission« hat in den Ohren vieler keinen guten Klang, weil er an vergangene Zeiten erinnert, in denen Zwang und Druck zu den Mitteln gehörten, um Menschen zum christlichen Glauben zu bekehren. Ein solches Verhalten steht jedoch im starken Widerspruch zum Inhalt der christlichen Botschaft. Denn geht man davon aus, dass wahre Bekehrung nur durch persönliche Erkenntnis und freie Entscheidung stattfindet, wird deutlich, dass die Mission auch heute noch ihren Platz hat. Aus der Perspektive der universellen Menschenrechte ist ohnehin klar, dass das Werben für die eigenen Glaubensüberzeugungen geschützt ist. So wie das Leben eines Menschen immer sowohl eine private als auch eine öffentliche Dimension hat, so schützen die Menschenrechte diese beiden Dimensionen. Auch für Glaubensüberzeugungen gilt, dass sie sowohl im privaten als auch im öffentlichen Bereich frei geäußert werden können. Auch diesen Bereich der Religionsfreiheit beleuchteten wir in unserem Antrag. Unsere wertegeleitete Außenpolitik muss dafür eintreten, dass das friedliche Werben für die eigene Religion zur Religionsfreiheit gehört und von jedem Staat dieser Welt entsprechend geschützt wird.

Oft steht hinter der Einschränkung der Religionsfreiheit die Angst vor kulturellen Veränderungen. Abschottung wird als eine Möglichkeit gesehen, den kulturellen Status quo zu sichern. Aus diesem Grund treffen Verbote, sich öffentlich zu seinem Glauben zu bekennen und für ihn zu werben, in der Regel religiöse

Minderheiten. Für die Religion der Mehrheit scheint das Werben hingegen ein gutes Recht zu sein. Da jeder Einzelne Träger der gleichen Rechte ist, ist diese unterschiedliche Behandlung nicht akzeptabel. Und doch findet sie auch bei vielen Gutmeinenden in Deutschland Verständnis. Hingewiesen wird auf unterschiedliche Kulturräume, in denen jeweils ein eigenes Verständnis von Menschenrechten gelten würde. Um Konflikte zu vermeiden, so wird argumentiert, sei es weise, kulturelle Grenzen anzuerkennen und nicht zu überschreiten. Damit wird jedoch die Religionsfreiheit des Einzelnen zugunsten einer vermeintlichen Konfliktvermeidung geopfert. Zudem zeigt die Realität, dass exklusive, kulturell begründete Rechte nicht zu einem friedlicheren Zusammenleben der Menschen führen.

Kein »Schutz der Religion«!

Mit Blick auf die international geführten Diskussionen über Religionsfreiheit bereitet mir eine weitere Entwicklung große Sorge: der Versuch der Organisation der Islamischen Konferenz (OIC), den »Schutz der Religion« völkerrechtlich zu verankern. In Gremien und Unterorganisationen der Vereinten Nationen wurde dieses Prinzip in den vergangenen Jahren von einer Reihe islamischer Staaten vorangetrieben. Sie gaben vor, den Islam schützen zu wollen, zielten aber darauf, die Geltung der Menschenrechte massiv einzuschränken. Insbesondere ging es ihnen darum, die Meinungsfreiheit, die ja auch die Kritik an Religion umfasst, zu demontieren. Bereits in der Allgemeinen Islamischen Erklärung der Menschenrechte, die 1981 veröffentlicht wurde und später in der Kairoer Erklärung der Menschenrechte aufging, war der Versuch unternommen worden, dem Konzept der individuell einklagbaren Menschenrechte ein Konzept von religiös definierten Gruppenrechten entgegenzusetzen. Der Deutsche Bundestag hat nunmehr hierzu klar Stellung bezogen. Allen Versuchen, Kollektivrechte in das Völkerrecht einzuführen unter dem Vorwand, den Islam schützen zu wollen, erteilen wir eine klare Absage.

In vielen Staaten mit muslimischer Bevölkerungsmehrheit ist hingegen das, was international als Verbot der Diffamierung von Religion bezeichnet wird, bereits rechtlich verankert. Sogenannte Blasphemiegesetze sollen den Islam vor vermeintlichen Beleidigungen oder Herabsetzungen schützen. In Pakistan ist dieses Gesetz in der Realität zu einem Instrument geworden, Andersgläubige einzuschüchtern. Häufig wird es auch in persönlichen Auseinandersetzungen dazu genutzt, dem Gegner mit den Strafverfolgungsbehörden zu drohen. Dies trifft insbesondere die Angehörigen von religiösen Minderheiten, die sich gegen den Vorwurf, sie hätten den Koran oder den Propheten beleidigt, kaum wehren können. Verurteilungen auf Grundlage des Blasphemiegesetzes haben in den vergangenen Jahren sprunghaft zugenommen und sind zu einer Quelle gesellschaftlicher Radikalisierung geworden. Shahbaz Bhatti, der als Minister in der pakistanischen Regierung zuständig für die Angelegenheiten der Minderheiten war, hatte sich den politischen Kampf gegen die Auswüchse dieses Gesetzes zur Aufgabe gemacht. Als katholischer Christ wusste er persönlich, wie sehr dieses Gesetz zur Einschüchterung der Minderheiten missbraucht wurde. Diesen Einsatz für mehr Religionsfreiheit in seinem Land musste Minister Bhatti mit dem Leben bezahlen. Im März 2011 wurde er in Islamabad von Islamisten erschossen.

Pakistan stand auch hinter den internationalen Bemühungen, die vermeintliche Lästerung des Islam zu verbieten. Im März 2010 hatten pakistanische Vertreter im Menschenrechtsrat der Vereinten Nationen eine Resolution gegen die »Diffamierung von Religion« eingebracht, die dort mit knapper Mehrheit angenommen wurde. Daher war es mir wichtig, dass der Deutsche Bundestag die einseitige Einschränkung der Meinungsfreiheit zugunsten von einzelnen Glaubensrichtungen als nicht akzeptabel bezeichnet. Dass die Initiative Pakistans die Generalversammlung der Vereinten Nationen nicht erreichte, war ein wichtiger Sieg aller, die unser Verständnis der Menschenrechte teilen.

Dialog mit den Muslimen

Auf viele der hier beschriebenen Probleme treffen wir in Ländern mit muslimischer Bevölkerungsmehrheit. Oft werden gravierende Einschränkungen der Menschenrechte mit den Lehren des Korans begründet. Wir wollen keine inhaltliche Auseinandersetzung mit dem Islam führen. Fragen der Auslegung bestimmter Glaubensprinzipien müssen die Muslime unter sich klären. Ich glaube, dass es nicht zielführend ist, wenn wir uns zur Verteidigung der Religionsfreiheit in eine inhaltliche Religionskritik begeben. Jeder mag seine Religion als die einzige und ausschließliche Wahrheit begreifen. Daraus erwachsen auch der Drang und die Kraft, für diese Religion zu werben. Dies ist im Rahmen der verfassungsrechtlichen Ordnung zulässig. Aber es ist stets eine klare Trennung zwischen dem Staat und einzelnen Religionsgemeinschaften zu ziehen. Niemand ist dem Staat und der Öffentlichkeit gegenüber rechenschaftspflichtig, warum er zu einer bestimmten Religionsgemeinschaft gehört oder gehören will. Niemand ist gegenüber dem Staat rechenschaftspflichtig, wenn er sich für einen Religionswechsel entscheidet. Niemand ist schließlich dem Staat eine Begründung dafür schuldig, warum er was und wie glaubt. Der Staat entscheidet nicht über den Wahrheitsgehalt eines religiösen Bekenntnisses. Aber der Staat garantiert die Freiheit des Bekenntnisses. Die Diskussion darauf zu reduzieren, wäre schon eine erhebliche Erleichterung.

Hier erwarte ich auch einen Beitrag der in Deutschland lebenden Muslime, die in unserem Land Religionsfreiheit kennenlernen. Gerade weil sie in unserem Staat ihren Glauben frei leben können, haben sie eine Verantwortung, auch in ihren Herkunftsländern von ihren Erfahrungen bei uns zu berichten und umfassende Religionsfreiheit einzufordern. Ich selber besuche auf meinen Reisen ebenfalls muslimische Würdenträger, um für gegenseitigen Respekt zwischen den Religionen und rechtliche Gleichbehandlung zu werben. So reiste ich im Januar 2011 kurz nach einem schrecklichen Anschlag auf die Besucher einer koptisch-orthodoxen Neujahrsmesse in Alexandria nach

Ägypten. In Kairo hatte ich auch ein Treffen beim Großscheich der Al-Azhar-Universität vereinbart. Als oberster Geistlicher der Sunniten in Ägypten genießt er großen Einfluss auch weit über die Landesgrenzen hinaus. In dem Gespräch ging es um die Toleranz gegenüber den religiösen Minderheiten, die in großer Sorge waren, aber auch um die Schutzverpflichtungen des Staates gegenüber seinen Bürgern. Wenige Wochen nach meinem Besuch trat Präsident Hosni Mubarak unter dem Druck der Demonstranten auf dem Tahrir-Platz zurück. In der Situation des politischen Umbruchs kam es auch zu Gewalt gegen die koptische Minderheit. Der Großscheich nutzte die Autorität, die ihm sein Amt an der Al-Azhar-Universität verlieh, um mäßigend in die Auseinandersetzungen einzugreifen und die Auswüchse der Fundamentalisten zu begrenzen.

Der Dialog der Religionen hat in den vergangenen Jahren mit dazu beigetragen, das Wissen über die religiösen Überzeugungen des Gegenübers und die gegenseitige Akzeptanz zu erhöhen. Er ist aber nicht die Voraussetzung für die Einsicht, dass das Menschenrecht auf Religionsfreiheit zum Kanon der fundamentalen Menschenrechte gehören muss und entsprechend zu schützen ist.

Religionsfreiheit wird im Deutschen Bundestag diskutiert

Im Sommer 2010 diskutierte der Deutsche Bundestag zum ersten Mal ausführlich über den Schutz der Religionsfreiheit. Es war die erste Lesung unseres Antrags, der ein halbes Jahr später – wie eingangs beschrieben – mit breiter Mehrheit verabschiedet werden sollte.

Zu dieser Debatte hatte ich Christen aus Indien eingeladen, der Debatte auf der Ehrentribüne zu folgen. Schwester Justine Senapati SJA und Pfarrer Augustine Singh reisten aus Orissa an, einem der ärmsten Bundesstaaten Indiens. Sie leisten in ihrer Heimat wichtige Arbeit unter den leidgeprüften Christen. Im Auftrag der Kirche helfen sie den Ärmsten der Armen dabei, ihre Rechte einzuklagen: Ein mühsamer, aber vielversprechender Weg, um die Stellung der Christen zu verbessern.

Die Anwesenheit unserer Gäste aus Indien war für mich wichtig, denn ich hatte vor, in meiner Rede auch auf die schwierige Situation der Christen in Orissa hinzuweisen. Nur wenige Tage zuvor hatte die Frankfurter Allgemeine Sonntagszeitung in einem langen Beitrag die Missstände dokumentiert. Die dortige christliche Minderheit war zwei Jahre zuvor Opfer von radikalen Hindunationalisten geworden, die wochenlang plündernd und mordend durch die abgelegenen Regionen des Bundesstaats gezogen waren. Viele der Vertriebenen leben noch immer in erbärmlichen Verhältnissen und in Angst, die Ausschreitungen könnten sich wiederholen. Ein Jahr nach der Debatte im Deutschen Bundestag begleitete mich Pfarrer Singh bei meinem Besuch in Orissa in die entlegenen Dörfer in den Bergen, wo ich viele der Opfer von Plünderungen und Vertreibungen traf.

Die Anwesenheit der indischen Christen während der Debatte im Deutschen Bundestag war auch deshalb wichtig, weil die Probleme, die wir in unserem Antrag beschrieben, keinesfalls auf die muslimische Welt beschränkt sind. Auch in einigen Bundesstaaten in Indien wird versucht, mit bürokratischen Maßnahmen dafür zu sorgen, dass der Glaubenswechsel unterbleibt. Hindunationalisten haben hier erfolgreich für Gesetze gegen den Glaubenswechsel agitiert. Diese legen beispielsweise den christlichen Kirchen, die Menschen taufen wollen, strenge Vorschriften auf. So müssen Bekehrte vor ihrer Taufe bei Polizeibehörden Angaben zu ihrer Person, zu ihrer Familie und zu den in der Kirche für die Taufe Verantwortlichen machen. Dies führt oftmals dazu, dass aus Angst vor Repressionen, sei es von Seiten des Staates oder aus der Gesellschaft, dieser für den Glaubenswechsel wichtige letzte Schritt ausbleibt.

Gemeinsam handeln!

Politische Erklärungen und Beschlüsse wie der des Deutschen Bundestags spielen in der Menschenrechtsarbeit eine wichtige Rolle, weil in ihnen öffentlich festgehalten wird, welches Verhalten von Staaten akzeptabel ist und wo die roten Linien gezogen werden müssen. So wurde unser Beschluss in englischer Sprache in die Welt hinausgetragen. Auch deswegen gilt Deutschland heute als einer der starken Verfechter des Rechts auf freie Religionsausübung.

Daneben ist es aber auch wichtig, dass das Thema im parlamentarischen Alltag immer wieder auf die Tagesordnung gesetzt wird. Im »Stephanuskreis« treffen sich regelmäßig Abgeordnete der CDU/CSU-Bundestagsfraktion, um sich über die Lage der bedrängten und verfolgten Christen zu informieren und sich mit viel persönlichem Engagement für die Religionsfreiheit einzusetzen. Dort werden Strategien beraten, wie unser Anliegen in die Arbeit der Parlamentsausschüsse eingebracht und wie aus dem Parlament heraus für mehr Religionsfreiheit geworben werden kann. Damit erfüllt der Kreis eine wichtige Funktion als Schnittstelle und als Ideenbörse. Ich bin froh, dass mehr als 40 Abgeordnete meiner Fraktion diesem Kreis angehören und sich trotz ihres ohnehin vollen Terminkalenders Zeit für die Arbeit für verfolgte Christen nehmen.

Eine wichtige Informationsquelle sind für mich neben den Hilfsorganisationen auch die Vertreter der Diasporagemeinden in Deutschland. Unser Land bietet vielen aus religiösen Gründen Verfolgten Schutz und ist etlichen von ihnen zur neuen Heimat geworden. Ein Beispiel sind die Aleviten, die in der Türkei etwa 20 Prozent der Bevölkerung stellen und deren heilige Schrift der Koran ist. Rund eine halbe Million Aleviten leben mittlerweile in Deutschland. Einer ihrer Vertreter sagte mir in einem längeren Gespräch, dass viele von ihnen in der Türkei geboren und aufgewachsen sind, ihren Glauben aber erst in Deutschland richtig kennengelernt haben, weil sie ihn, im Gegensatz zu ihrer Heimat, hier frei leben dürfen. In meinen Augen ist das ein großes Lob für die Offenheit unseres Landes, auf das wir stolz sein können.

Ähnliche Erfahrungen wissen auch die Vertreter christlicher Kirchen aus dem Orient zu berichten, die in Deutschland mittlerweile große Gemeinden mit einem regen geistlichen Leben haben. Der Vertreter der koptisch-orthodoxen Kirche, Bischof Anba Damian, ist für mich ein wichtiger Gesprächspartner, der viel geleistet hat, damit auch in der deutschen Öffentlichkeit das Schicksal der ägyptischen Christen bekannter wird. Seinen Sitz hat Bischof Damian in einem Kloster in Brenkhausen bei Höxter, das ich im Herbst 2011 besuchte. Es war ein eindrucksvoller Besuch in einem Gebäude, das im Mittelalter von Zisterziensern erbaut worden war, aber seit dem 19. Jahrhundert nicht mehr als Kloster genutzt wurde. Ende des 20. Jahrhunderts zogen hier die ersten Mönche der koptisch-orthodoxen Kirche ein. Ich freute mich sehr zu sehen, wie durch die koptischen Mönche das geistliche Leben an diesem Ort weitergeführt wird. Ägypten gilt als Ursprungsort für das klösterliche Leben und hat das Christentum auch in dieser Hinsicht geprägt. Vielleicht kann von der Anwesenheit der koptischen Mönche auch ein neuer Impuls für uns ausgehen.

Auch die syrisch-orthodoxe Kirche hat mittlerweile eine große Gemeinde in Deutschland, wie ich aus Gesprächen mit Bischof Julius Hanna Aydın weiß. Bei unserem Treffen 2011 in Berlin ging es um die Lage der Christen in der Türkei. Der Tur Abdin im Südosten der Türkei ist das einstige Hauptsiedlungsgebiet der Aramäer, der dortigen syrisch-orthodoxen Christen. Heute leben dort weniger syrisch-orthodoxe Christen als in Deutschland. Das allein ist schon eine traurige Tatsache. Das Verhalten des türkischen Staates gegenüber diesen Christen, die nicht als Minderheit anerkannt werden, ist ein Skandal. Lange sprach ich mit dem Bischof über das Kloster Mor Gabriel, das für die verbliebenen Christen so etwas wie der letzte Anker in der Region ist. Den inakzeptablen Umgang mit dem Kloster hatte der Deutsche Bundestag bereits zu Zeiten der Großen Koalition verurteilt. Ich versprach dem Bischof, dass wir im Parlament auch in dieser

Legislaturperiode die Entwicklungen genau verfolgen würden und bat ihn, meine herzliche Einladung nach Berlin an den Abt des Klosters Mor Gabriel zu überbringen.

Vor Ort bei bedrängten und verfolgten Christen

Um für die bedrängten und verfolgten Christen eine Verbesserung ihrer Situation zu erreichen, ist es unbedingt notwendig, sich vor Ort zu begeben. Dort ist aus erster Hand zu erfahren, wie sich die Lage der Betroffenen darstellt und es ist möglich, die Missstände bei den Verantwortlichen anzusprechen. Mein Amt als Vorsitzender der größten Fraktion im Deutschen Bundestag erfordert meine häufige Anwesenheit in Berlin. Dennoch versuche ich, in meinem Terminkalender immer wieder Platz für Reisen in andere Staaten zu schaffen. Besonders die Besuche von Ländern, die wir lange Jahre nur als Entwicklungsländer gesehen haben und die heute die aufstrebenden neuen Mächte sind, beeindrucken mich sehr. Immer wieder reise ich auch ganz gezielt in Staaten, in denen Religionsfreiheit eingeschränkt ist und Christen diskriminiert oder gar bedroht werden.

Es ist ermutigend zu sehen, wie ein Besuch vor Ort und der persönliche Kontakt für die Betroffenen Verbesserungen zur Folge haben. Manchmal hilft allein das Wissen, dass ihr Schicksal nicht vergessen ist, den bedrängten und verfolgten Christen. Oft ist aber die Folge von Politikerbesuchen ein deutlich besserer Schutz für die Opfer von Gewalt, weil den Tätern bewusst wird, dass ihr Treiben beobachtet wird. Das Gespräch mit den politisch Verantwortlichen hat häufig positive Effekte. Nicht selten erlebe ich, dass meine Gesprächspartner mit ihrem Gast aus Deutschland lieber über positive Themen sprechen würden als über die Missstände in ihrem Land. Bei meinen Reisen stimme ich mich eng mit dem Auswärtigen Amt und den deutschen Botschaften vor Ort ab. So kann ich sicher sein, dass unsere Diplomaten die Zusagen meiner Gesprächspartner nachprüfen und mir Bericht erstatten.

Weil die Reisen zu den bedrängten und verfolgten Christen eine so zentrale Rolle spielen, werden in diesem Buch einzelne wichtige Länder ausführlich vorgestellt.

Es gibt auch Länder, in die ich nicht reisen kann, weil es die Sicherheitslage nicht zulässt. Es gilt immer zu beachten, dass durch meinen Besuch niemand in Gefahr gebracht wird, schon gar nicht meine Gesprächspartner, die ja nach meiner Abreise wieder auf sich gestellt sind. So hätte ich gerne Eritrea besucht, um ein Zeichen der Solidarität zu setzen und den Christen meine Verbundenheit zu zeigen. Die Experten, mit denen ich mich vor solchen Reisen bespreche, rieten mir jedoch dringend von einem Besuch ab. Der Staatspräsident, der das Land seit 1993 regiert, gilt in diesen Fragen als nicht ansprechbar. Unter solchen Voraussetzungen kann auch ein offizieller Besuch die Lage der Christen nicht verbessern. Dass ich in meiner Funktion als Vorsitzender der CDU/CSU-Fraktion nicht nach Nordkorea reisen kann, versteht sich von selbst angesichts des grausamen Regimes, das ein ganzes Land brutal unterdrückt. In keinem Land der Welt werden Christen so brutal verfolgt wie dort. Seit Jahren belegt Nordkorea den ersten Platz im sogenannten »Weltverfolgungsindex« der Hilfsorganisation Open Doors.

Auch Nigeria werde ich vorläufig nicht besuchen können. Eine Reise in dieses zerrüttete Land in Westafrika hatte ich mir bereits lange vorgenommen. Die Vorbereitungen für einen Besuch liefen bereits, als ich von den schrecklichen Anschlägen auf die Weihnachtsgottesdienste 2011 erfuhr. Diese und weitere Angriffe der islamistischen Sekte Boko Haram bestärkten mich noch darin. Die dramatische Sicherheitsanalyse des Bundeskriminalamts ließ jedoch eine Reise nicht zu.

Internationale Allianzen für Religionsfreiheit

So sehr sich bei uns das Bewusstsein in der Öffentlichkeit, aber auch in der Politik zum Positiven gewandelt hat, bleibt international doch viel zu tun. Deutschland hat in den vergangenen

Jahren auf der internationalen Ebene einige wichtige Akzente gesetzt und dieses Engagement wird von unseren Partnern und Verbündeten wahrgenommen. Von meinen Kollegen aus der Europäischen Volkspartei, dem Zusammenschluss der christdemokratischen Parteien in Europa, werde ich bei gemeinsamen Treffen immer wieder darauf angesprochen. So entstand die Idee, sich gemeinsam mit meinem Amtskollegen von der Österreichischen Volkspartei für das Recht auf freie Religionsausübung einzusetzen. Als einen ersten Schritt haben wir als Vorsitzende dafür gesorgt, dass unsere Fraktionen gemeinsam mit unseren Koalitionspartnern Beschlüsse unserer jeweiligen Parlamente zur schwierigen Lage des Klosters Mor Gabriel herbeiführen und das Verhalten der türkischen Regierung in diesem Zusammenhang kritisieren. Weitere Schritte werden folgen. In Zukunft möchten wir diese Zusammenarbeit um weitere europäische Partner erweitern.

Aber auch auf globaler Ebene gilt es, neue Allianzen zu schmieden. Es ist mir ein wichtiges Anliegen, dass auch bei den Vereinten Nationen in New York das Bewusstsein über die große Bedeutung der Religionsfreiheit geschärft wird und in konkrete Beschlüsse mündet. Hier brauchen wir nicht bei »null« anfangen. Denn die Vereinten Nationen benennen regelmäßig einen Sonderberichterstatter über Religions- und Weltanschauungsfreiheit. Seit 2010 hat dieses Amt der deutsche Professor Heiner Bielefeldt inne, der regelmäßig über den Stand der Religionsfreiheit berichtet und Verstöße der Mitgliedstaaten benennt.

Für eine Organisation wie die Vereinten Nationen ist es jedoch nicht ausreichend, bei der Bestandsaufnahme zu verharren. Es reicht auch nicht, zentrale Themen wie das Recht auf Religionsfreiheit ausschließlich in Nebenorganen der Generalversammlung zu behandeln. Es gilt auch hier, politisch tätig zu werden. Aus meiner Sicht muss sich die Generalversammlung selbst, also die Vertretung der 193 Mitgliedstaaten der Vereinten Nationen, des Themas Religionsfreiheit annehmen. Schließlich haben sie mit ihrem Beitritt zu dieser Organisation auch die Allgemeine Erklärung der Menschenrechte anerkannt. Es gilt also, die Verstöße öffentlich zu machen. Dabei muss auch die schwierige Lage der Christen in vielen Staaten dieser Erde zur Sprache kommen.

Volker Kauder trifft UN-Generalsekretär Ban Ki Moon in New York

Um diese Fragen mit Ban Ki Moon, dem Generalsekretär der Vereinten Nationen, zu besprechen, bin ich im Februar 2012 nach New York gereist. Es war eine bemerkenswerte Begegnung, die ich nicht vergessen werde. Ban Ki Moon hat durchaus Verständnis für mein Anliegen gezeigt und darauf hingewiesen, dass er bei konkreten Anlässen, wie bei den Ausschreitungen gegen die Christen in Ägypten oder jüngst bei den schlimmen Vorfällen in Nigeria, das Wort ergreift. In der Tat hat der Generalsekretär – trotz der ihm als oberstem Vertreter der Vereinten Nationen auferlegten diplomatischen Sprache – diese Verbrechen in deutlichen Worten verurteilt.

Mit Blick auf mein Anliegen bin ich mir bewusst, dass eine Resolution der Generalversammlung das Thema Religionsfreiheit in allgemeiner Form behandeln müsste und dass selbst in dieser allgemeinen Form Störversuche von bestimmten Staaten zu erwarten sind. Angesichts der Mehrheitsverhältnisse in der Generalversammlung ist es deswegen fraglich, ob am Ende eine Resolution stehen kann, die den bedrängten Christen tatsächlich Verbesserungen bringt. Trotz dieser Herausforderungen bin ich der Meinung, dass es notwendig ist, die Auseinandersetzung um die Religionsfreiheit hier zu führen und für ein umfassendes Verständnis zu werben. Was wir brauchen, sind internationale Allianzen für Religionsfreiheit.

Das vorliegende Buch

Dieses Buch zu veröffentlichen, ist mir seit Langem ein Anliegen. Oft wurde mir die Notwendigkeit deutlich, ausführlicher darzulegen, warum Religionsfreiheit im Leben des Menschen einen so wichtigen Stellenwert einnimmt und was das internationale Recht darauf alles umfasst. Auch über mein politisches Engagement lässt sich auf diese Weise der deutschen Öffentlichkeit umfassender Rechenschaft ablegen, als es in den kurzen Interviews, die Politikern in den Medien eingeräumt werden, möglich ist.

Dankbar bin ich, dass viele meiner Mitstreiter und ausgewiesene Fachleute sich bereit erklärt haben, an diesem Buch mitzuwirken. So ist es möglich, einige Grundsatzfragen noch einmal vertiefter zu erörtern. Der Überblick über die aktuelle Lage der Religionsfreiheit hilft, die mittlerweile zahlreichen Berichte in den Medien einzuordnen. Menschenrechtsarbeit muss immer konkret sein. Darum wird auch den Berichten über die Situation in einzelnen Ländern breiter Raum eingeräumt. Die beschriebenen Länder spielen in unserem Engagement eine wichtige Rolle. Daher erläutere ich in der Einleitung zu jedem Land unsere zentralen politischen Anliegen.

Erzbischof Ludwig Schick

Verfolgung und Martyrium aus christlicher Sicht

Im Johannesevangelium sagt der Herr zu seinen Jüngern: »Ich habe euch erwählt und dazu bestimmt, dass ihr euch aufmacht und Frucht bringt und dass eure Frucht bleibt« (Joh 15,16). Die Jünger Jesu sind die ersten Boten und Zeugen gewesen. Weil sie Zeugen Christi waren, wurden sie verfolgt. Sie legten das Blutzeugnis für ihren auferstandenen Herrn ab. Wo die Zeugen Christi starben, da war sein Reich, da entstand seine Kirche. Die Frucht des Zeugnisses bis zum Martyrium der Jünger Jesu war die Kirche. Jesus Christus hatte es vorausgesagt: »Der Sklave ist nicht größer als sein Herr. Wenn sie mich verfolgt haben, werden sie auch euch verfolgen« (Joh 15,20). »Brüder werden einander dem Tod ausliefern und Väter ihre Kinder, und die Kinder werden sich gegen ihre Eltern auflehnen und sie in den Tod schicken. Und ihr werdet um meines Namens willen von allen gehasst werden« (Mk 13,12f). Das Martyrium und das Blutzeugnis für Christus sind untrennbar mit der Gründungsgeschichte der Kirche in den ersten christlichen Jahrhunderten verbunden. Christus selbst hat einen Zusammenhang hergestellt zwischen der Treue zu ihm und den (blutigen) Konsequenzen für den Jünger. So wie durch die Treue des Sohnes zum Vater bis ans Kreuz das Heil der Welt gewirkt und der Ursprung der Kirche geschaffen wurde, so führt der treue Weg der Jünger zum Wachstum der Kirche.

Bedrängnis als Grunderfahrung der Christen

Das Neue Testament spiegelt in seinen verschiedenen Schriften die Bedrängungen wider, denen die noch junge Kirche und insbesondere die Apostel und Propheten, die im Dienst der Verkündigung des Evangeliums stehen, ausgesetzt waren. Nicht anders als in späteren Epochen konnte die Verfolgung von Christen bereits in frühchristlicher Zeit sehr unterschiedliche Formen annehmen. Die Skala reicht von Verleumdungen, Anfeindungen und Beschimpfungen bis hin zu tätlichen Angriffen, Inhaftierungen und sogar Tötungen. Die Apostelgeschichte (Apg 8) berichtet von einer offenbar kurz nach dem Tod Jesu einsetzenden »großen Verfolgung« der griechisch sprechenden Judenchristen um Stephanus, dessen Schicksal als erster Märtyrer der Kirche überliefert ist. Auch den Briefen des Paulus sind eine ganze Reihe von Hinweisen auf die Anfeindungen und Repressionen zu entnehmen, welche die Verkündigung der Frohen Botschaft schon in den ersten Jahrzehnten der Christentumsgeschichte mit sich brachte. Die Leidenssituation der Christen in der zweiten Hälfte des ersten Jahrhunderts hat in den Verfolgungsworten der Evangelien, den Briefen des Neuen Testaments und in der Offenbarung des Johannes ihren Niederschlag gefunden. In den Texten wird deutlich, dass die Verfolgungen nicht nur von jüdischer Seite (vgl. Mt 23,34; Gal 4,29; 5,11), sondern ebenso von »Statthaltern und Königen« (vgl. Mk 13,9; Mt 10,17f; Lk 21,12), also von heidnischen politischen Autoritäten, ausgingen.

Die Gründe für die Verfolgungen sind offensichtlich: Die christlichen Gemeinden besaßen ein hohes missionarisches Bewusstsein und stellten damit sowohl innerhalb des jüdischen Volkes als auch in der römischen Welt ein nicht zu unterschätzendes Unruhepotenzial dar. Die jüdischen Autoritäten sahen durch das Anwachsen der christlichen Gemeinde die religiös bestimmte Einheit des eigenen Volkes gefährdet. In Rom erkannte man, dass sich der christliche Gott mit seinem Universalitätsanspruch nicht in das Pantheon der Götter einordnen ließ und damit die religiöse Grundlage des römischen Imperiums angegriffen wurde. Vor allem widersprach das Christentum dem Anspruch des römischen Kaisertums, personifizierter Gott zu sein, woraus die Kaiser uneingeschränkte Vollmachten über alles und jeden für sich ableiteten.

Im Leid mit Christus verbunden

Die Verfolgung von Christen ist jedoch in der Kirche von ihren Anfängen an nie allein in politischen Kategorien, sondern stets auch in einer heilsgeschichtlichen Perspektive theologisch gedeutet worden. Der Blick der Kirche richtet sich dabei auf Jesus, der nicht nur die Ablehnung seiner Botschaft, sondern auch Verfolgung und schließlich den Kreuzestod hinnehmen musste. Denn seine Verkündigung von der Nähe des Reiches Gottes erlaubt den Zuhörern keine Indifferenz. Sie zeigt eine heilsgeschichtliche Krisensituation an (»Die Zeit ist erfüllt, das Reich Gottes ist nahe«, Mk 1,15), in der jeder in die Entscheidung für oder gegen das Evangelium gerufen ist. So scheiden sich an Jesus die Geister. Er findet Zustimmung, ebenso aber auch massive Ablehnung, die ihn letztlich ans Kreuz bringt. Die Kirche, die in der Nachfolge Jesu steht und dessen Botschaft von der Nähe des Reiches Gottes weiterträgt, weiß, dass sie nicht anders als ihr Herr selbst zum Stein des Anstoßes werden muss, wenn sie die Menschen mit der Dramatik ihrer Entscheidungssituation konfrontiert. Sie zieht den »Hass dieser Welt« auf sich, wie Jesus ihn auf sich gezogen hat (Joh 15,18). So setzt sich in der Kirche das Geschick Jesu fort (Apg 9,4f; 22,7f; 26,14f), wie es in der Abschiedsrede Jesu im Johannesevangelium angekündigt ist: »Der Sklave ist nicht größer als sein Herr. Wenn sie mich verfolgt haben, werden sie auch euch verfolgen« (Joh 15,20). Insbesondere denen, die unmittelbar im Dienst der Verkündigung stehen, ist die Verfolgung um der Nachfolge willen (vgl. Mt 5,11) bzw. »um des Wortes willen« (Mk 4,17; Mt 13,21) vorausgesagt: »Ich sende Propheten, Weise und Schriftgelehrte zu euch; ihr aber werdet einige von ihnen töten, ja sogar kreuzigen, andere in euren Synagogen auspeitschen und von Stadt zu Stadt verfolgen« (Mt 23,34; vgl. Lk 11,49). Die Jünger sind »wie Schafe unter die Wölfe« gesandt (Lk 10,3).

Aber gerade in der Verbundenheit mit dem Leiden Jesu wissen sich die Christen auch mit dem in ihm gewirkten Heil besonders tief verbunden: »Wie uns nämlich die Leiden Christi überreich zuteil geworden sind, so wird uns durch Christus auch überreicher

Trost zuteil« (2. Kor 1,5). Dieser Trost, der schon in den Leiden der Verfolgung erfahren wird, ist das Unterpfand der kommenden Herrlichkeit. So heißt es in der Bergpredigt des Matthäusevangeliums: »Selig seid ihr, wenn ihr um meinetwillen beschimpft und verfolgt und auf alle mögliche Weise verleumdet werdet. Freut euch und jubelt: Euer Lohn im Himmel wird groß sein. Denn so wurden schon vor euch die Propheten verfolgt« (Mt 5,11f).

Gerade dieser Hinweis Jesu auf das Schicksal der Propheten macht deutlich, dass bei allem Wandel der historischen Situationen Verfolgung eine Grunderfahrung derer darstellt, die sich dem Ruf Gottes nicht verschließen. Wo Menschen gegen alle Überbeanspruchung ihres Lebens durch weltliche Macht auf ihrer von Gott verheißenen Freiheit bestehen, wo sie gegen alle Ungerechtigkeit und allen Unfrieden Gottes Gerechtigkeit und Frieden bezeugen, da sind sie stets in der Gefahr, mit den Interessen der Mächtigen und dem bleiernen Konformismus der vielen in Konflikt zu geraten. Und nicht selten mündet die Ablehnung der Botschaft in die Verfolgung des Boten.

Die Erfahrung der Nähe Gottes im Leiden, die die Hoffnung wachhält auf die Vollendung des Heils, hat die bedrängten Christen der frühen Kirche ebenso wie unzählige um ihres Glaubens willen Verfolgte in allen späteren Zeiten zu Zeugen des Evangeliums gemacht, die sich von keiner menschlichen Gewalt beugen ließen. Für die innere Kraft der Kirche und auch für ihre Ausstrahlung gegenüber der Welt haben diese Zeugnisse eine unschätzbare Bedeutung. Die Kirche des Altertums hat dafür das Wort geprägt: »Sanguis martyrum semen christianorum – Das Blut der Märtyrer ist der Samen der Christen.« Dieser Gedanke will das Leiden der Verfolgten nicht romantisch verklären oder es »triumphalistisch« für die Selbstdarstellung der Kirche nutzen. Er erinnert vielmehr daran, dass die Christen ihren Dienst am Heil letztlich nicht anders erbringen können als Jesus, dem sie nachfolgen: auf dem Weg des Kreuzes.

Treue zu Gott hat Konsequenzen

Dass Treue zu Gott und seiner Botschaft auch schmerzliche Konsequenzen haben kann, die bisweilen das eigene Leben einfordern, war bereits jüdischem Denken nicht fremd. Das frühe Christentum steht mit seiner Erfahrung ganz in der Tradition Israels. Denn die Erfahrung von Verfolgung und Bedrohung ist nicht erst eine Erfahrung, die uns im Neuen Testament begegnet. Vielmehr zieht sie sich wie ein roter Faden durch die ganze Bibel. Es ist auch und gerade die Erfahrung Israels. Eine biblische Betrachtung des christlichen Martyriums muss daher auch die Schriften des Alten Bundes bedenken.

In der Bibel haben sich menschliche Erfahrungen mit dem Glauben an Gott aus einem Zeitraum von vier Jahrtausenden niedergeschlagen. Das mag auf das Ganze der Menschheitsgeschichte gesehen eine recht kurze Zeitspanne sein, dennoch kommt in ihr der ganze Mensch vor, wie er seit Menschengedenken war und wie er auch heute noch in seinem innersten Wesen ist. Der glaubende Mensch ist in den Zeugnissen der biblischen Schriften meist auch der angefochtene, bedrohte und verfolgte Mensch. Diese Erfahrung ist in der Geschichte Israels bis in die Zeit des frühen Christentums und darüber hinaus präsent.

Es kann kein Zweifel daran sein: Kaum ein Volk der Menschheitsgeschichte ist gerade wegen seiner Glaubenstreue solch existenzgefährdenden Bedrohungen ausgesetzt worden wie das Volk Israel, kaum ein Volk hat aber gerade im Leiden für die Sache Gottes so viel Kraft zum Leben gefunden wie Israel. Darin steht die frühe christliche Bewegung dem Gottesvolk des Alten Bundes nahe. Zugleich ist es bemerkenswert, dass die Jesusnachfolger ihren Glauben am tiefsten in der Situation der Bedrohung praktizieren und entfalten konnten, und zwar zunächst in der Bedrohung durch ihre ehemaligen Glaubensgenossen, dann aber vor allem durch die politische Weltmacht Rom. Von der Verfolgung von Anfang an geben die sonst so vielfältigen und in ihrem Charakter unterschiedlichen neutestamentlichen Schriften ein einheitliches Zeugnis. Der Apostel Paulus hat das Risiko der Glaubensverkündigung am eigenen Leibe erfahren. Keines der vier Evangelien ist recht zu verstehen ohne die bedrängende Erfahrung der Gefährdung aufgrund des Bekenntnisses zu Jesus Christus. Auch die späteren Briefe des Neuen Testaments geben eindrücklich Zeugnis von dem, was auf den Menschen zukommt, wenn er sich auf Jesus Christus einlässt. Der 1. Petrusbrief ist geprägt von der äußeren Verfolgung, erst recht predigt die Offenbarung des Johannes in verschlüsselter und eindringlicher Sprache das Durchhalten in der Bedrängnis bis zum befreienden Ende. Die neutestamentlichen Glaubenszeugen fordern sogar zur »Freude im Leiden« auf: »Selig seid ihr, wenn ihr um meinetwillen beschimpft und verfolgt werdet« (Mt 5,11). Bedeutet das, dass man sich nach der Bedrängnis sehnen muss? Ist Glaube nur Glaube, wenn er der Verfolgung ausgesetzt ist? Sind Christen nur dann Christen, wenn sie in der Bedrängnis stehen?

Keine Leidenssehnsucht! – Konflikte als Konsequenz des Glaubens

Die Verfolgungen und das Leiden um des Glaubens willen haben nicht in sich einen Wert. Der Glaube bedarf nicht der Unterdrückung, um Glaube zu sein; wie könnten wir denn dann in unseren trotz aller Widrigkeiten unangefochtenen Verhältnissen in Deutschland vom Glauben sprechen, der auch in seiner Ausbreitung nicht gefährdet ist? Von einigen Ausnahmen abgesehen wird in Deutschland heute keinem ein Haar gekrümmt, wenn er sich zu Jesus Christus bekennt. Auch wenn einige Gruppen bei uns einer religionslosen Gesellschaft das Wort reden, werden die Gläubigen nicht beeinträchtigt.

Dennoch müssen wir uns darüber klar sein, dass das, was wir alle nicht wünschen, über uns kommen kann. Jesus selbst hat es für seine Jünger schon vorausgesagt, dass der Glaube sowohl Konflikte mit der eigenen Person und ihrem Egoismus bringt als auch mit dem, was Zeit, Politik und Gesellschaft prägt.

Ein Glaube, der sich an der Person Jesu orientiert, muss mit sich selbst kämpfen, um authentischer zu werden. Dieser Prozess lässt die Glaubenden oft mit anderen religiösen Auffassungen und politischen Vorstellungen in Konflikt geraten.

Die vielen Verfolgungen von Christen in aller Welt haben hier ihren Ausgangspunkt. Andersdenkende können die Wahrheit des Evangeliums nicht ertragen. Sie sehen, dass der Glaube ihr verkehrtes Denken und Handeln aufdeckt. Die vom Evangelium Ergriffenen in Lateinamerika durchschauen, warum sie in Abhängigkeit gehalten und ihnen mitunter Menschenrechte vorenthalten werden. Die Diktatoren aller Schattierungen wissen, warum sie den Versuch unternehmen, die Kirche mundtot zu machen. Die Tyrannen des Naziregimes wussten hierzulande, warum sie danach trachteten, die Stimme des Glaubens zum Schweigen zu bringen. In der Sache ereignet sich heute in vielen Teilen der Welt dasselbe, was sich in der Auseinandersetzung zwischen der römischen Weltmacht und der frühen Christenheit zugetragen hat: Der Glaube entthront die menschliche Vergöttlichung und die Herrschenden schlagen brutal zurück.

Dies gilt auch dort, wo unterschiedliche religiöse Bekenntnisse und Gottesbilder aufeinandertreffen. Insbesondere in theokratisch verfassten Staaten und Gesellschaften verursacht das Christentum oft durch seine reine Existenz, mehr aber noch durch seine gelebte Praxis, für die Mehrheitsreligion eine Infragestellung. Es wird als die personifizierte und institutionalisierte Kritik an der Religion der anderen erfahren. Die Christen halten damit insbesondere auch im Kontext anderer monotheistischer Religionen das Wissen um das »Deus-Semper-Maior« (»Gott ist immer größer«) wach, das das bestehende religiös begründete Machtverhältnis in Staat und Gesellschaft hinterfragt. Das Christentum lässt keine Identifikation von Religion und politischem System zu.

Die Hoffnung geht nicht zugrunde!

Die Geschichte hat bis heute gezeigt, dass die Stimme des Glaubens nicht zum Schweigen zu bringen ist. Die Hoffnung, die nicht im Menschen, sondern in Gott gründet, ist nicht auszurotten. Insofern hat der Apostel eine tiefe Grunderfahrung des Glaubens wiedergegeben, wenn er im Brief an die Römer schreibt: »Bedrängnis bewirkt Geduld, Geduld aber Bewährung, Bewährung Hoffnung. Die Hoffnung aber lässt nicht zugrunde gehen« (Röm 5,4f). Der Glaube ist getragen von der Überzeugung, dass es im Namen Gottes lohnt, daran zu arbeiten, dass die Zeit der Bedrückung, Angst und Verfolgung überwunden wird. Der Glaube trägt den Optimismus in sich, dass der Mensch kein hoffnungsloser Fall ist, dass Friede und Verständigung, dass Dialog trotz aller Differenzen möglich ist. Als Christen in einer von Freiheit und Sicherheit geprägten Situation sind wir verpflichtet, besonders an jene Glaubensgeschwister zu denken, die in aller Welt wegen ihres Bekenntnisses zu Jesus Christus leiden. Dieser Einsatz muss ebenso entschieden wie demütig sein. Er muss das Unrecht anklagen, ohne in einen Ton der Überheblichkeit oder der eigenen Erhabenheit über alle Fehler zu verfallen. Der Einsatz für verfolgte und bedrängte Christen weltweit muss immer eingebunden sein in eine kritische Rückfrage an unseren eigenen Umgang mit der Religionsfreiheit und den religiösen Minderheiten. Nur wenn wir Christen bewusst auch aus unserer eigenen (Kirchen-) Geschichte heraus leben, werden wir ehrliche Solidarität mit den vielen Verfolgten leben und dafür arbeiten können, dass die Welt von der Liebe Gottes überzeugt wird. Dafür ist Jesus Christus uns selbst den Weg des Glaubens, des Leidens und der Auferstehung vorausgegangen.

Das neue Jahrhundert der Märtyrer

In den ersten christlichen Jahrhunderten sind viele Märtyrer für Christus gestorben. Der römische Schriftsteller Tacitus spricht von einer »ungeheuren Zahl – ingens multitudo«[1]. Aber – auch das gilt es festzuhalten – in keinem Jahrhundert seit Christi Geburt ist so viel Märtyrerblut geflossen wie im aufgeklärten, von Fortschritt und Humanität geprägten 20. Jahrhundert. Auch sind seit zweitausend Jahren in keinem Jahrhundert so viele Menschen umgebracht worden wie im vergangenen Jahrhundert. Ich erinnere an die beiden Weltkriege, an die versuchte Ausrottung der Juden, an Rassen- und Bürgerkriege, an Gewalttaten und Terrorakte in aller Welt, aber auch an die Tötung des ungeborenen Lebens. Das Menschenleben steht nicht hoch im Rang. Die Menschenrechte werden in mehr als hundert Staaten mit Füßen getreten.

In den letzten Jahren dürfte in der kirchlichen wie der gesellschaftlichen Öffentlichkeit deutlicher als zuvor erkannt geworden sein, dass Diskriminierung, Marginalisierung und manches Mal sogar massive Angriffe auf Leib und Leben von Christen auch nach dem Ende von Ostblock und Sowjetsystem nicht vorüber sind. Auch in unseren Tagen ist es an vielen Orten gefährlich und mit einem hohen Preis verbunden, sich zum Christentum und seinen Werten zu bekennen. Man denke an die Lage der christlichen Iraker, von denen viele in den zurückliegenden Jahren ihr Land verlassen mussten. Auch aus Ländern des Maghreb, insbesondere aus Ägypten, wurden in jüngster Zeit antichristliche Vorfälle gemeldet.

Etwas schematisch lassen sich im Hinblick auf die Bedrängung und Gefährdung von Christen drei politisch-soziale bzw. kulturell-religiöse Grundsituationen unterscheiden, die sich in den letzten zwei Jahrzehnten verfestigt haben:

1. In manchen Ländern wird das religiöse Bekenntnis zwar grundsätzlich geachtet. Sobald Christen sich jedoch – auf der Grundlage ihres Glaubens – mutig für die Menschenrechte einsetzen und sich an die Seite der Armen stellen, sind sie gefährdet. Manchmal geht die Gewalt von Regierungen aus, öfter aber von privaten Gruppen, die den Verlust ihrer Privilegien fürchten. Besonders in Lateinamerika

haben Priester, Ordenschristen und Laien in den vergangenen Jahrzehnten einen hohen Blutzoll für ihr gesellschaftliches Engagement entrichtet. In den entlegenen Gebieten des Kontinents werden sie auch heute noch bedroht, wenn sie Mächtigen ins Gehege kommen.

2. Auch die Situation in einer Reihe spätkommunistischer Staaten ist nach wie vor bedrückend. Zwar hat sich in China und Vietnam manches gebessert. Die Kirche lebt dort inzwischen freier, wenngleich sich die Verhältnisse regional sehr unterschiedlich darstellen. Aber nach wie vor wird in diesen Ländern der Aktionsradius von Kirche und Christen eingeengt, und die staatlichen Behörden beanspruchen das Recht, in die inneren Angelegenheiten der Kirche einzugreifen. Religionsfreiheit ist hier eher obrigkeitlich *gewährt* als menschenrechtlich *gewährleistet*. Je nach politischer Opportunität können die religiösen Rechte deshalb auch schnell widerrufen werden.
3. Massiv angewachsen ist in den letzten Jahren vor allem die Bedrohung von Kirchen und Christen in manchen islamisch geprägten Ländern. Hier macht sich ein erstarkter religiöser Fundamentalismus bemerkbar, der oft zuerst die eigenen muslimischen Glaubensbrüder trifft. Er vertritt seinen alleinigen und absoluten Geltungsanspruch in Gesellschaft und Staat aus dem Wahrheitsanspruch seiner Religion, wie er sie versteht. Islamische Fundamentalisten haben in einigen Ländern auf staatlicher Ebene großen Einfluss gewonnen, sodass Christen durch gesetzliche Diskriminierung zu Bürgern niederen Ranges herabgestuft und an der Ausübung ihres Rechtes auf Religionsfreiheit gehindert werden. Ich verweise auf Länder, in denen gemäß dem islamischen Recht, der Scharia, Muslimen, die zum Christentum konvertieren, sogar die Todesstrafe droht und nicht muslimischen Bürgern die Ausübung ihrer Religion sehr schwer, wenn nicht gar unmöglich gemacht wird.

»Religionsfreiheit, ein Weg für den Frieden«

Es ist daher verständlich, dass Papst Benedikt XVI. immer wieder auf die bedrängten Christen weltweit hinweist und die Gewährleistung der Religionsfreiheit einfordert. Sehr deutlich kam dies in der Botschaft von Papst Benedikt XVI. zum Weltfriedenstag 2011 zum Ausdruck: »Die Christen sind gegenwärtig die Religionsgruppe, welche die meisten Verfolgungen aufgrund ihres Glaubens erleidet. Viele erfahren tagtäglich Beleidigungen und leben oft in Angst wegen ihrer Suche nach der Wahrheit, wegen ihres Glaubens an Jesus Christus und wegen ihres offenen Aufrufs zur Anerkennung der Religionsfreiheit. Das kann man alles nicht dulden, weil es eine Beleidigung Gottes und der Menschenwürde ist; es stellt außerdem eine Bedrohung für die Sicherheit und den Frieden dar und verhindert eine echte ganzheitliche Entwicklung des Menschen.« Deutlich hebt der Papst dabei die zentrale Stellung der Religionsfreiheit als zentrales Menschenrecht hervor. Wörtlich sagt er: »In der Religionsfreiheit nämlich findet die Besonderheit der menschlichen Person, durch die sie das eigene persönliche und gemeinschaftliche Leben auf Gott hinordnen kann, ihren Ausdruck: Im Licht Gottes versteht man die Identität, den Sinn und das Ziel der Person vollständig. Diese Freiheit willkürlich zu verweigern oder zu beschränken bedeutet, eine verkürzende Sicht des Menschen zu haben; die öffentliche Rolle der Religion zu verdunkeln bedeutet, eine ungerechte Gesellschaft aufzubauen, da sie nicht im rechten Verhältnis zur wahren Natur der menschlichen Person steht; dies bedeutet, die Durchsetzung eines echten und dauerhaften Friedens der ganzen Menschheitsfamilie unmöglich zu machen.«

Die Worte des Papstes machen deutlich, dass auch zu Beginn des 21. Jahrhunderts somit nicht davon die Rede sein kann, dass Religionsfreiheit weltweit verwirklicht ist. Gerade auch Christen sind in ihren Rechten beeinträchtigt und werden auf vielfältige Weise diskriminiert. Viele Untersuchungen ergaben, dass Christen – in absoluten Zahlen betrachtet – die am meisten verfolgte Gruppe von Religionsangehörigen weltweit sind. Dies hat verschiedene Gründe, die es von Land zu Land und von Region zu Region je eigens zu analysieren gilt. Dennoch lässt sich sicherlich allgemein sagen, dass es den traditionell christlich geprägten Staaten (West-)Europas sowie Nord- und Lateinamerikas deutlich besser gelungen ist, das Recht auf Religionsfreiheit gerade auch für religiöse Minderheiten zu verwirklichen, als anderen Ländern und Kulturen. Dies ist umso bemerkenswerter, als es für das Christentum und für die Kirche selbst ein Lernprozess war, zu einem positiven Verständnis des Grundrechts auf Religionsfreiheit zu kommen, wie es heute in den meisten westlichen Verfassungen verankert ist. Man darf aber feststellen, dass im Evangelium die Toleranz beziehungsweise Geschwisterlichkeit aller Menschen, unabhängig von ihrer Religion, als Botschaft und Auftrag enthalten ist. Das hat sich trotz mancher Fehlentwicklung in christlich geprägten Kulturen immer wieder gezeigt und wirkt sich heute in ihnen hinsichtlich der Religionsfreiheit für alle Menschen aus.

Die Lehre der katholischen Kirche über die Religionsfreiheit

Für die katholische Kirche liegt der eigentliche Grund für die Anerkennung der Religionsfreiheit als ein Bürger- bzw. Menschenrecht in ihrer Überzeugung, dass Gott den Menschen als ein freies Gegenüber geschaffen hat und dass der Glaube an Gott nur in freier Entscheidung authentisch gelebt werden kann.

Die Lehre der katholischen Kirche zur Frage der Religionsfreiheit hat sich im 19. und 20. Jahrhundert weiterentwickelt und im II. Vatikanischen Konzil ihren bisherigen Abschluss gefunden. Davon zeugt »Die Erklärung über die Religionsfreiheit – Dignitatis humanae« (DH) des II. Vatikanischen Konzils vom 7. Dezember 1965. In diesem Dokument bekennt sich die katholische Kirche nach intensiver Diskussion zu der Auffassung, »dass die menschliche Person das Recht auf religiöse Freiheit hat«. Noch wichtiger als dieses Bekenntnis selbst ist, wie es begründet wird:

»Ferner erklärt das Konzil, das Recht auf religiöse Freiheit sei in Wahrheit auf die Würde der menschlichen Person selbst gegründet, so wie sie durch das geoffenbarte Wort Gottes und durch die Vernunft selbst erkannt wird« (DH Nr. 2).

Nach dieser Lehre der Kirche entspricht Religionsfreiheit mit anderen Worten dem Willen des Schöpfers selbst. Daraus müssen sich Konsequenzen für die staatliche Rechtsordnung ergeben. In der Erklärung über die Religionsfreiheit des II. Vatikanischen Konzils heißt es daher weiter: »Dieses Recht der menschlichen Person auf religiöse Freiheit muss in der rechtlichen Ordnung der Gesellschaft so anerkannt werden, dass es zum bürgerlichen Recht wird« (DH Nr. 2).

Religionsfreiheit als Menschenrecht

Mit diesen Aussagen erteilt die katholische Kirche älteren, zuvor von vielen ihrer Theologen und Bischöfe vertretenen Auffassungen eine endgültige Absage, denen zufolge Religionsfreiheit dem Anspruch auf Wahrheit unterzuordnen, also nur für die Christen zu fordern und vom Staat nur für Christen zu verwirklichen wäre. Indem sie diese menschenrechtliche Grundlegung letztlich in der Würde des Menschen und damit in der Schöpfung selbst verankert, liefert sie eine theologische Grundlage für ein friedliches, von Respekt füreinander geprägtes Zusammenleben verschiedener Religionen: Es geht um den entscheidenden und zukunftsweisenden Auftrag, nicht nur für die eigene religiöse Freiheit, sondern auch für die religiöse Freiheit der anderen einzutreten.

Die fundamentale Wertentscheidung der modernen westlichen Verfassungsordnungen für die Religionsfreiheit entspricht christlicher Überzeugung. Die Anerkennung der Religionsfreiheit als ein auf die Würde des Menschen gründendes Menschenrecht macht es auf der einen Seite verständlich und im wohlverstandenen Sinne auch notwendig, dass Christen auch in der Begegnung mit Muslimen für den Gedanken eintreten, dass Christen in islamisch geprägten Ländern in gleichem Maße Religionsfreiheit genießen sollen wie Muslime in christlich geprägten. Ebenso treten Christen aber auch im Dialog mit anderen Religionen oder mit Staaten atheistischer Prägung für das allgemeine Recht auf Religionsfreiheit ein, nicht um für sich Privilegien zu erkämpfen, sondern um für die Wahrheit selbst einzutreten.

Einsatz für die Freiheit – Einsatz für die Wahrheit

Zentraldogma für die theologische Begründung der Religionsfreiheit ist die biblische Lehre von der Gottesebenbildlichkeit des Menschen: In jedem Menschen spiegelt sich die Herrlichkeit Gottes wider. Gott hat den Menschen als ein freies Gegenüber geschaffen, das in Freiheit auf seinen Ruf reagiert. Auf diesem klassischen Fundament konnte die spezifisch moderne Einsicht wachsen, dass aus der Achtung der Würde des Menschen ein Anspruch auf rechtliche Anerkennung und rechtlichen Schutz der Freiheit folgt. Hier liegt der Schlüssel für die positive Haltung, die die Kirche seit Mitte des 20. Jahrhunderts gegenüber der Religionsfreiheit und den Menschenrechten insgesamt einnimmt. Programmatisch setzt »Die Erklärung über die Religionsfreiheit« des II. Vatikanischen Konzils deshalb bei der Menschenwürde ein: »Die Würde der menschlichen Person kommt den Menschen unserer Zeit immer mehr zum Bewusstsein, und es wächst die Zahl derer, die den Anspruch erheben, dass die Menschen bei ihrem Tun ihr eigenes Urteil und eine verantwortliche Freiheit besitzen und davon Gebrauch machen sollen« (DH Nr. 1).

Die Wahrheit kann nur in Freiheit gefunden werden, so lässt sich diese Erkenntnis pointiert wiedergeben: »Das Vatikanische Konzil erklärt, dass die menschliche Person das Recht auf religiöse Freiheit hat. Diese Freiheit besteht darin, dass alle Menschen frei sein müssen von jedem Zwang sowohl von Seiten Einzelner wie gesellschaftlicher Gruppen, wie jeglicher menschlichen Gewalt, sodass in religiösen Dingen niemand gezwungen wird, gegen sein Gewissen zu handeln, noch daran gehindert wird, privat und öffentlich, als Einzelner oder in Verbindung mit Anderen – innerhalb der gebührenden Grenzen – nach seinem Gewissen zu handeln« (DH Nr. 2). Mit diesen Äußerungen gibt das Konzil den Gedanken der Wahrheit in keiner Weise auf. Aber die Wahrheit, so wird klargestellt, kann ihre Geltung nicht durch äußeren Zwang erlangen, sondern allein in der freien Annahme durch die menschliche Person. Theologisch betrachtet spielt hierbei auch die vertiefte Erkenntnis des Wesens und der Liebe Gottes, wie sie uns in Jesus Christus geoffenbart wurde, die wesentliche Rolle. Wenn nämlich das Leben Jesu Christi die Selbstoffenbarung Gottes ist, wenn also gilt, dass Christus »der Weg, die Wahrheit und das Leben« (Joh 14,6) ist, dann zeigt sich Gottes Wesen und Liebe gerade auch im Kreuz. Denn: »Gott hat die Welt so sehr geliebt, dass er seinen einzigen Sohn hingab, damit jeder, der an ihn glaubt, nicht zugrunde geht, sondern das ewige Leben hat. Denn Gott hat seinen Sohn nicht in die Welt gesandt, damit er die Welt richtet, sondern damit die Welt durch ihn gerettet wird« (Joh 3,16f). Deutlich wird hier, dass die Liebe Gottes eine freie und liebende Antwort will, weil sie sich selbst lieber kreuzigen lässt, als sich mit den Mitteln der Macht und Gewalt durchzusetzen. Der tiefere Grund für die Anerkennung der Menschenwürde und damit der Religionsfreiheit im Christentum liegt im Wesen Gottes selbst begründet und fußt somit auf der Wahrheit selbst, wie sie in Jesus Christus geoffenbart wurde.

Die Offenbarung in Christus als Grund der Freiheit

Die Kirche ist davon überzeugt, dass die Begründung und Wahrung der Menschenrechte tief in ihrem Glauben verankert und theologisch begründet ist. In jedem Menschen spiegelt sich die Herrlichkeit, »Güte und Menschenliebe Gottes« (Tit 3,4). Dieser Wahrheit entspricht es, wenn sie vom einzelnen Gewissen in freier Entscheidung angenommen und in freiem Handeln bezeugt wird. Mit den Worten der »Erklärung der Religionsfreiheit« des II. Vatikanischen Konzils: »(...) anders erhebt die Wahrheit nicht

Anspruch als kraft der Wahrheit selbst, die sanft und zugleich stark den Geist durchdringt« (DH Nr. 1). Für die katholische Kirche liegt der tiefere Grund für die Anerkennung der Religionsfreiheit in ihrer Überzeugung, dass Gott den Menschen als ein freies Gegenüber geschaffen hat und dass der Glaube an Gott nur in freier Entscheidung authentisch gelebt werden kann. Das Recht auf religiöse Freiheit umschließt dabei sowohl die individuelle als auch eine gemeinschaftliche bzw. institutionelle Dimension des Menschen, d.h. der Einzelne muss sein Freiheitsrecht grundsätzlich auch »in Verbindung mit anderen« ausüben können. So hängen die Freiheit der Person und die Freiheit der Religionsgemeinschaft bzw. der Kirche eng zusammen.

Einsatz für verfolgte Christen als Kampf für mehr Religionsfreiheit

Der Gedanke der Religionsfreiheit, d.h. der rechtlich verbürgten Freiheit des Individuums, sich zu einer Religion seiner »Wahl« zu bekennen und damit einhergehend das Nebeneinander der Religionsgemeinschaften in der Gesellschaft anzuerkennen, hat in der katholischen Kirche erst angesichts der Erfahrungen der Geschichte zunehmend an Plausibilität gewonnen. Heute aber ist sie unabdingbare Lehre der Kirche und Grundvoraussetzung kirchlichen Handelns geworden. Die Frage der Religionsfreiheit und ihre Verwirklichung weltweit stehen in einem engen Zusammenhang mit der Lage verfolgter und bedrängter Christen in unserer Zeit. Christenverfolgung und Beeinträchtigung der Religionsfreiheit gehen stets miteinander einher. Der Einsatz für unsere verfolgten Brüder und Schwestern im Glauben kann nur glaubhaft sein, wenn er verbunden ist mit dem Einsatz für die Verwirklichung der Religionsfreiheit allgemein. Da die Religionsfreiheit ein Menschenrecht ist, nimmt die Kirche es nicht nur für sich in Anspruch, sondern setzt sich auch dafür ein, dass anderen Religionen dieses Recht nicht beschnitten wird. Umgekehrt gilt aber auch, dass der Einsatz der Kirche für verfolgte Christen nicht minder ein berechtigter und geforderter Einsatz für die Religionsfreiheit selbst ist.

Diese Überlegungen sollen mit den Worten von Papst Benedikt XVI. aus dessen Botschaft zum Weltfriedenstag 2011 schließen, da sie die vorstehenden theologischen Betrachtungen gleichsam in einem Appell zusammenfassen: »Ich wende mich den christlichen Gemeinschaften zu, die unter Verfolgung, Diskriminierung, Akten der Gewalt und der Intoleranz leiden, insbesondere in Asien, in Afrika, im Nahen Osten und besonders im Heiligen Land, dem von Gott auserlesenen und gesegneten Ort. Während ich ihnen meine väterliche Zuneigung erneuere und sie meines Gebetes versichere, bitte ich alle Verantwortlichen um schnelles Handeln, um jeden Übergriff auf Christen zu beenden, die in jenen Gebieten leben. Die Jünger Christi mögen angesichts der gegenwärtigen Widrigkeiten nicht den Mut verlieren, denn das Zeugnis des Evangeliums ist und wird immer ein Zeichen des Widerspruchs sein. Erneuern wir die übernommene Verpflichtung zur Nachsicht und zum Verzeihen, die wir im Vaterunser von Gott erbitten, wo wir selbst die Bedingung und das Maß des ersehnten Erbarmens festlegen, wenn wir nämlich beten: ›Vergib uns unsere Schuld, wie auch wir vergeben unseren Schuldigern‹ (Mt 6,12). Gewalt wird nicht mit Gewalt überwunden. Unser Schmerzensschrei soll immer vom Glauben, von der Hoffnung und vom Zeugnis der Liebe Gottes begleitet werden.«

Bischof Martin Schindehütte

Christliche Verantwortung für die Verfolgten

»Wenn *ein* Glied leidet« – Zur christlichen Begründung der Menschenrechte und des kirchlichen Einsatzes für Religionsfreiheit

Der Aufschrei in der westlichen Welt war unüberhörbar. Politikerinnen und Politiker engagierten sich in seinem Fall ebenso wie leitende Geistliche verschiedener Konfessionen, zum Teil gemeinsam mit Vertreterinnen und Vertretern der muslimischen Verbände in Deutschland: Der iranische Prediger Youcef Nadarkhani ist zum Symbol geworden. Seine Leidensgeschichte gibt ein aktuelles und konkretes Beispiel für die schwierige Lage, in welcher sich christliche Konvertiten derzeit in Iran und anderswo auf der Welt befinden. Und sie ist ein Beispiel für den Einsatz zum Schutz des Menschenrechts auf Religionsfreiheit, wie er in der Evangelischen Kirche in Deutschland (EKD), meist in enger Absprache mit der Deutschen Bischofskonferenz, seit vielen Jahren geleistet wird.

Der mit 19 Jahren zum Christentum konvertierte Youcef Nadarkhani, der für das Netzwerk »Church of Iran« als Prediger wirkte, wurde im September 2010 von einem Gericht in Rasht wegen Apostasie zum Tode verurteilt. Im Juni 2011 verlangte das Oberste Gericht in Iran eine Revision des Urteils und eröffnete die Möglichkeit einer Begnadigung für den Fall, dass Nadarkhani bereit wäre, sich vom christlichen Glauben loszusagen. Schon davor verlautbarten iranische Medien, dass ihm andere Straftaten zur Last gelegt werden und die Verurteilung nicht aufgrund des Apostasievorwurfs erfolgte. Seither kursieren immer wieder Meldungen, dass die Vollstreckung des Todesurteils unmittelbar bevorstehe, was der Anwalt Nadarkhanis allerdings nicht bestätigen konnte.

Bereits kurz nach der Verkündigung des Urteils im Herbst 2010 protestierte die EKD gegen diese Verletzung des Menschenrechts auf Religionsfreiheit und forderte gegenüber dem iranischen Botschafter die Aufhebung des Urteils und die sofortige Freilassung des christlichen Predigers. Zu einem späteren Zeitpunkt schrieben auch der Ratsvorsitzende der EKD gemeinsam mit dem Vorsitzenden der Deutschen Bischofskonferenz an den vorsitzenden Ayatollah der obersten iranischen Justizbehörde, um eine Aufhebung des Urteils zu erbitten.

Wie in vielen Fällen, die Iran betreffen, ist auch hier die Informationslage nicht immer eindeutig. Falschinformationen sind kaum von Tatsachen zu unterscheiden, da die Quellenlage nicht besonders verlässlich ist. In jedem Fall klar jedoch ist die fundamentale Unrechtmäßigkeit seiner Verurteilung.

Der Einsatz der EKD für Youcef Nadarkhani ist auf den ersten Blick eine Verpflichtung, die sich aus der Tatsache ergibt, dass er ein Christ ist. Es geht aber um mehr als den Einsatz für »des Glaubens Genossen«, so sehr dieser Einsatz in sich verpflichtend ist. Man mag bestimmten missionarischen und evangelistischen Formen von christlichen Netzwerken und Gemeinden kritisch gegenüberstehen. Solche Kritik kann nicht verstellen, dass es im Kern in all diesen Konflikten um das grundlegende Menschenrecht der Religionsfreiheit geht. Es geht um das Recht, seinen Glauben im Kontext der Wahrung der Grundrechte aller Menschen auch öffentlich zu leben. Das führt uns in unserem Engagement als Christinnen und Christen bzw. als Kirchen weit hinaus über den notwendigen Einsatz für die christlichen Schwestern und Brüder. Es führt uns in den Einsatz für jeden Menschen, in allen Religionen, dem das Recht und die Freiheit verweigert wird, »seine Religion oder Überzeugung zu wechseln, sowie die Freiheit, seine Religion oder Weltanschauung allein oder in Gemeinschaft mit anderen, öffentlich oder privat durch Lehre, Ausübung, Gottesdienst und Kulthandlungen zu bekennen«(Artikel 18, Allgemeine Erklärung der Menschenrechte).

Menschenwürde und Menschenrechte als christliche Verpflichtung

Das Verhältnis der Kirchen zu den Menschenrechten ist nicht beliebig, sondern ihnen aufgetragen. Sie können sich von den Menschenrechten nicht als einer Voraussetzung politischen, gesellschaftlichen und kulturellen Lebens distanzieren. Sie haben auch und gerade für Christen verbindlichen Charakter. Die Universalität der Menschenrechte kann für Christen nur mit ihrem Bekenntnis zu Gott dem Schöpfer und Erlöser der ganzen Welt zusammengedacht werden, wenn aus dem Glauben heraus und in eigener theologischer Verantwortung begründet werden kann, dass christliches Handeln vor Gott in Freiheit und Verantwortung die Verpflichtung auf die Menschenrechte einschließt. Genau darum bemühen sich die Kirchen auch in ihrem Einsatz für verfolgte und bedrängte Geschwister.

Menschenrechte und Menschenwürde stehen in einem engen Zusammenhang. Die voraussetzungslose Gabe der Menschenwürde ist die Grundlage für die Geltung und Wahrung der Menschenrechte. Beide Begriffe kennt die Bibel zunächst nicht. Der Begriff der »Menschenwürde« ist aus der griechischen Philosophie in die christliche Theologie eingewandert und spätestens seit Ambrosius, der im Jahre 374 zum Bischof von Mailand gewählt wurde, in Gebrauch – eine Entwicklung, die auch für andere Begriffe wie »Trinität«, »Person«, »Mission« oder »Geschichte« typisch ist. Der Begriff der »Menschenrechte« ist weitaus jünger und entstammt der politischen Entwicklung des 19. und 20. Jahrhunderts.

Der biblische Bezug zur Menschenwürde wird klassisch durch den ersten Schöpfungsbericht hergestellt: So schuf Gott die Menschen nach seinem Bild, nach dem Bild Gottes schuf er sie, als Mann und Frau schuf er sie (1. Mose 1,27). Im Rahmen der schier unendlichen Wirkungsgeschichte, die dieser Vers erfahren hat, entwickelte sich unter dem Eindruck der Moderne und des nicht zuletzt mit der Reformation gewachsenen Verständnisses vom Menschen als Individuum ein spezifischer Gebrauch des

Begriffs »Menschenwürde«. »Menschenwürde« und »Gottebenbildlichkeit« wurden in der Folge gar als gleichwertige Synonyme verwendet. Das ist zwar nicht falsch, erscheint jedoch als eine Verkürzung. Für Christen muss der Begriff der Menschenwürde von Gottes Gabe der Ebenbildlichkeit her gefüllt werden – und nicht etwa umgekehrt. Es gilt daher im biblischen Kontext weiter zu fragen, welche besonderen Inhalte und Profilierungen der Begriff der Menschenwürde durch den biblischen Bezug erfährt.

In diesem Zusammenhang gewinnt das Gleichnis von den Arbeitern im Weinberg (Mt 20,1–16) eine zentrale Bedeutung: Mit den Arbeitern, die früh am Morgen im Weinberg zu arbeiten begonnen haben, vereinbarte der Weinbergbesitzer einen Silbergroschen als Tagelohn – das, was man damals zum täglichen Leben brauchte. Am Abend jedoch bekamen alle, auch die, die später angefangen hatten, und sogar die Nachzügler, die nur eine Stunde gearbeitet hatten, je einen Silbergroschen.

Offenbar hat dieses Gleichnis eine doppelte Perspektive auf die Arbeiter. Zum einen hinsichtlich des Preises, den die Arbeit wert ist, zum anderen im Blick auf den Menschen, der in seinen grundlegenden Lebensbedürfnissen und Rechten geachtet werden muss.

Was ist nun der Grund, warum der Mensch in diesem Gleichnis nicht allein unter dem ersten Blickwinkel gesehen, also auf seinen relativen, an Leistung orientierten Wert reduziert und nicht als bloßes Mittel zum Zweck angesehen wird? Eben auch der, der nur eine Stunde gearbeitet hat, erhält ja unverdient allein aus Achtung vor den elementaren Grundbedürfnissen seines Lebens, was er zum Leben braucht. Mit den Worten Hermann Barths: »Die Beziehung, in die sich Gott zu den Menschen setzt, sein gütiger und liebender Blick, der auf jeden Menschen fällt, gibt ihm die Würde, die zwar zeitweise missachtet und verletzt werden kann, aber unverlierbar, nicht verhandelbar, durch keine gegenteilige menschliche Verabredung oder gesellschaftliche Ordnung aufhebbar ist.«[2]

Hier werden dem Menschen eine Würde und damit Lebensrechte zugeeignet, die eben nicht an besondere Eigenschaften,

Fähigkeiten und Leistungen, eben in gar keiner Weise an irgendwelche vom Menschen zu erwerbenden Prädikate geknüpft werden. Nicht aus sich selbst, sondern aus der Beziehung zu Gott, der den Menschen zu seinem Bilde schafft und ihm einen Auftrag in seiner Schöpfung erteilt, konstituiert sich die Würde des Menschen und – wie das Gleichnis zeigt – auch seine grundlegenden Lebensrechte. Rechte und Würde – am Ende des Tages werden sie allen Menschen zuteil.

»Die Würde des Menschen ist unantastbar. Sie zu achten und zu schützen ist Verpflichtung aller staatlichen Gewalt« (Art. 1 Abs. 1 GG). Dieser einleitende Hinweis auf die Menschenwürde im Grundgesetz der Bundesrepublik Deutschland ist die säkulare Formulierung jener Grundüberzeugung, welche die Kirchen gar nicht anders begründen können als aus ihrem christlichen Glauben. Damit sie anerkannt und gelebt werden kann, braucht sie die Anerkennung möglichst aller Menschen, nicht nur als Grundprinzip für die staatliche Ordnung, sondern für das gesamte gesellschaftliche Zusammenleben. Diese Anerkennung ist nicht selbstverständlich gegeben. Sie muss in jeder Generation neu gewonnen und lebendig gestaltet werden.

Für die Erhaltung und Ausgestaltung dieses gesellschaftlichen Konsenses ist der Beitrag der Kirchen unerlässlich – nicht nur als wichtiger Teil der Gesellschaft, sondern auch um der besonderen Inhalte willen, die Christen zu einem gelebten Verständnis der Menschenwürde beitragen können. Denn als Abstraktum, ohne Menschen, die diesen Konsens leben, füllen und für diese Menschenwürde einstehen, verliert er seine Kraft und bindende Wirkung. Es ist ja unübersehbar, dass der Status der Unantastbarkeit der Menschenwürde immer wieder infrage steht. Sie wird verletzt und missachtet. Geschichte und Gegenwart sind voller Beispiele. Historische Gründe für die Wahrung der Menschenwürde verblassen. Das Erschrecken über abgrundtiefe Missachtung der Menschenwürde etwa in der nationalsozialistischen Diktatur verliert mit der Zeit an prägender Kraft – was angesichts des Ausmaßes rechtsextremer Gewalt in unseren Tagen besonders kritisch angemerkt werden muss.

Menschenwürde findet ihre rechtliche Gestalt in den Menschenrechten. Immer wieder hört man, dass die Menschenrechte nicht universal, sondern kulturgebunden seien. Manche sprechen gar von westlicher Dominanz in der Interpretation. Andere stellen die Menschenwürde und Menschenrechte in den Kontext der jeweiligen politischen oder gesellschaftlichen Konstellationen, des vermeintlichen wissenschaftlichen Fortschritts oder gar der wirtschaftlichen Interessen. Diese Sachzwänge machten die unbedingte Wahrung der Menschenwürde obsolet, so argumentieren sie.

Für den christlichen Glauben gilt es, ausdrücklich festzuhalten, dass für ihn die Menschenwürde als Grundlage der Menschenrechte einen unbedingten Charakter hat. Sie leitet sich gemäß dem Gleichnis von den Arbeitern im Weinberg weder aus bestimmten Eigenschaften noch von bestimmten Leistungen des Menschen ab. Es ist eine Würde, die dem Menschen von Gott zuerkannt wird. Sie gilt universal, also aus christlicher Sicht auch für diejenigen, die sich für ihre Begründung und Herleitung auf andere als biblische Quellen berufen.

Das allerdings macht die christliche Begründung nicht beliebig. Für die Kirchen gilt sie unbedingt, aber eben nicht nur für sie im Umgang mit anderen Christen, sondern im Umgang mit *allen* Menschen. Zu den Konsequenzen dieser Würde gehört es, dass der Mensch in keiner Phase seines Lebens nur unter dem Gesichtspunkt der Nützlichkeit oder Brauchbarkeit betrachtet werden kann. Ein simpler Utilitarismus ist mit dem christlichen Glauben nicht vereinbar. Ist ein Mensch bloßes Mittel zum Zweck? Dies ist das zentrale Ausschlusskriterium, ja die entscheidende Prüffrage für alle praktischen Fragen mit ethischer Relevanz.

Die Menschenwürde ist die universale Grundlage für die institutionalisierten Freiheits- und Grundrechte wie auch für das Menschenrecht auf Religionsfreiheit. Das heißt aber nicht, dass es für diese Würde nur eine einzige, von allen Menschen geteilte Begründung geben muss – etwa eine Begründung aus der menschlichen Vernunft, denn die Vernunft selbst ist ja nicht voraussetzungslos. Vielmehr ist die Menschenwürde begründungsoffen für unterschiedliche weltanschauliche und religiöse Zugänge. Entscheidend ist, dass sie aus dem jeweiligen kulturellen, gesellschaftlichen und religiösen Kontext begründet werden kann, in dem Menschen sich selbst gebunden und beauftragt sehen. Dann treten sie auch mit innerer Überzeugung für den Schutz der Menschenrechte ein, deren Gültigkeit der kulturell-religiösen Prägung entzogen ist. So ist es Aufgabe der Kirchen, ihre christliche Begründung der Menschenrechte durch die Menschenwürde darzulegen und sie als einen Beitrag sichtbar werden zu lassen, der für die Annahme und Ausgestaltung dieser grundlegenden Rechte unverzichtbar ist.

Worin liegt nun das Besondere und Eigenständige dieser christlichen Begründung? Was trägt sie bei, was andere so nicht beitragen können? Eine Stärke besteht darin, dass sie die Menschenrechte nicht allein als Ergebnis eines Verständigungsprozesses ansieht, der je nach dem Gewicht der unterschiedlichen Kräfte changiert. Dabei soll nicht negiert werden, dass die Entstehung der Allgemeinen Erklärung der Menschenrechte einem in dieser Weise recht einmaligen Verständigungsprozess innerhalb der Weltgemeinschaft zu verdanken ist. Im historischen Entstehungsprozess der Menschenrechtsidee waren die Kirchen wahrlich nicht immer an vorderster Front. Vielmehr herrschte auf kirchlicher Seite Skepsis und Distanz, gerade auch hinsichtlich der Religionsfreiheit für alle Menschen, die sie heutzutage im Wesentlichen vehement verteidigt.

Für den gesellschaftlichen Prozess hat die Kirche hingegen einen Bezugspunkt, der die menschlichen Begründungsunterschiede der Menschenrechte relativiert, wenn nicht gar transzendiert: Aus christlicher Sicht ist die Gottesbeziehung das entscheidende Widerlager, an dem auch unsere eigenen Interessen als christliche Menschen in Staat und Gesellschaft sich brechen. Dies gilt es in drei Hinsichten zu verdeutlichen:

1. Die Menschenwürde ist eine Gabe Gottes. Sie ist mit der biblischen Einsicht von der Gottebenbildlichkeit verknüpft. Sie ist Gottes schöpferischer Zuspruch und jedem mensch-

lichen Verdienst und jedem menschlichen Zugriff entzogen. Es ist Gottes schöpferische Souveränität, die die Würde des Menschen unantastbar macht. Das ist ihre schöpfungstheologische Begründung. Diese wiederum ist unlöslich verknüpft mit einer christologischen Begründung. Christliche Theologie versteht die Menschenwürde von der Liebe Gottes her, wie sie der Welt in Jesus Christus offenbar geworden ist. Im Römerbrief des Apostels Paulus heißt es: »Ich bin überzeugt: Nichts kann uns von seiner Liebe trennen. Weder Tod noch Leben, weder Engel noch Mächte, weder unsere Ängste in der Gegenwart noch unsere Sorgen um die Zukunft, ja nicht einmal die Mächte der Hölle können uns von der Liebe Gottes trennen. Und wären wir hoch über dem Himmel oder befänden uns in den tiefsten Tiefen des Ozeans, nichts und niemand in der ganzen Schöpfung kann uns von der Liebe Gottes trennen, die in Christus Jesus, unserem Herrn, erschienen ist« (Röm 8,38f). Keine Macht der Welt kann also diese durch Gottes Liebe gefüllte Ebenbildlichkeit rauben. Christus selbst hat als wahrer Mensch und wahrer Gott alle Todesmächte mit seiner Liebe überwunden und zunichtegemacht. Darum ist die Menschenwürde sehr wohl verletzlich, aber doch unzerstörbar. So wie Christus sehr wohl verletzlich war und litt, aber in dieser tiefsten Verletzlichkeit bis zum Tode von Gott ins Leben auferweckt wurde.

2. Darum ist Gottes Liebe unlösbar mit seinem Leiden verknüpft. Diese Liebe wird in dem leidenden und sterbenden Menschen Jesus von Nazareth am Kreuz offenbar. Sie ist zugleich das Signum dafür, dass Menschen gerade in ihrem Leiden und der Missachtung ihrer grundlegenden Menschenrechte die Menschenwürde nicht verloren geht. Vielmehr wird sie in »in diesem präzisen Gegensatz« (Eberhard Jüngel[3]) in ihrer grundlegenden Bedeutung und Kraft sichtbar und wirksam. Die theologische Rede von der Menschenwürde setzt also an der Situation ihrer höchsten Gefährdung an, sucht für gefährdetes und verletztes

menschliches Leben nach neuen Lebenschancen und hält daran fest, dass auch am Beginn und am Ende des Lebens, wo Leben noch nicht oder nicht mehr in eigener Freiheit und Verantwortung gestaltet werden kann, dem Menschen Würde zugeeignet bleibt.

3. Die Würde des Menschen hat zugleich einen appellativen Charakter. Gegen die Verletzung der Menschenwürde aufzustehen und für die Wahrung der in ihr verankerten Rechte einzutreten ist eine Folge ihres christlichen Verständnisses. Denn die Missachtung der Menschenwürde ist in diesem Kontext zugleich eine Missachtung der Liebe Gottes. Das wiederum ist nach biblischem Verständnis Sünde. Im Leiden, Sterben und der Auferweckung Christi bezeugen Christen, dass die Sünde die Gottebenbildlichkeit der Menschen nicht aufhebt. Die Verkehrung der grundlegenden Bezüge des Menschen zu sich selbst und zu Gott hat nicht das letzte Wort. Der Ruf zur Umkehr aber hat Bezug und Zukunft.

Weil Gott zu uns in dem Menschen Jesus in eine unlösliche, befreiende und heilende Beziehung tritt, kann die Menschenwürde gar nicht anders verstanden werden, als dass sie sich in Beziehungen konstituiert und verwirklicht. Sie kann also nie nur für sich selbst, sondern immer nur zugleich mit dem Menschenrecht des anderen in Anspruch genommen werden. Sie ist damit im Kern niemals allein dem Individuum zugeordnet, sondern steht immer in einem kommunikativen Zusammenhang. Das Individuum kann nicht anders existieren als in der Gemeinschaft. Das ist aus christlicher Sicht *der innere Grund* der Universalität der Menschenwürde wie der Menschenrechte. Der universale Charakter der Menschenwürde ist also erst dann wahrgenommen, wenn sie auf *alle* Menschen überhaupt bezogen wird. Sie ist das Gegenteil von Individualismus und Egoismus. Darum ist die Menschenwürde das entscheidende Widerlager gegen alle gesellschaftlichen, kulturellen und wirtschaftlichen »Verzweckungstendenzen«, gegen Unterdrückung von Individuen, Gruppen, Völkern und Religionen.

Die Kirchen treten demnach für die Menschenwürde ein, nicht um auf neue Weise kirchliches Terrain (zurück) zu gewinnen. Sie wollen mit ihrer Begründung der Menschenwürde aus der Gottesbeziehung ihren Beitrag leisten zu Unteilbarkeit und Unantastbarkeit der Menschenwürde aller Menschen.

Freiheit und Verantwortung

Menschenwürde ist ohne die sie garantierenden und schützenden Grundrechte nicht denkbar. Diese Rechte des Individuums können aber gar nicht anders verstanden und wahrgenommen werden als in Beziehung zu anderen Menschen. So sind Freiheit und Verantwortung notwendig und unauflöslich miteinander verknüpft. Dieser Zusammenhang ist aber immer wieder neu zu entdecken. Denn Freiheit verliert sich, wenn sie lediglich als »Freiheit von etwas« und nicht in gleicher Weise als »Freiheit für etwas« verstanden wird. Lange wurde Emanzipation zu einseitig als Lösung aus Bindungen und Konventionen begriffen. Das ist im Wandel der Geschichte auch nötig. Gegenwärtig muss es nunmehr darum gehen – jedenfalls im Kontext Westeuropas –, Menschen, die sich ihrer Freiheit bewusst sind, neu dafür zu gewinnen, dass sie Bindungen eingehen und darin den Sinn ihrer Freiheit erkennen.

Die berühmte Doppelthese Martin Luthers aus seiner Schrift »Von der Freiheit eines Christenmenschen« beschreibt die Grundstruktur reformatorischer Freiheit, in der diese beiden Aspekte der Freiheit gerade beieinandergehalten werden: »Ein Christenmensch ist ein freier Herr über alle Dinge und niemandem untertan. Ein Christenmensch ist ein dienstbarer Knecht aller Dinge und jedermann untertan.«[4] Es gilt also beides zugleich: Christen sind frei von allen fremden Verfügungsansprüchen. Sie sind frei geworden durch die Taufe als dem Geschenk der Liebe durch Gott an jeden einzelnen Menschen. In dieser Freiheit seiner Liebe jedoch bindet sich Gott an die Menschen und die Welt, macht sich zum Untertan, »erniedrigte sich selbst und war gehorsam bis zum Tod, indem er wie ein Verbrecher am Kreuz starb«

(Phil 2,8). So ist auch die menschliche Freiheit als eine Antwort auf Gottes Geschenk eine Freiheit zur Bindung an die Liebe, die »nicht selbstsüchtig« ist (1. Kor 13,5). Darum tritt die Freiheit mitunter in der Gestalt radikaler und unbequemer Differenz auf. Dies geschieht immer dort, wo die Freiheit dazu genutzt wird, auf das eigene Recht um des Friedens willen zu verzichten, die Versöhnung der Rache vorzuziehen, den Vorteil auf Kosten anderer zugunsten des Gemeinwohls hintenanzustellen und eigene Rechte nicht ohne Eintreten für die Rechte anderer einzufordern. Besonders Letzteres ist für die kirchlichen Bemühungen um den Schutz der Religionsfreiheit handlungsleitend geworden.

Ein christliches Verständnis von Menschenwürde und Freiheit sieht den Einzelnen in der Beziehung zu Gott. Die Begabung des Menschen mit Würde lässt sich nicht trennen von seiner Berufung zur Freiheit. Mit dem Recht auf Schutz des eigenen Lebens ist die Pflicht zum Schutz des Lebens anderer unmittelbar verknüpft. Die Freiheit, zu der Menschen berufen sind, schließt den Einsatz für die Freiheit des Nächsten ein, auch wenn dieser *nicht* die eigenen politischen Überzeugungen, Weltanschauungen oder gar Glaubenswahrheiten teilt. Selbstbestimmung und Verantwortung sind im evangelischen Begriff der Freiheit unlöslich miteinander verbunden.

Dieses Verständnis von Freiheit zu vermitteln ist eine der großen Aufgaben christlicher Kirche. Diese Aufgabe zur Freiheit ruht nicht in sich selbst. Sie ist als Gottes Gabe unsere Aufgabe. Darum ist die Ethik verantworteter Freiheit zugleich eine Ethik der Dankbarkeit. Sie führt in das Gotteslob und braucht den Raum der gemeinschaftlichen Religionsfreiheit, in der dieses Gotteslob laut werden kann. Für diese Freiheit, zu der Christus befreit (Gal 5,1), ist die Taufe das sichtbare Zeichen. Von ihr her suchen wir uns in verantworteter Freiheit den Herausforderungen unserer Zeit zu stellen und das Evangelium zu bezeugen.

Religionsfreiheit als Schwerpunkt

Seit vielen Jahren bildet der Einsatz für Religionsfreiheit einen Schwerpunkt in der kirchlichen Verantwortung für die Menschenrechte. Es ist das Ergebnis eines durchaus nicht einlinigen Lernprozesses der Kirchen, in der insbesondere die Unrechtserfahrungen des Nationalsozialismus und der Holocaust eine wesentliche Rolle gespielt haben. Darum haben die Kirchen aktiv an der Verankerung der Religionsfreiheit als einer zentralen Forderung in den grundlegenden Menschenrechtserklärungen mitgewirkt, wie etwa bei der Aufnahme der Religionsfreiheit in die Charta der Grundrechte der Europäischen Union. Der Schutz der Religionsfreiheit, die Angehörigen aller Religionsgemeinschaften gleichermaßen gilt, ist eine wesentliche Voraussetzung für ein demokratisches Gemeinwesen und für ein friedliches Zusammenleben von Religionen und Konfessionen im Zeitalter der Globalisierung.

Die Kirchen nutzen ihre vielfältigen Möglichkeiten, sich für den Schutz des Menschenrechts auf Religionsfreiheit einzusetzen. Die EKD und ihre Kirchen haben ein sehr enges Netzwerk von ökumenischen Kontakten zu vielen Partnerkirchen. Sie engagieren sich in der Entwicklungsarbeit und in multilateralen Organisationen wie dem Ökumenischen Rat der Kirchen. Ihre Präsenz in mehr als 140 Auslandsgemeinden in sehr vielen Ländern verschafft ihnen Zugang zu Informationen über Vorgänge, mit denen die Religionsfreiheit eingeschränkt wird oder die gar mit der Bedrohung an Leib und Leben verbunden sind. Diese Informationen machen sie in ihrem ökumenischen Netzwerk bekannt, verbinden sich mit anderen Kirchen und kirchlichen Organisationen in Kampagnen und suchen schon seit Jahren die Verbindung mit den Verantwortlichen in Politik und Gesellschaft. In zahlreichen Hintergrundgesprächen bei Auslandsreisen der Repräsentanten mit den ökumenischen Partnern und politischen Entscheidungsträgern vor Ort wird das Bewusstsein für die Bedeutung universeller Religionsfreiheit geschärft, ohne dass dies in den Medien einen besonderen Widerhall fände. In manchen Fällen wäre das Bekanntwerden dieser Gespräche sogar kontraproduktiv.

Andererseits werden in den letzten Jahren öffentlich wahrnehmbar Positionen bezogen und Missstände angeprangert, unter denen Angehörige religiöser Minderheiten zu leiden haben. Eine wichtige Grundlage dafür bildet die von der Konferenz Europäischer Kirchen und dem Rat Europäischer Bischofskonferenzen im Jahr 2001 verabschiedete »Charta Oecumenica«. In ihr verpflichten sich die beteiligten Kirchen, »die Rechte von Minderheiten zu verteidigen und zu helfen, Missverständnisse und Vorurteile zwischen Mehrheits- und Minderheitskirchen in unseren Ländern abzubauen«. Weiterhin erklären sich die Unterzeichnenden dazu bereit, »die Religions- und Gewissensfreiheit von Menschen und Gemeinschaften anzuerkennen und dafür einzutreten, dass sie individuell und gemeinschaftlich, privat oder öffentlich ihre Religion oder Weltanschauung im Rahmen des geltenden Rechts praktizieren dürfen«.

Neben dem generellen Einsatz für den Schutz der Religionsfreiheit für alle religiös gebundenen Menschen in allen Religionen gilt den christlichen Glaubensgeschwistern eine besondere Aufmerksamkeit. Dies geschieht wiederum aufgrund des biblischen Verständnisses von Kirche, wie es im Korintherbrief zum Ausdruck kommt: Wenn ein Glied leidet, leiden alle anderen mit (vgl. 1. Kor 12,26).

Mitleiden am Leib Christi

In der Geschichte des Christentums spielt dieser Satz des Apostels Paulus eine tragende Rolle, wenn es um das Mitleid und die Solidarität von Christen untereinander geht. Die Grundlage dafür bildet das paulinische Verständnis von Kirche als »Leib Christi«: Wie ein Körper die verschiedenen Körperteile Ohr und Auge, Hand und Fuß zu einer organischen Einheit verbindet, in der jeder Teil seinen Platz, seine Funktion und seinen eigenen Wert im Verbund mit den anderen hat, so verhält sich die Kirche als eine Gemeinschaft von Gläubigen mit unterschiedlichen Gaben und Aufgaben.

Im Epheserbrief wird dieses Bild noch weiterentwickelt: Allen gemeinsam ist Jesus Christus als das Haupt dieses Leibes (Eph 4,15). Durch ihn sind sie, sind wir als Christen auf der ganzen Welt zusammengefügt – über Unterschiede in Theologie oder Frömmigkeit hinweg. In der Ökumene leben wir die uns aufgetragene Gemeinschaft, nicht immer spannungsfrei, aber doch mit dem großen Willen, füreinander da zu sein und uns gemeinsam einzusetzen für Frieden, Gerechtigkeit und die Bewahrung der Schöpfung.

Die Vorstellung vom mitleidenden Leib Christi ist auch für den Einsatz der EKD zugunsten von bedrängten und verfolgten Geschwistern in aller Welt zu einem Leitmotiv geworden. Die Liste der Länder, in denen Angehörige christlicher Minderheiten heute bedrängt werden, ist lang und geht um den ganzen Globus: Ob Indien, Ägypten, die Türkei, Indonesien oder der Irak – in zahlreichen Ländern werden sie an der Ausübung ihres Glaubens gehindert. Dabei gibt es viele Formen von Unterdrückung: Christen müssen behördliche Schwierigkeiten oder rechtliche Benachteiligungen in Kauf nehmen. In manchen Ländern besteht sogar Gefahr für Leib und Leben. Häufig sehen sich Christen genötigt, ihre Heimat zu verlassen. Die meisten entscheiden sich für diesen Schritt, weil ihnen in ihrer Heimat jede Perspektive für ein gelingendes Leben in Würde verloren geht. Viel zu häufig jedoch müssen sie auch vor Gewalt fliehen. Daher nimmt die EKD schon seit langer Zeit mit großer Aufmerksamkeit Anteil an den äußerst schwierigen Lebensbedingungen vieler Glieder des Leibes Christi in den Krisengebieten dieser Welt. Dabei setzt sie weniger auf öffentliche Empörungskampagnen als auf den interreligiösen Dialog und die Stärkung allgemeiner menschenrechtlicher Standards in den betroffenen Ländern.

Die EKD bemüht sich um eine differenzierte Begrifflichkeit. Der Begriff der »Christenverfolgung« sollte nicht pauschal für alle Situationen von Diskriminierung und Perspektivlosigkeit benutzt werden. So wirksam dieser Begriff sein mag, um öffentliche Aufmerksamkeit zu erhalten, so eskaliert und polarisiert er doch in Situationen, in denen Dialog und konstruktive Intervention eher weiterhelfen. Die EKD – übrigens auch hier in Abstimmung mit der Deutschen Bischofskonferenz – sucht mit differenzierten Begriffen wie »Diskriminierung«, »Bedrängung«, »kulturelle oder soziale Ausgrenzung« die jeweilige Situation zu erfassen. In der Tat ist es jedoch auch angemessen, den Begriff »Verfolgung von Christen« zu benutzen, da es tatsächlich aktive, ja in staatlichem Recht (Apostasie- oder Blasphemiegesetze) begründete systematische Verfolgung und Bedrohung an Leib und Leben gibt.

Eine weitere Schwierigkeit tut sich auf: Der Begriff der »Verfolgung« ist ein Fachterminus im internationalen Flüchtlingsrecht. Verfolgte sind demnach Personen, »die nach den asylerheblichen Merkmalen eine staatliche bzw. quasistaatliche Verfolgung erlitten haben oder denen eine solche Verfolgung droht« (§§ 1-11 AsylVfG.). Zwar gehört nach der Genfer Flüchtlingskonvention auch die Religion zu den asylrelevanten Merkmalen (Art. 1 A, Abs. 2 GFK). Entscheidend war bis vor Kurzem jedoch immer die staatliche bzw. quasistaatliche Urheberschaft der Verfolgung. Nach geltendem Recht gehören mittlerweile zwar auch Parteien und nichtstaatliche Organisationen zu den Akteuren asylrelevanter Verfolgung. Die juristische Definition von »Verfolgung« wird aber immer noch deutlich enger interpretiert als ein alltagssprachliches Verständnis von »Verfolgung«, das relativ unscharf viele Arten von Bedrohungen oder Diskriminierungen meinen kann. Die EKD engagiert sich in der Frage der stärkeren Berücksichtigung von religiöser Verfolgung in der Asylrechtsprechung in besonderem Maße. Sie fordert seit Langem, die Unterscheidung zwischen der zurückgezogenen und der öffentlichen Religionsausübung aufzuheben. Dies entspricht dem Grundrecht der »positiven Religionsfreiheit«, die nach der Menschenrechtscharta jedem Menschen das Recht gibt, seinen Glauben öffentlich zu leben. Bisher blieb die Differenzierung von sogenanntem *Forum Internum* und dem *Forum Externum* jedoch bestehen und nur die Verletzung der Religionsfreiheit bei der inneren Religionsausübung wurde als asylrelevanter Grund anerkannt.

Schließlich ist der pauschale Sprachgebrauch nicht unproblematisch, weil damit meist eine Dramatisierung einhergeht, die den Blick für die sehr unterschiedlichen Situationen in einzelnen Ländern und Regionen verstellen kann. Denn nicht jeder Konflikt, in dem Christen zu Schaden kommen, hat religiöse Ursachen und nicht jeder Fall von brutaler Gewalt hat seinen Grund im Glauben an Jesus Christus. Hier gilt es, die jeweiligen Hintergründe der Konflikte genau zu analysieren und ihre historischen, sozialen, kulturellen oder geostrategischen Dimensionen zu verstehen, um eine angemessene Bewertung vornehmen zu können. Es kommt darauf an, die missbräuchliche religiöse Aufladung solcher Konflikte aufzudecken und dieser Instrumentalisierung von Religion für politische Zwecke gemeinsam mit Vertretern anderer Religionen entgegenzutreten.

Allerdings darf dadurch nicht der Eindruck entstehen, die Kirchen würden bei aller gebotenen Differenzierung das erlittene Unrecht, die Unterdrückungen und das erlebte Leid relativieren oder gar banalisieren. Daher hat sich im kirchlichen Sprachgebrauch die Bezeichnung »bedrängte und verfolgte Christen« durchgesetzt. Diese Formulierung ermöglicht in einem umfassenderen Sinne, die Sorgen und das Leid von Christen in den Krisengebieten der Welt ernst zu nehmen, ohne zuerst eine asylrechtlich relevante Verfolgungssituation konstatieren zu müssen.

Die Fürbitte: Geistliche Solidarität am Leib Christi

Die EKD nimmt sich der Nöte von bedrängten und verfolgten Geschwistern nicht nur menschenrechtlich und politisch an. Sie gestaltet auch die *geistliche* Dimension ihres Engagements angesichts des angefochtenen Glaubens ihrer Schwestern und Brüder. Der ehemalige Ratsvorsitzende der EKD, Altbischof Wolfgang Huber, hat in seinem Bericht vor der EKD-Synode im November 2008 auf diese Perspektive hingewiesen. Er sprach von Weltregionen, »in denen Menschen Leib und Leben riskieren, wenn sie sich zum christlichen Glauben bekennen«. Dabei kam die Situation der Christen im Irak ebenso zur Sprache wie die Lage von Christen in Iran, im Nordosten Indiens, in China und in anderen Ländern. Die Leiden von Christen in anderen Ländern beim Namen zu nennen, hat auch eine Dimension für den eigenen Glauben. Unsere Fürbitte und unser öffentliches Gedenken im Gottesdienst ist Ausdruck unseres Glaubens, in dem wir uns – als Konsequenz aus der Aufforderung des Apostels – mit unseren »Brüdern und Schwestern im Glauben« (Gal 6,10) verbinden in der einen Kirche Jesu Christi. Noch auf der gleichen Synode in Bremen 2008 fasste die Synode der EKD den Beschluss, eine jährlich wiederkehrende Fürbitte im Kirchenjahr zu verankern. Hierfür wurde der zweite Sonntag in der Passionszeit (Reminiscere) ausgewählt. So entsteht nun jedes Jahr eine Materialhilfe für alle evangelischen Kirchengemeinden. Dabei wird immer exemplarisch die Situation von Christen in einem Land oder einer Region skizziert und mit einem besonderen Fürbittgebet verbunden.

Unter der angemessenen Differenzierung von Bedrängnis und Verfolgung kamen im Jahr 2010 die bedrückenden Leiderfahrungen der irakischen Christen zur Sprache. Diese Kampagne flankierte zugleich das Bemühen der Kirche um ein sogenanntes Resettlement-Programm für irakische Flüchtlinge, das die Bundesregierung durchgeführt hat und in dessen Rahmen 2 500 international registrierte Flüchtlinge aus dem Irak in Deutschland neu angesiedelt wurden.

2011 wurde den evangelischen Kirchengemeinden im Raum der EKD die Fürbitte für christliche Gemeinden im indischen Orissa empfohlen. Wie in den meisten Fällen speisen sich auch die dortigen Spannungen aus vielen Quellen: sprachliche und ethnische Unterschiede, die Fortdauer der offiziell aufgehobenen Kastentrennung, Armut und Ungerechtigkeit, politisches Kalkül bis hin zur Frage der Religionszugehörigkeit. Das jeweilige Gemisch dieser Ursachen unterscheidet sich in Indien von Region zu Region sehr stark und bringt in dem großen Land ganz verschiedene Realitäten hervor. Während in einigen Landesteilen Angehörige aller Religionen friedlich nebeneinander existieren, kommt es in einigen Distrikten immer wieder zum Ausbruch von Gewalt gegen Christen, aber auch gegen muslimische Minderheiten.

Schließlich fand 2012 die Situation der christlichen Minderheit in den Kernländern der Maghreb-Region Eingang in die EKD-weite Fürbitte für bedrängte und verfolgte Christen, wo die Situation für die Mitglieder der historischen Minderheitenkirchen französischer Provenienz und für einheimische Konvertiten unterschiedlicher nicht sein könnte.

Nicht zuletzt die Initiative der Fürbitte markiert ein Handeln, das in der Solidarität mitleidender Glieder politisch, humanitär und spirituell ist. Im Gebet bringen wir unsere Sorge um die Glaubensgeschwister vor Gott, im Vertrauen darauf, dass Gott ihnen in dem mitleidenden Christus nahe ist, sie tröstet und befreit. Diese geistliche Dimension unseres Einsatzes für bedrängte und verfolgte Christen ist das notwendige und unverzichtbare Korrelat zu unserem politischen Einsatz.

Angesichts solcher Fälle wie dem des eingangs beschriebenen Youcef Nadarkhani gibt es heute gerade für Christen keine Alternative zum Eintreten für die Religionsfreiheit – und zwar für alle Menschen in allen Religionen und an allen Orten. Denn im Einsatz für andere gewinnt das Engagement für die Brüder und Schwestern im Glauben und für alle Menschen als Ebenbilder Gottes im Geist Jesu Christi ihre wahrhafte Glaub-Würdigkeit.

Otmar Oehring

Christen in Verfolgung und Bedrängnis – eine Bestandsaufnahme

»Wo es (...) wesentlich um die Ausrottung christlicher Gemeinden oder den Terror gegen einzelne Missionare oder Neubekehrte geht, sollten sowohl Christen als auch Menschenrechtsaktivisten den Mut zum Begriff ›Christenverfolgung‹ haben.«[5] Dem ist nichts hinzuzufügen! Allerdings macht diese Feststellung Otto Böhms in der Internetzeitschrift evangelische aspekte auch deutlich, dass »Christenverfolgung« der schlimmste denkbare Fall ist und es ganz offensichtlich im Vorfeld dieses schlimmsten Falles, ausgehend von einem noch zu definierenden Idealfall, viele Zustände gibt, die eine Abweichung vom Idealzustand darstellen.

Ein Referenzrahmen für die Beschreibung des fraglichen Idealzustands könnte Artikel 18 der »Allgemeinen Erklärung der Menschenrechte«[6] (AEMR) sein, die am 10. Dezember 1948 von der Generalversammlung der Vereinten Nationen in Paris verabschiedet wurde.[7] Sie wird als Bestandteil des Rechts der Vereinten Nationen und als Völkergewohnheitsrecht angesehen und von neuen Mitgliedstaaten mit dem Beitritt zu den Vereinten Nationen anerkannt. In Artikel 18 der AEMR heißt es: »Jeder hat das Recht auf Gedanken-, Gewissens- und Religionsfreiheit; dieses Recht schließt die Freiheit ein, seine Religion oder seine Weltanschauung zu wechseln, sowie die Freiheit, seine Religion oder seine Weltanschauung allein oder in Gemeinschaft mit anderen, öffentlich oder privat durch Lehre, Ausübung, Gottesdienst und Kulthandlungen zu bekennen.« Allerdings hat die Allgemeine Erklärung der Menschenrechte keinen völkerrechtlich verbindlichen Charakter – Mitgliedstaaten der Vereinten Nationen sind damit nicht ipso facto zur Einhaltung ihrer Vorgaben verpflichtet. Eine entsprechende völkerrechtliche Selbstverpflichtung stellen demgegenüber der »Internationale Pakt über bürgerliche und politische Rechte« (IPbpR) vom 16. Dezember 1966 – in Kraft getreten am 23. März 1976 – und sein Artikel 18 für diejenigen Staaten dar, die den IPbpR ratifiziert haben oder ihm beigetreten sind. In Artikel 18 IPbpR heißt es:

> 1. Jedermann hat das Recht auf Gedanken-, Gewissens- und Religionsfreiheit. Dieses Recht umfasst die Freiheit, eine Religion oder eine Weltanschauung eigener Wahl zu haben oder anzunehmen, und die Freiheit, seine Religion oder Weltanschauung allein oder in Gemeinschaft mit anderen, öffentlich oder privat durch Gottesdienst, Beachtung religiöser Bräuche, Ausübung und Unterricht zu bekunden.
> 2. Niemand darf einem Zwang ausgesetzt werden, der seine Freiheit, eine Religion oder eine Weltanschauung seiner Wahl zu haben oder anzunehmen, beeinträchtigen würde.
> 3. Die Freiheit, seine Religion oder Weltanschauung zu bekunden, darf nur den gesetzlich vorgesehenen Einschränkungen unterworfen werden, die zum Schutz der öffentlichen Sicherheit, Ordnung, Gesundheit, Sittlichkeit oder der Grundrechte und -freiheiten anderer erforderlich sind.
> 4. Die Vertragsstaaten verpflichten sich, die Freiheit der Eltern und gegebenenfalls des Vormunds oder Pflegers zu achten, die religiöse und sittliche Erziehung ihrer Kinder in Übereinstimmung mit ihren eigenen Überzeugungen sicherzustellen.

Den Internationalen Pakt über bürgerliche und politische Rechte haben die meisten Staaten der Erde unterzeichnet und/oder ratifiziert. Selbst Staaten, die immer wieder im Zusammenhang mit Bedrängnis oder Verfolgung von Christen genannt werden: So hat etwa die Demokratische Volksrepublik Korea (Nordkorea) den Pakt 1981 ratifiziert, Vietnam 1982, Eritrea 2001, Kuba ist ihm 2008 beigetreten, die Volksrepublik China hat ihn 1997 unterzeichnet und 2001 ratifiziert. Die meisten Mitgliedstaaten der OIC (Organisation für islamische Zusammenarbeit) sind dem Pakt beigetreten, nicht jedoch Katar, die Vereinigten Arabischen

Emirate, Oman und Saudi-Arabien.[8] Kein einziger der Staaten, die dem IPbpR beigetreten sind bzw. ihn ratifiziert haben, hat bei den Vereinten Nationen einen Vorbehalt gegen Artikel 18 des Pakts zu Protokoll gegeben[9] – alle haben sich damit völkerrechtlich bindend verpflichtet, die Vorgaben des Artikel 18 IPbpR einzuhalten.

Tatsächlich versuchen zivilgesellschaftliche Akteure, die sich seit Jahren regelmäßig zum Thema Christenverfolgung äußern, immer wieder die Situation von Christen weltweit durch Kennzahlen darzustellen. Damit soll festgehalten werden, wie schlecht es Christen in bestimmten Ländern geht, und zudem über Jahre hin, wie sich die Situation von Christen in bestimmten Ländern entwickelt. Das größte Problem solcher Übersichten ist, dass die zugrunde liegenden Situationen häufig nicht wirklich vergleichbar sind. Das wiederum hängt auch damit zusammen, dass selbst die Situation in Ländern, in denen vorderhand die gleichen Rahmenbedingungen zu gelten scheinen, oftmals faktisch nicht zu vergleichen sind. Das gilt etwa für die islamischen Länder, aber beispielsweise auch für die verbliebenen kommunistischen Staaten.

Wer wird Opfer von Bedrängnis und Verfolgung?

Zunächst ist es sicher sinnvoll, sich noch einmal klarzumachen, über welche Gruppen von Menschen im Regelfall in den Medien berichtet wird, wenn es um »Christen in Bedrängnis und Verfolgung« geht. Da geht es

- um Christen in Ländern, in denen sie nur eine Minderheit sind und die Bevölkerungsmehrheit einer anderen Religion angehört, etwa dem Islam, dem Hinduismus oder auch dem Buddhismus,
- um Christen in Ländern, in denen die Macht von einer kommunistischen Partei ausgeübt wird (etwa China, Kuba, Nordkorea, Vietnam),

- um Christen in Ländern, in denen die Macht von diktatorischen Regimen unterschiedlicher ideologischer Ausprägung ausgeübt wird (etwa Eritrea, Myanmar u. a.),
- aber auch um Christen in nominell christlichen Ländern (etwa in Lateinamerika und der Karibik), wo Christen aufgrund ihres Einsatzes für Gerechtigkeit und Frieden, für die Rechte der indigenen Völker und gegen die Auswüchse der neoliberalen Globalisierung zu Gegnern und Opfern von Systemen unterschiedlicher ideologischer, oft diktatorischer Ausprägung werden,
- und auch um jene Menschen, die infolge von Apostasie (Abfall von einer Religion) und Konversion (Übertritt zu einer anderen Religion) Opfer von Bedrängnis und Verfolgung werden.

Zunächst ist festzuhalten, dass alle islamischen Staaten, die dem IPbpR beigetreten sind, die von ihnen dadurch eingegangene Selbstverpflichtung nicht vollständig einhalten. Das ist nicht zuletzt eine Folge der Tatsache, dass in der Mehrheit der Staaten mit einer islamischen Bevölkerungsmehrheit der Islam Staatsreligion und zudem die Hauptquelle der Inspiration der Rechtsetzung ist – eine Ausnahme hiervon bilden nur Indonesien (abgesehen von der Provinz Aceh), die Türkei und der Libanon. Artikel 18 IPbpR gilt in diesen Staaten folglich nur im Rahmen einer islamischen Rechtsordnung. Aber selbst vor diesem Hintergrund wäre es falsch anzunehmen, dass in all diesen islamischen Staaten Christen grundsätzlich bedrängt oder gar verfolgt würden. Richtig ist, dass die Religionsfreiheit mehr oder weniger stark eingeschränkt ist. Dennoch sind Glaubens- und Kultusfreiheit[10] von Christen in vielen islamischen Ländern weitgehend gegeben, auch in Katar, den Vereinigten Arabischen Emiraten und Oman – Staaten, die den IPbpR weder unterschrieben noch ratifiziert haben. Eine Ausnahme bilden allerdings Saudi-Arabien und Somalia, wo die Kultusfreiheit von Nichtmuslimen nicht gewährt ist.

Problemfall Apostasie/Konversion

Am Umgang praktisch aller islamischen Staaten mit Apostasie und Konversion zeigt sich deutlich, was der Beitritt zum IPbpR bzw. seine Ratifizierung durch islamische Staaten in Sachen Religionsfreiheit bedeutet. So postuliert Art. 18 Abs. 1 IPbpR, dass »jedermann (...) das Recht [hat] (...), eine Religion oder eine Weltanschauung eigener Wahl (...) anzunehmen«, und Art. 18 Abs. 2, dass »niemand (...) einem Zwang ausgesetzt werden [darf], der seine Freiheit, eine Religion oder eine Weltanschauung seiner Wahl (...) anzunehmen, beeinträchtigen würde«.

In vielen islamischen Ländern sind Apostasie bzw. Konversion strafbewehrt, wenngleich die Strafverfolgung sehr unterschiedlich gehandhabt wird. So ist in Iran und Saudi-Arabien mit der Todesstrafe zu rechnen, während in anderen islamischen Staaten Gefängnisstrafen von unterschiedlicher Dauer vorgesehen sind. In Malaysia etwa, einer Föderation, die aus 13 Bundesstaaten und drei Bundesterritorien besteht, ist Konversion nur in den fünf Staaten Perak, Malacca, Sabah, Terengganu und Pahang ein Straftatbestand, der mit Geld- oder Haftstrafe geahndet wird. In Pahang können Konvertiten auch mit 60 Stockhieben bestraft werden. In zahlreichen anderen Ländern – etwa auch in Ägypten oder im Sudan – ist davon auszugehen, dass Apostasie und Konversion strafrechtlich sanktioniert sind, auch wenn es keine eindeutigen Nachweise hierfür gibt. Dessen ungeachtet haben sich hier wie in anderen islamischen Ländern des Nahen Ostens und Nordafrikas Apostaten bzw. Konvertiten immer wieder vor Gericht verantworten müssen. In der Praxis sind die administrativen Folgen von Apostasie und Konversion sowie ihre gesellschaftlichen Konsequenzen nicht minder problematisch als die schlimmsten denkbaren strafrechtlichen Sanktionen. Wer konvertiert und in der Folge keine staatlichen Ausweispapiere mehr bekommt, hat im Alltag größte Probleme, kann zum Beispiel nicht einmal ein Bankkonto eröffnen, kann nicht heiraten, seine Kinder nicht beim Standesamt anmelden, verliert alle Erbansprüche...

In allen islamischen Staaten haben Apostaten/Konvertiten schließlich auch mit gesellschaftlichen Konsequenzen zu rechnen – das ist auch in allen Landesteilen Indonesiens mit islamischer Bevölkerung der Fall, ebenso im Libanon und in der Türkei. Gesellschaftliche Konsequenzen können etwa der Verlust des Arbeitsplatzes bei Bekanntwerden der Konversion sein, auch die Unmöglichkeit, eine neue Arbeitsstelle zu bekommen. Darüber hinaus sind auch Konsequenzen für die Unversehrtheit von Leib und Leben zu befürchten. Sofern nicht der Staat den Apostaten/Konvertiten bestraft, übernimmt dies unter Umständen die Gesellschaft, im schlimmsten und durchaus nicht unwahrscheinlichsten Fall die eigene Familie. Die Strafe kann in solchen Fällen die Todesstrafe sein, wenn das islamische Recht entsprechend ausgelegt und angewandt wird. Staatlichen Schutz kann der Apostat/Konvertit im Falle einer entsprechenden Gefährdung kaum erwarten. Und das nicht etwa, weil die Rechtsordnungen entsprechender Länder keine Strafverfolgung von Körperverletzung oder Tötungsdelikten vorsähen, sondern schlicht weil davon auszugehen ist, dass die Strafverfolgungsbehörden in diesen Ländern untätig bleiben, weil ihre Vertreter die Überzeugungen der Täter oft, wenn nicht sogar in der Regel teilen.

Angesichts der Konsequenzen, die Apostaten/Konvertiten insbesondere in der islamischen Welt zu befürchten haben, stellt sich mitunter auch die Frage nach der Verantwortbarkeit missionarischer Aktivitäten christlicher Kirchen in den entsprechenden Ländern. Dem eindeutigen Missionsauftrag der christlichen Kirchen steht hier die häufig fast zwangsläufige und mitunter existenzbedrohende Gefährdung potenzieller Apostaten bzw. Konvertiten gegenüber. Strafrechtlich oder doch zumindest gesellschaftlich sanktioniert ist in praktisch allen islamischen Ländern auch die Mission – eine Ausnahme bilden die Türkei und Indonesien (außer der Provinz Aceh, wo die Scharia gilt), wobei sich dies in der Regel nur auf den Fall der Missionierung von Muslimen bezieht. Die großen missionierenden Kirchen – die römisch-katholische Kirche und die Kirchen der Reformation – haben sich vor diesem Hintergrund schon immer entsprechenden Selbstbeschränkungen unterworfen. Hinsichtlich einer entsprechenden Positionierung kann nun auch auf die vom »Päpstlichen Rat für den interreligiösen Dialog«, dem Ökumenischen Rat der Kirchen und der Weltweiten Evangelischen Allianz 2011 unter dem Titel »Das christliche Zeugnis in einer multireligiösen Welt«[11] veröffentlichten Empfehlungen für einen Verhaltenskodex verwiesen werden.

Stimmt die Gleichung: Islamische Welt = Bedrängnis und Verfolgung?

Grundsätzlich kann die Situation einer bestimmten Personengruppe – in unserem Fall die der Christen – selbst innerhalb eines Landes höchst unterschiedlich sein. Verantwortlich dafür ist eine ganze Reihe von Indikatoren, die in der Summe betrachtet ein positives, eher positives, eher negatives oder negatives Ergebnis nach sich ziehen können.

Eine Rolle kann dabei spielen, wo der betroffene Christ lebt, ob in einem völlig christlichen Umfeld, in einem gemischtreligiösen Umfeld oder in einem gänzlich nichtchristlichen Umfeld. Auf dem Land, wo der Einzelne – Christ oder Nichtchrist – als solcher bekannt ist und erkannt wird – was vorteilhaft, aber auch von Nachteil sein kann, – oder in der Stadt, wo der Christ mitunter die Chance hat, in der Masse unterzugehen und nicht als Christ wahrgenommen zu werden.

Eine Rolle spielt natürlich auch, in welchem sozio-kulturellen und sozio-ökonomischen Umfeld der betroffene Christ lebt – in einem Umfeld von ungebildeten, wenig gebildeten, besser gebildeten oder gebildeten Menschen, in einem armen Umfeld, in einem auskömmlichen oder einem wohlhabenden Umfeld. Es wäre nun aber völlig falsch, davon auszugehen, dass der arme und ungebildete Christ, der auf dem Land in einem gemischtreligiösen oder einem gänzlich nicht christlichen und zudem ungebildeten und armen Umfeld lebt, eher Opfer von Bedrängnis und Verfolgung wird als der wohlhabende Christ, der in der Stadt in einem gemischtreligiösen oder gänzlich nicht christlichen, aber gebildeten und wohlhabenden Umfeld lebt. Allerdings kann man schon davon ausgehen, dass der gebildete und wohlhabende Christ – gleich, ob er auf dem Land oder in der Stadt lebt, – im Regelfall eher in der Lage ist, sich die Freiräume zu schaffen oder auch zu erkaufen – etwa gegenüber den Behördenvertretern –, die ihm ein insgesamt akzeptables Leben ermöglichen.

Auf dem Land gibt es auch in vielen islamischen Ländern rein christliche Dörfer, etwa in Ägypten, in Jordanien, im Irak, in Syrien, in der Türkei,[12] in Iran, in Pakistan und Bangladesch, in Malaysia und Indonesien. Kontakte zwischen Christen und Muslimen können sich dann in einem mehrheitlich islamischen Land auf Alltagskontakte an den Flurgrenzen eines christlichen und eines muslimischen Dorfes beschränken oder auf Kontakte auf den Märkten der Region. Weitergehende Kontakte kann es für die Männer dann noch während des Wehrdienstes geben. Dort wo Christen und Muslime gemeinsam in einem Dorf leben, leben sie in der Regel durch eine unsichtbare Mauer getrennt in ausschließlich christlichen oder muslimischen Wohnvierteln, wobei die oft kleinen Wohnviertel mitunter an Ghettos erinnern. Streitigkeiten drehen sich hier häufig um alltägliche Probleme, Fragen der Landnutzung – »dein Vieh hat mein Getreide gefressen« –, um die Wassernutzung – »die Quelle gehört uns« – und Ähnliches. Eine weitere Kategorie von Problemfällen sind die seltenen Liebesgeschichten zwischen Jugendlichen aus christlichen und muslimischen Dörfern, gegen die sich die Eltern beider Seiten stellen. Zunächst sind das fast immer nur Konflikte zwischen Nachbarn. Erst wenn der Konflikt sich nicht einvernehmlich lösen lässt und Dritte hinzugezogen werden, Verwandte, Freunde, Bekannte, die alle der gleichen Religionsgemeinschaft angehören – also Christen bzw. Muslime sind –, wird aus dem an sich banalen Konflikt ein religiöser Konflikt. Dann werden Häuser, Kapellen, Kirchen, durchaus auch Moscheen angezündet, gibt es Verletzte und Tote. Aus einer mehr oder weniger friedlichen Situation wird Bedrängnis und schlussendlich Verfolgung, wie in Ägypten im Verlauf des Jahres 2011 und Anfang 2012 wiederholt geschehen. Selbst wenn ein solcher Konflikt von der staatlichen Obrigkeit beruhigt werden kann, ist die Erinnerung an den Konflikt oftmals kein gutes Omen für die Zukunft. Latente Angst vor weiterer Bedrängnis und Verfolgung bleiben bei den als Gruppe häufig schwächeren Christen mitunter auf Dauer bestehen.

Eine von vornherein völlig andere Qualität haben die aus der Südosttürkei, aus Oberägypten, aus Pakistan und anderen Ländern berichteten Entführungen christlicher Mädchen durch Muslime aus Nachbardörfern. Hierbei geht es in der Regel um den Versuch, den Christen einerseits ihre Schwäche und Hilflosigkeit gegen solche Übergriffe vorzuführen und damit vor allem die Väter der betroffenen Mädchen und dann die gesamte Dorfgemeinschaft des christlichen Dorfes zu demütigen – fraglos ein Fall massiver Bedrängnis. Aber nicht nur das: Diese Entführungen sind oft nur der Beginn einer Serie weiterer gewalttätiger Übergriffe, die mit der Zeit häufiger und heftiger werden können und dann die Flucht der betroffenen Christen vor Verfolgung auslösen.

In Kleinstädten und Großstädten der islamischen Welt leben Christen entweder unter Muslimen oder in bestimmten Ländern auch in Stadtteilen, die von vielen Christen oder auch nur von Christen bewohnt sind – so etwa früher in der Türkei und im Irak und heute noch in vielen Orten in Ägypten oder in Pakistan. Das sind dann – etwa in Pakistan – häufig ghettoähnliche Siedlungsgebiete, die mitunter auch durch die Anordnung der Gebäude und die beschränkten Zugangsmöglichkeiten zu solchen Wohngebieten Schutz zu bieten scheinen, was sich jedoch schon oft als Fehleinschätzung herausgestellt hat. Vorderhand haben es Christen, die zusammen in einem Stadtteil leben, natürlich leichter, in einem indifferent bis feindlich gesinnten Umfeld zu leben und zu überleben, als wenn sie als Einzelne irgendwo in der großen Masse mitschwimmen müssen und zwangsläufig auch leicht zum Ziel von Übergriffen der Mehrheitsbevölkerung werden können. Pauschale Aussagen über die Vor- oder Nachteile der verschiedenen Lebenssituation lassen sich aber nicht machen. Häufig wird das friedliche Miteinander von Christen und Muslimen nicht von denjenigen Muslimen infrage gestellt, die mit Christen zusammenleben, sondern von Personen, die gegen Christen aufgehetzt worden sind und über die Christen, gegen die sie vorgehen, eigentlich überhaupt nichts wissen. Eine in diesem Zusammenhang extreme Entwicklung ist in den letzten 25 Jahren in Pakistan infolge der Verschärfung der sogenannten Blasphemiegesetze zu beobachten, die die Bedrängnis und Verfolgung von Christen zum Alltag haben werden lassen.

Wie schon erläutert, kann auch das Milieu, in dem Christen leben, von Bedeutung sein. Etwa welcher sozio-ökonomischen Schicht sie angehören und ob auch ihre Umwelt dem gleichen oder einem anderen Milieu angehört. Auch der eigene Bildungsstand und der Bildungsstand der örtlichen Bevölkerung kann eine wichtige Rolle spielen. Wenn man sich die Lebensumstände etwa der Bewohner des Kairoer Stadtteils Enbaba vorstellt – beengt und schmutzig, kaum befestigte Straßen, keine funktionierende Gas-, Strom- und Wasserversorgung, ganz zu schweigen von der Abwasserentsorgung, extrem niedrige Familieneinkommen, hohe Arbeitslosigkeit –, kann es einen überhaupt nicht wundern, dass es hier regelmäßig zu Auseinandersetzungen unter den Einwohnern kommt. Dass die Bewohner des Stadtteils dann auch noch unterschiedlichen Religionen angehören, spielt da im Hinblick auf Konflikte kaum eine Rolle. Sie wird aber im Konfliktfall von den Stärkeren schnell als Argument eingesetzt – und dann sind die Christen in Bedrängnis und am Ende sogar Opfer von Verfolgung. Aber auch im Hinblick auf die Bedeutung des Bildungsgrades von Christen und Muslimen in diesem Zusammenhang sind Verallgemeinerungen problematisch, denn in vielen muslimischen Ländern gibt es mittlerweile eine zusehends größere Schicht besser ausgebildeter und wirtschaftlich abgesicherter Muslime, die sich fundamentalistische bzw. radikal-fundamentalistische Positionen zu eigen gemacht haben. Damit verbunden sind dann antichristliche Positionierungen, im schlimmsten Fall auch die Bereitschaft zu Übergriffen auf Christen.

Probleme können sich für Christen auch in Schulen und weiterführenden Bildungseinrichtungen ergeben. Sofern es keine kirchlichen Schulen gibt – das ist in vielen muslimischen Ländern ein regionales, manchmal auch ein grundsätzliches Problem –, müssen christliche Schüler staatliche Schulen besuchen, was traumatisierend sein kann. Dass staatliche Schulen in vielen dieser Länder einen katastrophalen Standard haben, ist ein Problem aller Schüler. Zum echten Problem für christliche Schüler kann in den arabischsprachigen Ländern der Besuch des Sprachunterrichts, in allen islamischen Ländern der Besuch des Geschichtsunterrichts und des Religionsunterrichts werden. Im arabischsprachigen Sprachunterricht werden Texte zur islamischen Geschichte gelesen, die häufig antichristlich sind. Im Geschichtsunterricht geht es vor allem um islamische Geschichte. Und der einzig angebotene Religionsunterricht ist in der Regel islamischer Religionsunterricht. Im Fachunterricht in den genannten Fächern werden christliche Schüler häufig Opfer verbaler Attacken, die sich durchaus aus dem vermittelten Unterrichtsstoff ergeben und oft der Qualität von Hass-Sprache (*hate speech*) entsprechen. So, wenn etwa in der Türkei, wo christliche Schüler eigentlich nicht am islamischen Religionsunterricht teilnehmen müssen, den christlichen Schülern jeweils bei Beginn des Religionsunterrichts mit den Worten »der kleine Ungläubige kann jetzt den Raum verlassen« die Unterrichtsbefreiung erteilt wird.[13]

Zwischen Schule und Berufsleben gibt es für die männlichen Christen in vielen muslimischen Ländern eine besondere Prüfung, den Wehrdienst. Wenn sie nicht das Glück haben, wie in der Türkei zeitweise Praxis, gemeinsam in einem für sie eingerichteten »Strafbataillon«[14] ihren Dienst ableisten zu können, sind sie während des Wehrdienstes häufiger Bedrängnis, unter anderem durch die Androhung von Zwangsbeschneidungen, ausgesetzt. Beim Übergang von der Schule ins Berufsleben oder in eine höhere Bildungseinrichtung sind Christen in vielen islamischen Ländern neuerlich Diskriminierungen ausgesetzt, die den Charakter zumindest der Bedrängnis erreichen können: Wenn etwa gute oder gar hervorragende Schulabschlusszeugnisse keinen Zugang zu einem Studium ermöglichen oder nur den Zugang zum Studium in einem nicht gewünschten Fach und/oder an einem nicht gewünschten Studienort. Und auch während eines Studiums sehen sich Christen häufig bedrängt, wenn sie etwa auch Prüfungen im Fach Islam bestehen müssen, einem Fach, das prüfungsentscheidend sein kann.

Es gilt, dass Christen in islamischen Ländern im Regelfall keine Arbeitsplätze im öffentlichen Dienst, bei der Polizei und – jenseits des Wehrdienstes – beim Militär bekommen, und wenn doch, meist nur Posten ohne irgendeinen tatsächlichen Einfluss (so etwa bis 2003 im Irak und zuletzt noch in Syrien) – eine Ausnahme bildet hier Indonesien. Das gehört in der islamischen Welt für Christen aber auch zu den bekannten und weitgehend akzeptierten »Spielregeln« – ob diese aus menschenrechtlicher Sicht zu akzeptieren sind oder nicht, ist eine ganz andere Frage. Christen sind auf dem Land oft als Bauern tätig, in den Städten als (Kunst-)Handwerker, im Handel und in freien Berufen zu finden. In vielen islamischen Ländern können gut ausgebildete Christen bis auf den heutigen Tag keine adäquaten Arbeitsplätze in ihren Ausbildungsberufen und bei Nichtchristen bekommen.

Bedrängnis und Verfolgung von Christen in kommunistischen Staaten

Aber nicht nur in der islamischen Welt, sondern auch in Ländern, in denen die Macht von einer kommunistischen Partei ausgeübt wird (etwa in China, in Kuba, in Nordkorea und in der Sozialistischen Republik Vietnam), ist Bedrängnis und Verfolgung von Christen weiterhin virulent. Die regierenden kommunistischen Parteien dulden als Siegelbewahrer der marxistischen Ideologie keine anderen Wertvorstellungen neben dem Kommunismus. Dabei ist der Grad der Bedrängnis und Verfolgung von Christen in den genannten Ländern unterschiedlich einzuschätzen. Zudem sind auch die christlichen Kirchen und ihre Angehörigen in unterschiedlichem Maße Ziel und Opfer von Bedrängnis und Verfolgung. In Kuba etwa sind es heute hauptsächlich die Kirchen, die nicht im Kirchenrat von Kuba organisiert sind, die das Ziel insbesondere administrativer Beschränkungen werden. In Vietnam sind es vor allem die von Freikirchen christianisierten Bergvölker der Hmong und H're, die weiterhin Opfer von Bedrängnis und Verfolgung werden. Entsprechende Übergriffe auf die römisch-katholische Kirche haben in den letzten Jahren – insbesondere im Verlauf der mehrjährigen Verhandlungen, die zur Aufnahme diplomatischer Beziehungen zwischen dem Heiligen Stuhl und Vietnam geführt haben[15] – abgenommen. In China sind es weiterhin vor allem die Angehörigen der Rom-treuen sogenannten Untergrundkirche und freikirchlicher Hauskirchen, die Opfer von Bedrängnis und Verfolgung werden. Weiterhin schlimmste Bedrängnis und Verfolgung haben Christen offenbar in Nordkorea zu gewärtigen, wo nur die vom Staat selbst etablierten Pseudokirchen geduldet sind und der Staat alle verfolgt, die sich für Weltanschauungen interessieren, die aus staatlicher Sicht eine Gefahr für die verquaste *Chuch'e* (Autarkie)-Ideologie sein könnten.[16]

Bedrängnis und Verfolgung von Christen in Diktaturen und Demokratien

Aus anderen ideologischen Beweggründen kommt es auch in einer Reihe nicht kommunistischer Diktaturen – etwa in Eritrea oder Myanmar – zu Bedrängnis und Verfolgung von Christen. In Eritrea war es nach der Unabhängigkeit von Äthiopien 1993 vor allem die katholische Kirche, der rund ein Prozent der Bevölkerung angehört, die sich massiv am Aufbau insbesondere des Bildungs- und Sozialwesens des darniederliegenden Landes beteiligte und hier Aufgaben des Staates substituierte. Das führte schon bald zu einem heftigen Konflikt zwischen dem Staat, der seine faktisch inexistente Vorherrschaft auf allen gesellschaftspolitisch relevanten Feldern beweisen wollte, und der katholischen Kirche. Heute sind neben der katholischen Kirche und ihren Gläubigen vor allem nicht anerkannte christliche Freikirchen, die nicht den unklaren ideologischen Vorgaben der Regierung entsprechen, Ziel von Bedrängnis und Verfolgung. In Myanmar ist es über Jahrzehnte zu Bedrängnis und Verfolgung insbesondere der teilchristianisierten indigenen Völker der Chin und Karen gekommen – offensichtlich Teil eines Regierungsprogramms »zur Zerstörung der christlichen Religion in Myanmar«.[17] Die von Staatspräsident Thein Seine seit seinem Amtsantritt im Frühjahr 2011 verfolgte Politik der vorsichtigen Öffnung des Landes lässt zumindest hoffen, dass damit verbunden auch das Maß von Bedrängnis und Verfolgung von Christen abnehmen wird.

Aber nicht nur in Diktaturen, sondern auch in nominell demokratischen Staaten wie Nigeria oder Indien und Sri Lanka kommt es immer wieder zu Bedrängnis und Verfolgung von Christen. In Nigeria als Folge von Konflikten zwischen Christen und Muslimen. In Indien als Folge des stetigen Erstarkens einer hindunationalistischen bzw. hindufaschistischen Ideologie, deren Vertreter in einzelnen Bundesstaaten die Regierung stellen oder an ihr beteiligt sind. In Sri Lanka waren und sind Christen immer wieder Opfer von Bedrängnis und Verfolgung, weil sie zwischen die Fronten der militärischen und post-militärischen Auseinandersetzung der verfeindeten Tamilen und Singhalesen geraten, die sie als Parteigänger der jeweils anderen Seite verdächtigen.

Bedrängnis und Verfolgung von Christen in Lateinamerika und der Karibik

Mit einer ganz anderen Qualität der Bedrängnis und Verfolgung haben es Christen in Lateinamerika und der Karibik zu tun. Und auf den ersten Blick erscheint es auch nicht naheliegend, in Lateinamerika und in der Karibik, einem stark katholisch geprägten Kontinent, von Bedrängnis und Verfolgung von Christen zu sprechen.[18] Die Religionsfreiheit ist in fast allen Ländern gesetzlich verankert und wird auch entsprechend praktiziert. Christen werden hier aber mitunter »wegen ihres gesellschaftlichen Eintretens für Frieden und Gerechtigkeit von mächtigen Interessengruppen bedrängt und in ihrer Arbeit behindert«.[19] Dabei gehen Bedrängnis und Verfolgung von Christen nicht immer auf das Konto der Staatsmacht, sondern häufig auf das von Protagonisten, die sich selbst als gläubige Christen verstehen.[20]

Begonnen hat die Bedrängnis und Verfolgung von Christen in Lateinamerika und der Karibik nach der zweiten Generalversammlung der lateinamerikanischen Bischöfe im kolumbianischen Medellín 1968, in deren Folge sich immer mehr befreiungstheologisch inspirierte Bischöfe, Priester, Ordensleute auf die Seite der Marginalisierten und Entrechteten stellten. In diesem Zusammenhang ist der Kampf von Kirchenführern gegen die Ausbeutung der indigenen Völker und für den Aufbau von autochthonen Kirchen zu nennen: etwa Bischof Leonidas Proaño (1910–1988) von Riobamba, Ecuador,[21] Bischof Samuel Ruiz (1924–2011) von Chiapas, Mexiko,[22] Erzbischof Oscar Romero (1917–1980) von San Salvador,[23] Bischof Juan Gerardi Conedera (1922–1998) aus Guatemala[24] oder jüngst Erzbischof Pedro Baretto von Huancayo, Peru.[25] Aber nicht nur Kirchenführer sind Opfer von Diktaturen und mafiösen wirtschaftlichen Interessengruppen geworden, sondern auch Ordensleute, wie etwa die Ordensfrau Dorothy Stang (1931–2005) im brasilianischen Bundesstaat Parà[26] und zahllose namenlose Christen, die den Einsatz für Gerechtigkeit und Frieden zu ihrem Anliegen gemacht haben. So legte die brasilianische Bischofskonferenz nach der Ermordung von Dorothy Stang eine Liste mit den Namen von 160 Personen vor, die ebenfalls Morddrohungen erhalten hatten.[27]

Gleich aus welchen Gründen und an welchem Ort dieser Erde Christen Opfer von Bedrängnis und Verfolgung werden, jedes dieser Opfer ist eines zu viel. An uns liegt es, immer wieder aufs Neue auf die oft komplexen Hintergründe und Ursachen von Bedrängnis und Verfolgung von Christen hinzuweisen und zumindest Lösungsansätze für diese Unrechtssituationen aufzuzeigen. So werden wir den Opfern am ehesten gerecht.

Wolfgang Baake

Das Thema Christenverfolgung in der deutschen Öffentlichkeit

Christenverfolgung als Topthema: Traum oder Wirklichkeit?

»Es war ein Traum, nur ein Traum«, schrieb Malte Lehming am 13. Februar 2012 im Onlineauftritt des »Tagesspiegel«. Der Journalist träumte von öffentlich-rechtlichen Medien, die sich um die wirklich wichtigen Themen kümmern, anstatt »allein auf die Quote« zu schauen – und von einem Günther Jauch, der sich in seiner Sendung eines »schwierigen Stoffs« annimmt: »Christenverfolgung in der muslimischen Welt«. Lehming lässt in seiner fiktiven Jauch-Sendung verschiedene Experten zu Wort kommen, zum Beispiel den ehemaligen Reporter der »New York Times«, Clifford D. May: »Die Verfolgung von Christen in vielen muslimischen Ländern ist die wichtigste internationale Geschichte, die allerdings von den großen Medienanstalten ignoriert wird«, wird er zitiert. Andere namhafte Gäste der Talkrunde informieren in Lehmings Traum ebenfalls über die beängstigende Situation von verfolgten Christen, zum Beispiel die Vorsitzende der deutschen Sektion der »Internationalen Gesellschaft für Menschenrechte« (IGFM), Katrin Bornmöller. »Sie berichtet über Nigeria, wo die islamistische Terrorgruppe ›Boko Haram‹ (wörtlich übersetzt: ›Westliche Bildung ist Sünde‹) wütet. (…) Laut IGFM fielen seit dem Jahr 2000 mehr als 10 000 Christen der religiös geprägten Gewalt in den zwölf islamisch geprägten Bundesstaaten Nigerias zum Opfer«, schreibt Lehming. Die Ungerechtigkeit der Christenverfolgung bekommt im Traum des Journalisten die Aufmerksamkeit, die sie verdient. Die Toppriorität. Jedoch: »Es war ein Traum, nur ein Traum«, resigniert der Journalist. Denn Jauch hatte nicht etwa die Christenverfolgung zum Thema gemacht. Stattdessen ging es um die damals aktuelle Debatte um den Bundespräsidenten

Wulff – für Lehming eine weitere Salve des »Banalitätsbombardements«, die es unmöglich mache, beim öffentlich-rechtlichen Rundfunk noch von »originell, relevant, human, aufklärerisch, aktuell« zu sprechen – »dann schon lieber ›Dschungelcamp‹, das ist ehrlicher.«[28]

Zugegeben – der Tagesspiegel-Autor formuliert seine Thesen sehr scharf. Doch eine polemische Zuspitzung entspricht im journalistischen Kommentar durchaus den Gepflogenheiten, gerade weil man in nur wenigen Zeilen seine Position klar kommunizieren muss. In diesem Sinne lässt sich Lehmings These vielleicht auf folgende Aussage herunterbrechen: Nicht immer ist der Raum, den aktuelle Themen in den Medien erhalten, ihrer tatsächlichen Relevanz angemessen. Auf der einen Seite werden durchschnittlich wichtige politische Affären über die Maßen strapaziert, auf der anderen Seite kommen manche wirklich wichtigen Themen nur am Rande vor. Eines dieser Themen ist die weltweite Verfolgung von Christen aufgrund ihres Glaubens. In der Tat darf man fragen: Wo sind die Talkshows zur besten Sendezeit, in der prominente Fürsprecher das unglaubliche Leid von Christen zur Sprache bringen? Lehming macht vor allem die Einschaltquoten für das geringe Interesse gerade im Fernsehen verantwortlich. Vielleicht liegt der Grund dafür aber auch in einer falsch verstandenen Rücksichtnahme. Zu hoch erscheint die Gefahr einer Verallgemeinerung oder Abgrenzung. Das wird umso deutlicher, wenn man bedenkt, dass vor allem in islamischen Ländern Christen diskriminiert, gefoltert und getötet werden. Auch die Tatsache, dass es zum größten Teil Christen sind, die wegen ihres Glaubens verfolgt werden, passt nicht immer in das Denken mancher Menschen hinein, die andere Muster von Unterdrückern und Opfern haben. »Bei vielen Medienvertretern gilt dieses Thema nicht als politisch korrekt«,[29] sagt der Bundestagsabgeordnete Matthias Zimmer (CDU) dazu. Doch klar ist auch: Christenverfolgung ist medial so präsent wie nie zuvor, auch wenn man noch nicht davon sprechen kann, dass dieses Problem bereits eine angemessene Beachtung in der Berichterstattung erhalten hat.

Wie ambivalent das Verhältnis von Christenverfolgung und Medien ist, illustriert ein Focus-Beitrag von Markus Rode, Leiter des deutschen Zweigs der christlichen Menschenrechtsorganisation Open Doors: »Es ist unfassbar, dass die dramatische Situation von 100 Millionen verfolgten und diskriminierten Christen noch nicht zu einem Aufschrei bei Medien, Kirchen und Politikern aller demokratischen Länder geführt hat.«[30] Denn einerseits hat Rode sicherlich recht, dass der von ihm geforderte »Aufschrei« bislang ausgeblieben ist. Auf der anderen Seite ist ja gerade dieser Artikel, den der Focus als »Hilferuf« bezeichnet, ein Hinweis darauf, dass manche Medien sich der Christenverfolgung annehmen.

Ähnliches beobachtet der Journalist Wolfram Weimer in der Gesellschaft: »Die neue Welle von Gewalt gegen Christen macht die einen wütend, die anderen traurig, manche beten – mit den meisten aber macht es gar nichts. Sie schauen einfach weg. Die Reaktion des christlichen Westens auf diesen Skandal ist in aller Regel blanke Gleichgültigkeit.«[31] Selbstverständlich gibt es Mahnwachen für verfolgte Christen, auch kleinere Demonstrationen. Der ganz große Aufschrei wie bei anderen Themen ist jedoch auch in der Gesellschaft ausgeblieben – auch wenn die Entwicklung insgesamt positiv ist.

Warum öffentliche Präsenz verfolgten Christen hilft

Einige nennen die Medien die »vierte Macht im Staate«. Manchmal hat man sogar den Eindruck, sie sei die Erste. Den Einfluss der Medien auf die politische Willensbildung darf auf jeden Fall nicht unterschätzt werden. Denn sie entscheiden, worüber berichtet wird – und worüber nicht. Worüber Malte Lehming im Eingangsbeispiel klagt, ist nicht, dass es in der Berichterstattung etwa nicht mehr um die Wahrheit gehe, sondern dass das Maß der Berichterstattung über ein bestimmtes Thema oft nicht im Verhältnis zu seiner tatsächlichen Relevanz steht. Entscheidend ist das politische Klima, das gerade herrscht. Doch dieser Umstand ist kein Grund zur Resignation. Im Gegenteil: Umso wichtiger wird es, sich für verfolgte Christen einzusetzen, auch wenn man selbst nicht direkt betroffen ist.

Angesichts der Tatsache, dass Christenverfolgung oft auch geografisch weit weg von Deutschland ist, könnte der Eindruck entstehen, dass man als einzelner Bürger, Politiker oder Medienschaffender nur einen geringen Einfluss hat. Es ist zwar richtig, dass die meisten Themen Zeit brauchen, bis auch eine breite Öffentlichkeit deren Relevanz erkennt. Doch gerade am Beispiel der Christenverfolgung lässt sich beobachten, wie der unaufhörliche Einsatz von Menschenrechtsorganisationen und Politikern zu einem Umdenken führen kann.

Doch auch wer nicht in einer Menschenrechtsorganisation arbeitet, hat die Möglichkeit, Einfluss zu nehmen. Christen können sich in ihren Gemeinden in einem Gebets- oder einem Aktionskreis für verfolgte Christen einsetzen, indem sie Demonstrationen oder Mahnwachen planen und auf das Schicksal der verfolgten Christen hinweisen. Briefe an die entsprechenden Botschafter und Politiker können genauso wie Petitionen eine Möglichkeit für Bürger sein, sich zu engagieren. Christen aus einer Untergrundgemeinde in China erklärten mir gegenüber, dass jede öffentliche Erwähnung ihrer Schicksale in den Medien oder auch in einem Brief an die Botschaft den erwähnten Personen oder Organisationen hilft.

Vor allem der Weltverfolgungsindex, der jährlich von Open Doors veröffentlicht wird, ist mittlerweile den meisten Mediennutzern ein Begriff. Auf anschauliche Weise zeigt die Nichtregierungsorganisation damit, in welchen Ländern Christen am härtesten verfolgt werden. Die Medien nehmen diese greifbare Form von Information dankbar auf und berichten jedes Jahr aufs Neue darüber. Besonders interessant ist natürlich die Frage, welche Fortschritte und Veränderungen es im letzten Jahr gegeben hat. Eine direkte Folge des »Weltverfolgungsindex« liegt auf der Hand: Wohl kein Land hat ein Interesse daran, in dieser Liste aufzutauchen. Vor allem Länder, die davon leben, dass westliche Touristen ihren Urlaub dort verbringen. Wer liest, dass die Malediven auf Platz sechs der Skala liegen, kommt vielleicht ins

Nachdenken darüber, ob er dieses Land durch seinen Besuch unterstützen möchte.

Oft spiegeln sich im Weltverfolgungsindex politische Entwicklungen wider, die auch sonst die Schlagzeilen bestimmen, zum Beispiel die Umbrüche in der arabischen Welt. Wenn es dann gelingt, Entwicklungslinien zu erklären und Analogien aufzuzeigen, wird das Leid der Christen in den Köpfen der Leser viel deutlicher. Im bereits zitierten Focus-Beitrag gelingt Markus Rode dies besonders gut: »Nach der Vertreibung von Saddam Hussein setzte im Irak ein beispielloser Exodus von Christen ein, auf die von Islamisten regelrecht Jagd gemacht wurde. Leider häufen sich die Anzeichen, dass den Christen in Ägypten Ähnliches bevorstehen könnte. Schon fordern ultra-islamische Salafisten, die bei den Parlamentswahlen ein Viertel der Stimmen erreicht haben, dass Kirchen aus den Kommunen ausgelagert werden sollen. Anschläge auf Gotteshäuser, die Ermordung von Christen und die Entführung christlicher Mädchen erreichten im vergangenen Jahr einen vorläufigen traurigen Höhepunkt.«[32] Wenn der Leser das nächste Mal in den Nachrichten über den wachsenden Einfluss islamistischer Gruppen in Ägypten hört, wird ihm auch die Situation der verfolgten Christen ins Gedächtnis gerufen – und vielleicht wird er auch selbst dazu animiert, sich für sie einzusetzen.

Die mediale Präsenz eines Themas kann auch direkte Folgen auf das Handeln von Regierungen haben. Wenn in Deutschland zum Beispiel wochenlang über die Morde an Christen in Orissa berichtet wird, wird das beim nächsten Indien-Besuch der Bundesregierung mit Sicherheit thematisiert werden.

Medien können also die Politik beeinflussen. Doch dies gilt auch vice versa. Politiker lassen sich ihre politische Agenda nicht etwa von den Medien »diktieren«, obwohl sie aktuelle Themen natürlich im Blick haben müssen. Durch gezielte Stellungnahmen haben aber auch Politiker die Möglichkeit, über die Medien die öffentliche Meinung zu beeinflussen.

Einen besonderen Meilenstein markierte der Koalitionsvertrag zwischen Union und FDP, in dem die zukünftige Regierung ankündigte, dass sie sich »weltweit für Religionsfreiheit einsetzen und dabei ein besonderes Augenmerk auf die Lage christlicher Minderheiten legen«[33] werde. Wenig später, am 8. November 2009, veröffentlichte die große überregionale »Welt am Sonntag« einen Gastkommentar des Unionsfraktionsvorsitzenden Volker Kauder. Darin erklärt er die Beweggründe für den Einsatz gegen die Verfolgung von Christen: »Dieser Aufgabe haben sich auch die Koalitionspartner von Union und FDP ausdrücklich verpflichtet. Im Koalitionsvertrag heißt es, dass sich die neue Bundesregierung kontinuierlich und entschieden für weltweite Religionsfreiheit einsetzen wird. Darin drückt sich unsere gemeinsame Überzeugung aus, dass Glaube und Bekenntnis zentrale Dimensionen des menschlichen Lebens sind, die des besonderen Schutzes bedürfen.«[34] Mit diesem Beitrag in der »Welt am Sonntag« war das himmelschreiende Elend der verfolgten Christen an der obersten Stelle einer der einflussreichsten Wochenzeitungen angekommen. In der Folgezeit berichteten die Medien häufig über die Situation verfolgter Christen. Vor allem der Mord an 21 koptischen Christen in der Neujahrsnacht 2011 stand im Mittelpunkt der Berichterstattung. Als Open Doors am 6. Januar 2011 den Weltverfolgungsindex veröffentlichte, wurde er medial so stark aufgenommen wie nie.

Ein weiteres Beispiel war ein Antrag von Union und FDP zum Thema »Menschenrecht auf freie Religionsausübung schützen« vom 17. Dezember 2010. Ein Abgeordneter kritisierte, dass die beiden antragstellenden Fraktionen überwiegend von Christenverfolgung sprächen und die anderen Religionsgemeinschaften bei der Diskussion im Bundestag keine Beachtung fänden. Das entsprach jedoch nicht der Tatsache, denn der zur Abstimmung gestellte Antrag sprach den gesamten Komplex der Religionsfreiheit und nicht nur die Christenverfolgung an. Die Abgeordnete Sibylle Pfeiffer (CDU) brachte es während der Debatte im Bundestag auf den Punkt, als sie fragte: »Wenn nicht wir in Deutschland uns für verfolgte Christen einsetzen, wer soll sich denn dann für sie einsetzen, zumal die Christen die mit weitem Abstand am meisten verfolgte Religionsgemeinschaft sind?« Der Antrag traf auf breite Zustimmung, sowohl bei den Regierungsparteien als auch bei weiten Teilen der Grünen. Es wäre falsch, in den politischen Äußerungen zur Religionsfreiheit einen hinreichenden Grund dafür zu sehen, dass Christenverfolgung in den Medien präsenter denn je ist. Doch die Korrelation von erhöhtem politischen Einsatz und medialer Präsenz ist kaum von der Hand zu weisen.

Wenn Politiker das unsägliche Elend öffentlich zur Sprache bringen, dann reagieren auch die Medien und berichten über das Thema Christenverfolgung. Und wenn die Medien dieses Thema in den Fokus ihrer Berichterstattung stellen, beschäftigt sich der Mediennutzer, der Mann und die Frau auf der Straße, damit und lässt sich motivieren, sich auf unterschiedliche Weise zu engagieren. Medien, Politik und Gesellschaft stehen also in einem wechselseitigen Verhältnis.

Der Fall des Youcef Nadarkhani – ein Beispiel für vorbildliches öffentliches Engagement

Kaum ein anderer Fall von Christenverfolgung hat die Öffentlichkeit so stark beschäftigt wie der des iranischen Pastors Youcef Nadarkhani. Nach Angaben der IGFM saß er seit 2009 im Gefängnis. Im Jahr 2010 wurde er zum Tode verurteilt, angeblich wegen »Abfalls vom islamischen Glauben« und »Verbreitung nichtislamischer Lehre«. Nachdem das Urteil bereits im Juli 2011 bestätigt wurde, wurde Anfang 2012 bekannt, dass Iran die baldige Hinrichtung Nadarkhanis vorbereite.

Zunächst berichteten die Menschenrechtsorganisationen darüber. Danach wurde das Thema in mehreren Medien gemeldet. Politiker und Personen des öffentlichen Lebens reagierten auf die Medienberichte mit einer Welle der Empörung, die ihresgleichen suchte. Mehrere Gremien und bekannte Politiker appellierten an die Regierung Irans, Nadarkhani freizulassen, da er kein Verbrechen begangen habe. Dazu gehörte die US-Regierung, der deutsche Außenminister Guido Westerwelle (»Dieser Mann darf nicht sterben!«[35]), der CDU/CSU-Fraktionsvorsitzende Volker Kauder und die EU-Außenbeauftragte Catherine Ashton. Der EKD-Ratsvorsitzende Nikolaus Schneider verurteilte die Entscheidung des iranischen Gerichts und rief alle Christen zum Gebet für den Pastor auf. CDU-Generalsekretär Hermann Gröhe, zugleich politischer Pate von Nadarkhani im Programm der IGFM, sowie der Menschenrechtsbeauftragte der Bundesregierung, Markus Löning (FDP), nahmen an einer Mahnwache vor der iranischen Botschaft teil. Auch der Ausschuss für Menschenrechte und humanitäre Hilfe im Bundestag erhob seine Stimme und forderte »die sofortigen Freilassungen des Pastors Youcef Nadarkhani und des Menschenrechtsverteidigers Abdolfattah Soltani«.[36] Der menschenrechtspolitische Sprecher der SPD-Bundestagsfraktion Christoph Strässer erklärte: »Der iranische Pastor Youcef Nadarkhani darf nicht hingerichtet werden. Mit Bestürzung hat die SPD-Fraktion von den Vorbereitungen zu seiner Hinrichtung erfahren.« Es sei Nadarkhanis »gutes Recht«, vom Islam zum Christentum zu konvertieren. »Unsere tiefe Sorge gilt dem mutigen Pastor und allen Menschenrechtsverteidigern in Iran, die um ihrer freien Meinung willen ihr Leben riskieren. Wir werden sie weiterhin unterstützen.«[37]

Der Vorsitzende des Auswärtigen Ausschusses des Europäischen Parlaments, der Europaabgeordnete Elmar Brok (CDU), erklärte, die geplante Hinrichtung des Geistlichen widerspreche den universellen Menschenrechten und sei ein Affront gegenüber Christen weltweit.[38]

Bereits am 20. Dezember 2011 hatte die IGFM eine Onlinepetition initiiert. Lange Zeit, bis etwa Mitte Februar 2012, war die Teilnahme eher verhalten. Erst als sich mehrere Politiker für ihn einsetzten und viele Medien an prominenter Stelle über sein Schicksal berichteten, schoss die Zahl der Unterzeichner in die Höhe. Ob das Engagement für den iranischen Pastor zu seiner Freilassung geführt hat, wissen wir zum Zeitpunkt der Veröffentlichung dieses Buches noch nicht. Doch sein Fall ist ein Beispiel vorbildlichen Engagements der Öffentlichkeit, sowohl der Medien als auch der Politik und der Gesellschaft. Es zeigt, dass es sich lohnt, öffentlich seine Stimme gegen das Unrecht zu erheben. Der diplomatische Druck auf die iranischen Behörden ist seither auf jeden Fall deutlich gestiegen.

Christenverfolgung als Topthema: Ein Traum, der Wirklichkeit geworden ist?

Erinnern wir uns an den Traum von Malte Lehming. Angesichts der vielen positiven Entwicklungen – ist er nicht schon Wirklichkeit geworden? Leider ist die Antwort Nein. Doch was einige wenige Politiker in den letzten Jahren bereits erreicht haben, lässt hoffen, dass unsere Hoffnung kein Traum bleiben muss. Wer hätte sich noch vor wenigen Jahren »erträumen« können, dass große Zeitungen in prominent platzierten Artikeln auf die beängstigende Situation verfolgter Christen hinweisen? Dass Spitzenpolitiker öffentlich ihre Stimme für die Religionsfreiheit und gegen die Unterdrückung von Christen erheben? Doch unser Traum ist nicht nur, dass Christenverfolgung eine Toppriorität auf der politischen und medialen Agenda erhält. Unser Traum ist eine Welt, in der alle Menschen ihren Glauben frei wählen und ausüben dürfen. Politiker, Medien und Gesellschaft können etwas bewegen. Der Anfang ist gemacht.

Volker Kauder

Indien – Einleitung

Indien ist Deutschlands strategischer Partner in Südasien. Mit dem Land, das zu Recht die größte Demokratie der Welt genannt wird, verbinden uns vielfältige Beziehungen. Ich selber habe ein besonderes Verhältnis zu Indien, da meine Frau dort seit Jahren für die Hilfsorganisation »Ärzte für die Dritte Welt« in Kalkutta tätig ist. So weiß ich viel über das Land und seine Bewohner. Aufgrund der engen Beziehungen zwischen beiden Ländern haben die Vorfälle, die im Jahr 2009 den Bundesstaat Orissa erschütterten, in Deutschland große Beachtung gefunden. In einer abgelegenen Region in den Bergen kam es zu wochenlangen Ausschreitungen gegen die dortige christliche Minderheit, in deren Verlauf zahlreiche Menschen ermordet wurden. Auf dem zeitgleich stattfindenden EU-Indien-Gipfel trug der französische Staatspräsident Nicolas Sarkozy die Kritik der Europäer vor. Erst daraufhin sah sich die indische Bundesregierung gezwungen einzugreifen. Der indische Ministerpräsident nannte die Vorfälle eine Schande und drohte, die Bundespolizei zum Einsatz zu bringen. Dieser Vorfall zeigt, wie wichtig es ist, dass Menschenrechtsverletzungen von der internationalen Öffentlichkeit aufmerksam wahrgenommen werden. Der Protest gegen schwere Verstöße verfehlte in diesem Fall seine Wirkung nicht.

Da die Lage in Orissa von den dortigen Christen noch immer als angespannt beschrieben wird, besuchte ich im Sommer 2011 die Region, um mich vor Ort zu informieren. In einem Konvoi von geländegängigen Fahrzeugen fuhr ich mit einem Team von Mitarbeitern in den betroffenen Distrikt Kandhamal. Wir brachen um drei Uhr morgens auf. Die stundenlange Fahrt führte uns durch abgelegene Dörfer, weit angelegte Reisfelder und eine beeindruckende Natur. Das Bild, das sich uns nach unserer Ankunft bot, war erschreckend. Noch bevor wir das erste Dorf erreicht hatten, sahen wir ausgebrannte Kirchen am Wegesrand.

Kirchenruine in Orissa 2011

Dann kamen wir in ein Dorf, das von amerikanischen Hilfsorganisationen für Christen aufgebaut worden war, die während der Ausschreitungen vertrieben worden waren. Die Dorfbewohner berichteten uns von ihren traumatischen Erfahrungen. Von radikalen Hinduorganisationen aufgehetzte Menschen hatten sich mit Gewalt gegen ihre christlichen Nachbarn gerichtet – Nachbarn, mit denen sie zuvor jahrelang friedlich zusammengelebt hatten. Die Gewalt gegen die Christen hatte sich wie ein Flächenbrand in der Region ausgebreitet. Überall auf unserem Weg trafen wir auf Opfer, die uns von grausamen Misshandlungen berichteten, oder auf Angehörige von Ermordeten. Einige hatten von der Regierung des Bundesstaates Orissa eine Entschädigung erhalten, andere lebten nach wie vor in Behelfsunterkünften. Als Vertriebene hatten die Christen keinen Zugang mehr zu ihren Feldern und kaum Möglichkeiten, selbst für ihren Lebensunterhalt zu sorgen. Besonders bedrückend war die Tatsache, dass von den Tätern auch nach Jahren kaum jemand bestraft wurde.

Volker Kauder im Gespräch mit Dorfbewohnern

Nach meiner Rückkehr nach Bhubaneswar, der Hauptstadt von Orissa, traf ich den Ministerpräsidenten und seinen Innenminister, um mit ihnen die Lage der vertriebenen Christen zu diskutieren. Besonders auf dem Herzen lag mir die Frage der schleppenden Entschädigung. Außerdem hatten mir die Christen berichtet, dass sie in großer Angst auf den bevorstehenden Jahrestag der Pogrome blickten und neue Übergriffe befürchteten. Der Ministerpräsident hätte mit mir sicher lieber über andere Themen gesprochen als über die humanitäre Notlage der Christen. Dennoch versicherte er mir, die Sicherheitskräfte zu verstärken und ein besonderes Augenmerk auf den Jahrestag der Ausschreitungen zu legen. Auch bei der Entschädigung sollte es vorangehen. So hatte ich bei der Abreise aus Orissa den Eindruck, dass mein Besuch vor Ort nicht nur mir wichtige Einblicke gebracht hatte, sondern auch für die betroffenen Menschen etwas erreicht hat. Dieser Eindruck wurde wenige Wochen später bestätigt, als Nachrichtenagenturen meldeten, dass es in den kritischen Wochen in Kandhamal ruhig geblieben war. Im Vergleich zu den großen Problemen, mit denen die Christen in Orissa zu kämpfen haben, ist dies sicher nur ein kleiner Lichtblick. Sicher aber ist, dass die internationale Aufmerksamkeit für das Schicksal der Christen von den zuständigen Politikern wahrgenommen wird.

Thomas Schirrmacher

Lage der Christen in Indien

Indien ist das Land mit der größten ethnischen und sozialen Vielfalt der Welt mit 2 500 unterscheidbaren Volksgruppen, 4 700 Kasten (und ca. 25 000 *Jatis* = Unterkasten) sowie 456 Sprachen. Indien befindet sich nicht nur in einer enormen wirtschaftlichen Entwicklung und Aufholjagd, sondern hat auch größere menschliche Nöte als jedes andere Land der Erde. Hunderte Millionen leben unter dem Existenzminium, 75 Millionen Menschen leben in den größten Slums der Welt in Mumbai (Bombay) und Kolkata (Kalkutta), Sklaverei, Kindersklaverei und Menschenhandel blühen. 40 Prozent der Kinder sind unterernährt, 35 Millionen Kinder unter 15 Jahren sind Waisen, 20 Millionen arbeiten als Sklaven, drei Millionen leben auf der Straße. 900 000 Menschen sterben jährlich an verschmutztem Wasser oder Gift in der Luft. Ein Drittel aller Tuberkulosekranken der Welt lebt in Indien. Die Armut hängt dabei aufs Engste mit der Existenz des Kastenwesens[39] und den unteren, »unberührbaren« Kasten, den Dalits[40] und Stammesvölkern, zusammen. 400 000, vielleicht 800 000 Dalits reinigen bis heute täglich Latrinen anderer Leute mit bloßen Händen.

Die Religionen

Indien ist ein durch und durch religiöses Land mit einer säkularen, demokratischen Verfassung. In Indien entstanden der Hinduismus, der Buddhismus, der Jainismus und der Sikhismus. Zoroastrier (Parsen), Muslime, Christen in großer Zahl und eine kleinere Zahl Juden sind seit über tausend Jahren im Land ansässig.

Indien ist in religiöser Hinsicht eines der vielfältigsten Länder der Erde, insbesondere, wenn man den Hinduismus nicht wie der

Hindutva-Fundamentalismus als Einheit, sondern als Sammelbegriff für eine Vielzahl von ähnlichen Religionen sieht.

Die letzte offizielle Volkszählung von 2001 wies 1,15 Milliarden Einwohner aus, von denen 80,5 Prozent Hinduisten waren (wobei dort viele Anhänger von Stammesreligionen einfach mitgezählt werden), 13,4 Prozent Muslime, 2,3 Prozent Christen, 1,9 Prozent Sikhs und jeweils unter 1 Prozent in der Reihenfolge der Größe Buddhisten, Jainiten, Zoroastrier, Juden und Bahai. Die Ergebnisse des Zensus von 2011 werden wohl erst 2013 vorliegen. Allerdings sind die Zahlen von 2001 veraltet und die Zahl der Christen ist schon damals bewusst zu niedrig angesetzt worden. Das christliche Handbuch Operation World[41] zählt 74,3 Prozent Hindus, 14,2 Prozent Muslime, 5,8 Prozent Christen, 1,9 Prozent Sikhs, 1,3 Prozent Animisten und 0,8 Prozent Buddhisten. Die 61,3 Millionen Christen verteilen sich dabei auf 14,3 Millionen Katholiken westlicher Riten, 4,3 Millionen Katholiken verschiedener syrischer Riten, zwei Millionen Orthodoxe, 5,9 Millionen der alten evangelischen Kirchen *Church of South* und *Church of North India*, 2,7 Millionen Adventisten und der Rest zahllose weitere protestantische Kirchen. 80 Prozent der Christen gehören zu den Dalits oder den Stammesvölkern, also zur Unterschicht. Die meisten Inder identifizieren deswegen Christen gewöhnlich mit den Unterprivilegierten der Gesellschaft.

In sieben Bundesstaaten gibt es eine starke muslimische Präsenz, im nördlichen Bundesstaat Jammu und Kaschmir stellen Muslime die Bevölkerungsmehrheit. Sikhs bilden die Bevölkerungsmehrheit im Bundesstaat Punjab. Christen finden sich in größerer Konzentration in den südlichen Bundesstaaten Kerala, Tamil Nadu und Goa sowie im Nordosten. In den dortigen, für indische Verhältnisse kleinen Bundesstaaten Nagaland, Mizoram und Meghalaya (zusammen etwa fünf Millionen) bilden die Christen die Mehrheit der Bevölkerung zwischen 70 und 90 Prozent.

Lange wurde der Bericht, dass der Apostel Thomas 52 n. Chr. nach Indien gekommen sei, die ersten Inder dort missioniert habe und schließlich bei Chennai zum Märtyrer wurde, für eine Legende gehalten, doch neuerdings mehren sich die Stimmen der

Historiker, die die Berichte für glaubwürdig halten. Sicher ist jedenfalls, dass Thomas jüdische Kolonien in Indien besuchte und die ersten christlichen Gemeinden in Kerala in das erste und zweite Jahrhundert n. Chr. zurückgehen.[42] Die einzigartige hebräisch-syrische Christenheit der Mar-Thoma-Christen hat sich durch alle Konfessionen erhalten und besteht heute in katholischer, orthodoxer, protestantischer und evangelikaler Form.[43] Im dritten, vierten und siebten Jahrhundert wanderten syrische und persische Christen ein. Die katholische Mission begann unter dem berühmten Jesuiten Franz Xavier (1506–1562) in den portugiesischen Kolonien in Indien. Nach dem Abzug der Briten 1947 erlebte die katholische Kirche einen großen Aufschwung. Seit dem 18. Jahrhundert sind protestantische Missionare erfolgreich unterwegs gewesen, obwohl die britischen Kolonialherren der Mission überwiegend ablehnend gegenüberstanden. 1947 schlossen sich eine enorme Breite an protestantischen Denominationen zur großen *Church of South India* und bald danach zur *Church of North India* zusammen.

Religionsfreiheit

Artikel 15 der Verfassung Indiens und weitere Gesetze und Verordnungen schützen die Religionsfreiheit. Probleme grundsätzlicher Art auf Bundesgesetzesebene gibt es vor allem im Umgang mit den Dalits, deren Übertritt vom Hinduismus zu anderen Religionen diskriminiert wird – darauf wird noch einzugehen sein.

Prinzipiell gilt dasselbe für die Politik der indischen Bundesregierung,[44] von der Zeit der Regierungsbeteiligung der hindunationalistischen Partei *Bharatiya Janata Party* (BJP)[45] 1998 bis 2004 einmal abgesehen. Zwar werden die Gesetze in Bezug auf die Dalits trotz ständigem Druck nicht geändert und das Außenministerium verweigert ausländischen Geistlichen und Missionaren aller Religionen Visa oder entzieht sie ihnen wieder, aber prinzipiell ist die Beschränkung der Religionsfreiheit eher ein

Problem der Bundesstaaten und ihrer Regierungen als der Zentralregierung. Ihr kann man nur vorwerfen, bei groben Religionsunruhen in einzelnen Bundesstaaten zu spät ihre rechtlichen Möglichkeiten des Einschreitens zu nutzen und Bundesarmee und -polizei meist erst auf Druck westlicher Staaten in Bewegung zu setzen.

Auch wenn im Folgenden viel Negatives zu berichten ist, ist festzustellen, dass in Indien über eine Milliarde Menschen friedlich zusammenleben und das Land angesichts der aufs Ganze gesehen noch sehr kleinen Zahlen gewalttätiger Übergriffe alle Hoffnungen hat, der Lage Herr zu werden, wenn die Regierung nur bereit ist, entschlossen durchzugreifen und die Religionsfreiheit zu einem hohen Gut und unverzichtbaren Kennzeichen der Demokratie macht.

Religion und Gewalt

Das Verhältnis der Religionen untereinander ist ein seit der Geburt Indiens 1947 ungelöstes Problem. Das kann man nur mit großem Bedauern feststellen, hat doch dies wunderschöne und vielfältige Riesenland viele andere Hausaufgaben gemacht und in vielen Punkten gegenüber anderen ehemaligen Kolonien große Erfolge aufzuweisen.

Doch Mahatma Gandhis unrealistischer Traum der Hindu-Muslim-Einheit ging bereits vor und während der Unabhängigkeit Indiens nicht nur in seiner Ermordung durch einen Hinduextremisten, sondern vor allem in der Spaltung in das vorwiegend hinduistische Indien und das fast rein muslimische Pakistan unter. Die ethnische Säuberung Pakistans und die Vertreibung von Muslimen aus Restindien führten zu einem riesigen Blutbad flüchtender Muslime und Hindus mit 750 000 bis 1 000 000 Toten. 1947 bis 1954, 1965, 1971 und 1999 kam es zu direkten Kriegen zwischen Indien und Pakistan bzw. muslimischen Terrorbewegungen in Kaschmir, der an Pakistan angrenzenden nördlichsten indischen Provinz mit einem hohen Prozentsatz an

Muslimen. Seit 1986 kämpfen Muslime in Indien gewaltsam für ein unabhängiges Kaschmir, der Konflikt kostete seit 1989 21 000 Zivilisten das Leben.

Es gab in Indien nicht nur gewaltsame Spannungen zwischen Hindus und Muslimen, sondern auch mit anderen Religionen. Im Punjab versuchten die Sikhs gewaltsam, einen eigenen Staat zu errichten, was 1980 und 1984 von der indischen Armee brutal beendet wurde, worauf ein Sikhleibwächter Indira Gandhi ermordete. Das Problem schwelt bis heute weiter. Das Verhältnis zum Buddhismus ist nur friedlicher, weil viele Hindus den Buddhismus zum Hinduismus zählen. Kommt es aber zu Massenübertritten von Dalits (Unberührbaren) zum Buddhismus, bekommen auch Buddhisten den Hass zu spüren.

Die Hindutva

24 Prozent der Bevölkerung, also über eine Viertelmilliarde Einwohner, gehören zu den unterprivilegierten, in der Verfassung eigens erfassten und eigentlich in Artikel 17 seit 1947 abgeschafften *Scheduled Castes* (SC), die sich in die Dalits (auf Deutsch früher oft »Kastenlose« oder »Unberührbare« genannt) und den wesentlich kleineren Teil der *Scheduled Tribes* (ST), der Stammesvölker, unterteilen. Millionen von ihnen machen den Hinduismus und sein Kastendenken für ihre Lage verantwortlich und sind zum Islam, Buddhismus und Christentum übergetreten – die Hauptzielscheibe der Religionsverfolgung und das Ziel der Hindutva-Fundamentalisten ist, eine weitere Abwanderung zu verhindern und so viele wie möglich zwangsweise »zurückzubekehren«.

Wie man in anderen Ländern zwischen friedlichem Mehrheitsislam und politische Herrschaft anstrebendem Islamismus differenzieren muss, muss man zwischen dem friedlichen Mehrheitshinduismus und dem, was man in Indien Hindutva nennt – dem fundamentalistischen Hinduismus – unterscheiden, wie er in der Partei BJP verkörpert wird, die der politische Arm des größten und militanten Freiwilligenkorps der Welt, *Rashtriya Swayamsevak Sangh* (RSS, »Reichsfreiwilligenkorps«) und zahlreicher damit verbundener Organisationen wie der *Vishwa Hindu Parishad* (VHP, »Weltrat der Hindus«), ist.[46]

Die fundamentalistischen Bewegungen in Islam, Buddhismus (vor allem in Sri Lanka) und im Hinduismus stammen alle von Vordenkern aus den Zwanziger- und Dreißigerjahren des letzten Jahrhunderts und sind in der Schlussphase des Kolonialismus entstanden.[47] Sie alle vertreten eine neue Form ihrer jeweiligen Religion, die es vorher so nicht gegeben hat. Die Partei ist geboren aus der Idee dieser Zeit, dass Indien allein dem Gott Rama gehöre. Das ist natürlich nicht einfach eine radikale Form des klassischen Hinduismus. Der Begriff »Hinduismus« wurde ja erst von den Engländern zum Zwecke von Volkszählungen geschaffen, um die zahllosen indischen Religionen zusammenzufassen. Das ist eine ganz neue Theorie, denn dass das Land nur einem Gott gehöre, ist eine Entlehnung aus monotheistischen Religionen.

In Indien hat es lange gedauert[48], bis die Ideologie der Hindutva in der großen Politik ankam[49], in einer Demokratie natürlich in Form einer Partei, der BJP. Überall, wo diese Partei als Koalitionspartei mitregiert oder gar die Regierung stellt, werden Gesetze gegen andere Religionen verabschiedet oder kommt es, wie im Bundesstaat Orissa, gleich zu einem Gemetzel an Anhängern anderer Religionen. »Katharina Ceming schreibt dies wie folgt:« »Eine Trennung von Staat und Religion ist für Hindu-Fundamentalisten unvorstellbar. Ich darf an dieser Stelle noch einmal daran erinnern, dass der Hinduismus von seinem Selbstverständnis eine Religion ist, die alle Bereiche des menschlichen Daseins vom Moment der Zeugung bis zum Tod und darüber hinaus durchdringt. Die durch die indische Verfassung garantierte Gleichbehandlung aller Religionen sehen insbesondere die politisch orientierten Fundamentalisten als Verrat am Hinduismus. Daher ist es eines ihrer wesentlichen Ziele, den Hinduismus zur vorherrschenden und allein bestimmenden Religion in Indien zu machen.«[50]

Der Hindutva-Extremismus wandte sich traditionell vor allem gegen Muslime. Die BJP und die ihr verbundenen Organisationen waren – um nur die herausragendsten Beispiele zu nennen – 1992/93 die Aufwiegler bei den schweren Unruhen in Mumbai und ganz Indien nach der Zerstörung der Babri-Moschee und Verursacher der Gewaltwellen zwischen Hindus und Muslimen im westindischen Bundesstaat Gujarat im Jahr 2002.

Die Hauptursachen für zunehmende Christenverfolgung, aber auch Einschränkung von Religionsfreiheit weltweit überhaupt, sind einerseits fundamentalistische Bewegungen, andererseits ein zunehmender religiöser Nationalismus, der Nationalismus mit der Zugehörigkeit zur Mehrheitsreligion gleichsetzt.[51] In Indien findet sich eine untrennbare Mischung beider Bewegungen als Hauptproblem für die abnehmende Toleranz gegenüber religiösen Minderheiten.

Die Antibekehrungsgesetze

In fünf der 28 Bundesstaaten gibt es Antibekehrungsgesetze,[52] die die wahre Absicht kaschierend meist *Freedom of Religion Act* genannt werden: Orissa (1967/1968), Gujarat (2003), Chhattisgarh (2006/2007), Madhya Pradesh (1968/2007) und Himachal Pradesh (2007). Für das in Arunachal 1978 verabschiedete entsprechende Gesetz fehlen bis heute die Ausführungsbestimmungen. Das Gesetz von 2002 in Tamil Nadu wurde nach Abwahl der BJP wieder aufgehoben. Das Gesetz in Himachal Pradesh ist besonders tragisch, weil es dort nicht wie sonst die BJP, sondern die säkulare Kongresspartei war, die das Antibekehrungsgesetz zum Zweck des Wählerstimmengewinns einführte, was eine Ausweitung auch auf Bundesstaaten ohne große BJP-Präsenz befürchten lässt.

Üblicherweise finden häufig Verhaftungen aufgrund dieser Gesetze statt, aber praktisch nie Verurteilungen. Chhattisgarh und Madhya Pradesh verschärften 2007 die zuvor anderorts üblichen Antibekehrungsgesetze, denn jetzt muss sowohl der Übertretende als auch ein daran Beteiligter (also etwa ein taufender Priester) einige Zeit vorher einen Antrag auf Genehmigung stellen, der durch Befragung überprüft und dem meist nicht entsprochen wird. Dadurch wird aber auch klar, dass es nicht darum geht, Bekehrungen aufgrund von Zwang, Bestechung oder Gehirnwäsche zu verhindern, sondern Menschen am Verlassen des Hinduismus zu hindern. So ist denn auch noch nie ein Hindu wegen Missionierens auch nur angezeigt worden oder ein Fall untersucht worden, in dem sich ein Nichthindu dem Hinduismus angeschlossen hat, selbst wenn dies unter Androhung brutaler Gewalt geschah. Bis heute hatte in Indien noch nie eine Anklage wegen betrügerischer Bekehrung aufgrund eines Antibekehrungsgesetzes vor indischen Gerichten Bestand.

Es ist fast schon Gewohnheit geworden, aufgrund der Antibekehrungsgesetze christliche Versammlungen zu stören und die Christen dann durch die Polizei verhaften zu lassen, die nicht etwa die Ruhestörer befragt, sondern die Opfer. Das US-Außenministerium sammelt in seinem Religionsfreiheitsbericht, dem *International Religious Freedom Report,* jedes Jahr viele Beispiele.[53]

Im März 2011 zerstörten etwa Mitglieder des Welthindurates ein christliches Jugendzentrum in Durg im Bundesstaat Chhattisgarh. Sie schlugen Lehrer und Jugendliche, verbrannten Bibeln und Literatur. Dann riefen sie die Polizei, die drei Christen mitnahm, befragte, aber auf Kaution wieder freiließ. Im Bundesstaat Tamil Nadu verhaftete die Polizei in Theni 2011 acht Christen einschließlich ihres Pastors aus einer kirchlichen Veranstaltung heraus, nachdem diese von Hinduaktivisten gestört und den Christen Zwangsbekehrungen vorgeworfen worden waren (obwohl gar keine Nichtchristen anwesend waren). Nach längeren Verhören wurden sie wieder freigelassen.

Im Januar 2011 beendeten 20 Hinduextremisten einen Gottesdienst im Bezirk Koppal im Bundesstaat Karnataka und zerstörten Kircheneigentum. Anschließend riefen sie die Polizei aufgrund des Antibekehrungsgesetzes, woraufhin der Pastor verhaftet wurde, weil er die religiösen Gefühle anderer verletzt habe. Das ist ein typisches Vorgehen: Es erfolgt eine Verhaftung wegen angeblicher

Bekehrungsversuche (wobei gar nicht erst behauptet wird, die Bekehrungen seien mit Gewalt oder Bestechung einhergegangen, wie es das Gesetz vorgibt, ja überhaupt nicht gesagt wird, wer denn eigentlich zur Bekehrung aufgerufen worden sein soll), eine eventuelle Anklage oder Verurteilung erfolgt dann aber aufgrund von § 295 des Strafgesetzbuches, einem Paragrafen aus der Zeit der britischen Herrschaft, der das Verletzen der religiösen Gefühle anderer unter Gefängnisstrafe stellt. So wurde am 28. Februar 2011 Burgul Prasad im Bundesstaat Andhra Pradesh zu drei Jahren Haft verurteilt, weil er ein Plakat für eine christliche Veranstaltung über ein Plakat für eine andere religiöse Veranstaltung geklebt hatte. Eigentlich wegen Bekehrungsversuchen verhaftet, erfolgte die Verurteilung aufgrund von § 295.

Dies leitet zu einem weiteren Problem über: An vielen Orten unternimmt die örtliche Polizei nichts, wenn Hinduextremisten gegen Muslime, Christen oder andere vorgehen. Eher werden noch einige der Opfer vorübergehend festgenommen. Zwar sind spätere Eingaben bei höheren Autoritäten oder bei Gerichten meist erfolgreich, aber bis dahin sind die Opfer Freiwild und weder die Täter noch die inaktiven Polizisten werden belangt. Oft wird auch ein Kompromiss erzwungen, etwa eine Bestechungszahlung durch die Opfer oder das Angebot, dass die Opfer nicht mehr behelligt werden, aber den Ort verlassen und ihre Häuser aufgeben müssen.

Der wahre Charakter der Antibekehrungsgesetze zeigt sich, wenn Hinduextremisten Rückbekehrungen erzwingen, da dort oft Dalits oder Angehörige von Stammesvölkern betroffen sind, die nie Hindus waren, die sich aber aufgrund ihres sozialen Status auch nicht wehren können. Mehrere kleine Stämme in unzugänglichen Gebieten in den Bundesstaaten Gujarat und Orissa wurden seit 2006 vollständig durch Androhung von Mord zum Übertritt vom Animismus zum Hinduismus gezwungen.

Oft geht es überhaupt einfach nur um die Vertreibung der Christen, deren Anwesenheit schon als Aufforderung zur Bekehrung verstanden wird. Am 28. Mai 2011 prügelten Hinduextremisten im Dorf Laherbanjari im Bundesstaat Jharkhand fünf christliche Familien zum Teil krankenhausreif, damit sie den Ort verließen. Die Familien flohen aus ihren Häusern. Kalatavui Devi wurde von den Tätern einen Monat lang vergewaltigt. Bis heute hat die Polizei keine Ermittlungen aufgenommen.

Was den wahren Charakter der Antibekehrungsgesetze ebenfalls offenbart, ist, dass es bei der Intensität der Verfolgung keinen Unterschied macht, ob eine Konfession traditionell oder von ihrer Theologie her nicht missioniert, kaum missioniert oder sehr spektakulär auftritt. In Orissa wurden zurückgezogen lebende katholische Nonnen wie mit Megafonen predigende Pastoren von Pfingstkirchen getötet, Mitarbeiter in sozialen Einrichtungen ebenso wie »offizielle« Evangelisten, namenlose Gemeindeglieder wie bekannte christliche Leiter. Hier kann man auch die indischen Kirchen, insbesondere die größeren, nur warnen, den Medien gegenüber so zu tun, als sei der evangelistische Übereifer anderer schuld an der Diskriminierung. Die ökumenische Solidarität im *All India Christian Council* hat viel zum Guten bewegt.

Der katholische Erzbischof von Raipur, der Hauptstadt des stark betroffenen Bundesstaates Chhattisgarh, Joseph Augustine Charanakunnel, hat zu Recht darauf hingewiesen,[54] dass die einflussreicheren Kirchen den verfolgten Christen beistehen müssen, die als Dalits oder Stammesvölker leichte Beute für Gewalt und Rückbekehrungen sind, und nicht so tun dürfen, als hätten die Anklagen der Hindutvavertreter gegen gewalttätige Mission irgendeine Berechtigung.

Dokumentierte Christenverfolgung

Die Fälle von Christenverfolgung in Indien sind im Vergleich zu anderen Ländern sehr gut dokumentiert, da die Kirchen bzw. Kirchenverbände für sich (vor allem die katholische Kirche bzw. CSF, das *Catholic-Christian Secular Forum*, und die *Evangelical Fellowship of India*) als auch alle Kirchen unter dem Dach des *All India Christian Council* alle Fälle chronologisch auflisten und die Belege dafür archivieren.[55]

Für 2011 listet die *Evangelical Fellowship of India* 140 Fälle von Gewalt gegen Christen in 17 der 28 Bundesstaaten auf, wobei es in fünf Bundesstaaten zehn oder mehr Fälle gab. Spitzenreiter mit 49 Fällen, also mehr als einem Drittel aller Fälle, ist der Bundesstaat Karnataka. Die Hauptstadt von Karnataka, Bangalore, mit ihren 7,2 Millionen Einwohnern ist nicht nur die IT-Hauptstadt Indiens, sondern auch heimliche Hauptstadt der Christen mit über 800 Zentralen von größeren christlichen Organisationen. In der Stadtmitte haben der größte hinduistische Tempel und die katholische Kathedrale einen gemeinsamen Vorplatz – einst Symbol des friedlichen Miteinanders der Religionen in Indien, heute leicht Schauplatz großer politischer Emotionen gegen Christen.

Das Internationale Institut für Religionsfreiheit[56] hat berechnet, dass 2001 bis 2004 etwa 200 Fälle schwerer Übergriffe gegen Christen pro Jahr bekannt wurden. 2005 waren 165 und 2006 waren 130 bekannt. 2007 und 2008 fielen durch die Ereignisse in Orissa aus der Reihe. 2009 waren es dann 152 Übergriffe, 2010 waren es 149 und 2011 waren es 140.

Auf die Dauer gesehen nimmt damit die Gewalt gegen Christen seit Ende der 1990er-Jahre nicht zu, wenn man die ganz großen Fälle außen vor lässt. Nach den Erhebungen für 2011 hat aber die Schwere der Fälle ebenso zugenommen wie ihre geografische Ausbreitung innerhalb der Bundesstaaten und die Zahl der betroffenen Bundesstaaten. Das bedeutet, dass zwar die Schwerpunkte der Übergriffe immer noch auf einige Bundesstaaten beschränkt sind, sich die Hindutvaübergriffe aber allmählich im ganzen Land ausbreiten.

Es gilt demnach: Je nachdem, wie stark die Präsenz der Hindutvagruppen ist, schwankt die Diskriminierung und Verfolgung der Christen in den indischen Bundesstaaten stark, von dem Himalayastaat Sikkim mit 630 000 Einwohnern und völliger Religionsfreiheit für die 6,7 Prozent Christen, einigen Bundesstaaten, aus denen keine konkrete Verfolgung berichtet wird (neben den kleinen Bundesstaaten mit christlicher Bevölkerungsmehrheit), bis hin zu Karnataka, wo es im Schnitt jede Woche einen Fall mit schwerer Gewalt wie Mord, Schwerverletzten, Vergewaltigung oder zerstörten Kirchen gibt.

Die bedeutendsten Ausschreitungen gegen religiöse Minderheiten fanden 2002 im Bundesstaat Gujarat und 2008 in den Bundesstaaten Orissa und Karnataka statt. Deren Größenordnungen wurden seitdem zum Glück nicht wieder erreicht. In Orissa wurden Weihnachten 2007 und dann 2008 etwa 120 Christen getötet, 343 Kirchen und 13 Ausbildungsstätten völlig zerstört, 5 370 Häuser niedergebrannt und 52 000 Christen vertrieben. Die meisten sind trotz offizieller Beteuerungen und Maßnahmen de facto immer noch nicht in ihre Häuser zurückgekehrt. Besonders grausam waren die Stürmungen christlicher Waisenhäuser – die überlebenden Kinder haben jetzt keine Zukunftsperspektive mehr. Die Zentralregierung griff viel zu spät ein, denn in Indien werden solche Terrorakte von Hindus anders gewertet als solche von Muslimen. Sie konnte dann aber die Lage militärisch beruhigen. Die Lage verbesserte sich aber erst, nachdem die BJP bei der nächsten »Landtagswahl« 2009 durch die BJD (*Biju Janata Dal*) abgelöst wurde. Seitdem gab es einige Verurteilungen von Tätern und in 35 Fällen wurden Entschädigungssummen von je circa 300 000 Dollar gezahlt. Die Staatliche Kommission für religiöse Minderheiten in Indien (NCM) kam zu dem Schluss, dass zwar versehentlich auch Hindus und Muslime betroffen waren, dass aber »ohne Zweifel die christliche Gemeinschaft und ihre Gottesdienstorte das Hauptziel der Angriffe waren«.[57]

Eine ganz eigene Art von Christenverfolgung findet sich im Bundesstaat Jammu und Kashmir mit 13 Millionen Einwohnern, wo etwa 26 000 (= 0,2 Prozent) Christen unter 67 Prozent Muslimen und 30 Prozent Hindus leben. Im Landesteil Kashmir sind 97 Prozent der Einwohner Muslime und die dortige islamistische Szene, die Kaschmir zu Pakistan schlagen oder als eigenen islamischen Staat sehen will, bringt für Pakistan übliche Methoden der Unterdrückung von Christen über die Grenze. Ein Übertritt vom Islam zum Christentum ist dort praktisch unmöglich. In Kashmir waren in den 1970er-Jahren vor allem Sikhs Zielscheibe der Islamisten, in den 1980er-Jahren Hindus. Seit Ende der 1990er-Jahre sind es nun die Christen. Der bekannte Schlachtruf der Hindutva »Phele Kasai, Phir Isaai« (»Erst Muslime, dann Christen«) macht deutlich, dass dies kein Zufall ist.

Wenn Dalits Christen werden

Dalits, die zum Islam oder Christentum konvertieren, verlieren in Indien ihren Rechtsstatus als Dalits und damit die ihnen eigentlich nach Verfassung und Gesetz zustehende finanzielle und rechtliche Unterstützung. Mit der Logik, dass sie als Muslime oder Christen nicht mehr zur untersten Kaste des Hinduismus gehören, werden ihnen verfassungsmäßige Rechte gestrichen. Merkwürdigerweise gilt dies nicht für Dalits, die Buddhisten oder Sikhs werden. Zumindest sieht das die Verfassung so – die Realität ist hier auch oft anders.

Das ist vor allem die Klage einer der beiden großen internationalen Vereinigungen von Dalits mit Menschenrechtlern, die es weltweit gibt, dem *Dalit Freedom Network* unter Leitung seines internationalen Präsidenten Joseph D'souza.[58] Die andere internationale Vereinigung *International Dalit Solidarity Network* (IDSN) mit der Kernorganisation in Indien selbst namens *National Campaign on Dalit Human Rights* (NCDHR) und dem deutschen Zweig *Dalit Solidarität in Deutschland* (DSiD)[59] ist in der Frage zurückhaltender, widerspricht der Analyse aber nicht.

Human Rights Watch und das *Center for Human Rights and Global Justice* (CHRGJ) an der *New York University School of Law* haben 2007 dem *UN Committee on the Elimination of Racial Discrimination* (CERD) eine Stellungnahme zu den Berichten des Staates Indien vorgelegt,[60] da der acht Jahre zu spät eingegangene Bericht Indiens keinen einzigen wirklichen Übergriff gegen Dalits erwähnte. Zur Religionsfreiheit der Dalits gibt es folgenden längeren Abschnitt,[61] in dem es heißt: »Die Gedanken-, Gewissens- und Religionsfreiheit der Dalits in Indien ist in vielerlei Hinsicht eingeschränkt. (…) Die Dalits haben auf die schlechte Behandlung durch Hindus aus den höheren Kasten mit Massenkonversionen zum Buddhismus, Christentum und historisch auch zum Islam reagiert. Der Verlust verfassungsmäßiger Privilegien beim Religionswechsel stellt jedoch eine ernsthafte Behinderung ihrer Freiheit zur Wahl ihrer Religion dar. (...) Die Einführung von Antibekehrungsgesetzen in mehreren Bundesstaaten hat den Religionswechsel zusätzlich extrem erschwert, wenn nicht unmöglich gemacht. Überdies können Dalits zum Ziel zwangsweiser ›Rückbekehrungen‹ zum Hinduismus werden (...).«

Brigitte Voykowitsch zitiert zustimmend Philomen Raj, den Leiter einer Kommission der katholischen Kirche in Indien: »Dalits konvertieren wegen der Unterdrückung, die sie erleiden. Tatsächlich aber verlieren sie noch, wenn sie zum Christentum übertreten. Nur unberührbare Hindus, Sikhs und Buddhisten gelten offiziell als so genannte Scheduled Castes, als Registrierte Kasten mit Anrecht auf staatliche Fördermaßnahmen wie etwa Quoten bei Studienplätzen und bei Jobs im Staatsdienst. Wir kämpfen darum, dass auch die Dalit-Christen unter die registrierten Kasten aufgenommen werden, denn sie leiden unter denselben ökonomischen und sozialen Benachteiligungen.«[62]

Da der größte Teil der indischen Christen zu den Dalits gehört, ist diese schwerwiegende alltägliche Diskriminierung seit der Unabhängigkeit Indiens ebenso ernst zu nehmen wie die neueren offensichtlicheren Übergriffe hinduistischer Fundamentalisten.

Volker Kauder

Irak – Einleitung

»Wenn jemand mir sagt, er glaube nicht an die Hölle, dann antworte ich ihm: ›Kommen Sie doch mal in den Irak für eine Woche, da werden Sie sehen, ob es die Hölle gibt oder nicht.‹« Mit diesen Worten beschrieb der Bischof der Chaldäisch-Katholischen Kirche aus Bagdad, Shlemon Warduni, die Lage in seinem Land. Ich hatte den Bischof im Dezember 2010 eingeladen, damit er mir über die Situation der Christen in seiner Heimat berichtet. Anlass war die Debatte über Religionsfreiheit im Deutschen Bundestag, die der Bischof gemeinsam mit Vertretern der Kirchen und Hilfsorganisationen als unsere Gäste auf der Besuchertribüne verfolgen konnte. Aus den aufrüttelnden Schilderungen des Bischofs, die uns sehr betroffen gemacht haben, wird deutlich, wie existenziell die Bedrohung der Christen im Irak tatsächlich ist. Sie werden entführt, erpresst, zur Konversion gezwungen und nicht selten auch ermordet. Hunderttausende haben in den vergangenen Jahren ihr Land verlassen. Diesem Exodus der Christen darf nicht tatenlos zugesehen werden. Ich bin davon überzeugt, dass Deutschland dazu beitragen muss, das Entstehen »christenfreier Zonen« im Irak zu verhindern. Der Irak wird nur dann zu innerem Frieden und zu Stabilität finden, wenn nicht eine Volksgruppe die andere dominiert, sondern er Heimat für die Angehörigen aller Religionen ist. Um dieses Ziel zu erreichen, setzt sich die deutsche Außenpolitik dafür ein, die bedrohten Minderheiten gezielt dort zu unterstützen, wo es derzeit ein Mindestmaß an Stabilität gibt. Diese Unterstützung umfasst die humanitäre Hilfe für die vielen Vertriebenen im eigenen Land, aber auch Maßnahmen zur Wiederansiedelung insbesondere im Norden des Iraks.

Neben dem Ziel, die Christen im Irak zu unterstützen, war mir und meiner Fraktion die schwierige Situation der vielen irakischen Flüchtlinge in den Nachbarländern ein wichtiges Anliegen, das die Union daher auf die politische Tagesordnung setzte. Erika Steinbach hatte als Sprecherin der Bundestagsfraktion für Menschenrechte und Humanitäre Hilfe bereits im Frühjahr 2008 die Aufnahme von Irakflüchtlingen aus den Nachbarländern gefordert. Diese Initiative griff der damalige Bundesinnenminister Wolfgang Schäuble auf. Er setzte sich für den Beschluss der Innen- und Justizminister der Europäischen Union ein, bis zu 10000 Flüchtlinge in Europa aufzunehmen. Deutschland hat seinen Anteil von 2500 aufgenommenen Flüchtlingen im Jahr 2010 erfüllt, von denen etwa die Hälfte Christen waren.

Wie groß das Elend der Irakflüchtlinge ist, berichtete uns die Ordensschwester Thérèse Moussalem von den *Schwestern vom Guten Hirten* in Damaskus. Der Orden kümmert sich seit Jahren um die Flüchtlinge, die vor der Gewalt im Irak fliehen und in Syrien Schutz finden. Auf einer Konferenz der CDU/CSU-Fraktion schilderte sie im Deutschen Bundestag die Schrecken, die diese Menschen in ihrer Heimat erlebt haben. Sie erinnerte uns auch daran, dass die Flüchtlinge in Syrien zwar Schutz fänden, oft aber keine Aufenthaltserlaubnis erhielten. Da Flüchtlinge in Syrien nicht arbeiten dürften, seien sie zudem auf dauerhafte Unterstützung angewiesen. Ihr Schicksal würde außerhalb Syriens kaum wahrgenommen, daher hätten viele das Gefühl, von Europa vergessen worden zu sein. »Ich will denen hier eine Stimme geben«, so die Schwester, »die selber keine Stimme mehr haben.« Seit dem Bericht der Ordensschwester hat sich die Lage in Syrien massiv verschlechtert. Das Land versinkt in einem Bürgerkrieg. Aus diesem Grund bleibt es eine Aufgabe für Europa, die Irakflüchtlinge in den Nachbarländern, insbesondere die Flüchtlinge in Syrien, zu unterstützen.

Jan Bittner

Lage der Christen im Irak

Christen im Irak erleben ein Jahrzehnt massiver Gewalt: Anschläge, die sich seit dem Einmarsch der US-geführten Koalition gezielt gegen die Angehörigen religiöser Minderheiten richten, Entführungen und Erpressungen haben zu einem Exodus der Christen aus einem Gebiet geführt, das zu den Zentren der frühen Christenheit zählt.

Seit dem Abzug der amerikanischen Truppen Ende des Jahres 2011 nimmt die Gewalt wieder sichtbar zu. Die voranschreitende Islamisierung bzw. Konfessionalisierung der staatlichen Institutionen, ungeklärte Gebietsansprüche im Grenzbereich der Region Kurdistan sowie anhaltende Spannungen zwischen Sunniten und Schiiten haben bei der christlichen Minderheit insbesondere im Zentralirak zu der Überzeugung geführt, dass Christen keine Zukunft im Irak haben. Anders die Lage in der Region Kurdistan, wo die Regionalregierung in den vergangenen Jahren viel Geld und politische Energie in die Wiederansiedlung von Christen in ihren historischen Siedlungsräumen investiert hat. Hier sind es vor allem soziale Probleme, die das Bild verdunkeln. In der sogenannten Ninive-Ebene wiederum, einem umstrittenen Gebiet westlich und nordwestlich der Stadt Mosul, auf das Kurden wie Araber gleichermaßen Anspruch erheben, liegen zahlreiche Städte und Dörfer mit christlicher Mehrheitsbevölkerung. Die ungeklärten Gebietsfragen, aber auch die unmittelbare Nähe zur Stadt Mosul, aus der die christliche Bevölkerung in den vergangenen Jahren weitgehend vertrieben wurde, sorgen hier für große Unsicherheit unter den Christen. Angesichts von Jahrhunderten von Diskriminierung und Unterdrückung sehen nur noch wenige der einst über eine Million Christen eine Zukunft im Irak.

Christen im Zweistromland

Die Christen im Irak blicken auf eine lange Geschichte zurück, die bis zu den Anfängen des Christentums reicht.[63] Bereits die Apostelgeschichte erwähnt Bewohner aus Mesopotamien, die beim Pfingstwunder in Jerusalem zugegen waren und somit zu den ersten Christen gezählt werden können.[64] Der christlichen Überlieferung zufolge begann die Missionierung der Gebiete des heutigen Irak mit dem Apostel Thomas und seinem Wirken in Babylon, Assyrien und im Reich der Parther. Im ersten Brief des Apostels Petrus werden Grüße der Gemeinde in Babylon übermittelt.[65] Für die Identität der irakischen Christen haben diese Verbindungen zur Heiligen Schrift eine prägende Bedeutung.[66] In Mesopotamien bildete sich neben Palästina, Kleinasien und dem östlichen Mittelmeerraum ein geistiges und kulturelles Zentrum der Christenheit heraus. Klöster der Region wie das syrisch-orthodoxe Dayro d-Mor Matay aus dem vierten Jahrhundert zählen zu den ältesten christlichen Klöstern. Bemerkenswert ist dabei, dass die Kirche Mesopotamiens die einzige der urkirchlichen Gemeinschaften ist, die im Verlauf der Geschichte nie zur Staatsreligion wurde.

Die in der Kirchengeschichte zahlreichen Spaltungen und Vereinigungen, Wanderungsbewegungen und auch Neuevangelisationen haben in den folgenden Jahrhunderten auf dem Gebiet des heutigen Irak ein facettenreiches Bild christlicher Kirchen und Gemeinschaften hervorgebracht. Dabei bilden die Christen nicht nur eine Religionsgemeinschaft, sondern sehen sich auch hinsichtlich ihrer kulturellen und ethnischen Identitäten eng miteinander verbunden. Die wichtigsten Gruppen sind die Chaldäer, die Assyrer und die Syrer[67]. Etwa drei Viertel der irakischen Christen gehören der chaldäisch-katholischen Kirche im Irak an, die seit dem 16. Jahrhundert mit Rom vereinigt ist. Der Patriarch als ihr kirchliches Oberhaupt hat seinen Sitz in Bagdad. Daneben sind die assyrische Kirche des Ostens und die Alte Kirche des Ostens (Ostsyrische Tradition) sowie die syrisch-orthodoxe Kirche und die syrisch-katholische Kirche (Westsyrische Tradition) die wichtigen Kirchen des Landes. Die Liturgiesprache dieser Kirchen sind syrische Dialekte, eine sprachliche Weiterentwicklung des Aramäischen, das zu Lebzeiten Jesu in der gesamten Region gesprochen wurde. Auch eine Gruppe armenischer Christen lebt im Irak. Die römisch-katholische Kirche und verschiedene evangelische Kirchen und Gemeinden weisen nur geringe Mitgliederzahlen auf.[68]

Das traditionelle Siedlungsgebiet der Christen liegt seit den Mongoleneinfällen im 13. und 14. Jahrhundert und der Eroberung Bagdads (1258) in den Gebirgsregionen Kurdistans im Norden des heutigen Irak und im Osten der Türkei. Diese geografische Konzentration spiegelt sich auch in der Kirchenstruktur wider. Acht der zehn chaldäisch-katholischen Diözesen liegen im Norden des Landes, auch die syrisch-orthodoxe Kirche und die assyrische Kirche des Ostens haben hier ihre geistlichen und kulturellen Zentren. Allerdings hatte der anhaltende Konflikt der Kurden mit der irakischen Zentralregierung in der zweiten Hälfte des zwanzigsten Jahrhunderts und der Einsatz der irakischen Armee auch gegen christliche Dörfer in den kurdischen Bergen viele Christen veranlasst, ihre Dörfer und Städte im Norden zu verlassen. Seit den Sechzigerjahren gab es einen stetigen Strom von Christen in die großen Städte, insbesondere nach Bagdad und Mosul, in geringerem Ausmaß auch nach Basra. Zum Zeitpunkt des amerikanischen Einmarsches im Jahr 2003 lebte bereits die überwiegende Mehrzahl der irakischen Christen in den urbanen Ballungsräumen.

Heute, nach fast zehn Jahren von Flucht und Vertreibung, gibt es kaum noch Christen in Basra und Mosul. Auch in den früher christlich geprägten Stadtteilen Bagdads ist das christliche Leben weitgehend zum Erliegen gekommen. Ein Teil der Christen lebt heute wieder, wie ihre Vorfahren, in der Region Kurdistan, während die Mehrzahl außer Landes geflohen ist.[69]

Die Gesamtzahl der Christen, die heute noch im Irak leben, ist nicht mit Verlässlichkeit anzugeben. Wie häufig bei der Schätzung von Minderheiten nehmen auch hier unterschiedliche Interessen Einfluss auf die Angaben. Die letzte offizielle Volkszählung von

1987 nennt als Zahl 1,2 Millionen, was damals 3,5 Prozent der Gesamtbevölkerung entsprochen hätte.[70] Infolge der massiven Abwanderung der vergangenen Jahrzehnte ist die Zahl der Christen jedoch stark gesunken. Die *World Christian Database* gibt ihre Zahl für das Jahr 2010 mit einer halben Million an, was einem Anteil von 1,7 Prozent der Gesamtbevölkerung (ca. 29 Millionen) entspräche.[71] Angesichts der großen Flüchtlingswellen der vergangenen Jahre scheint selbst diese Zahl noch zu hoch. Bischöfe der chaldäisch-katholischen Kirche äußerten 2011 in einem Gespräch mit dem Verfasser die Sorge, dass nicht einmal mehr 250 000 Christen im Irak leben.[72]

Innerstaatliche Konflikte und Gewalt gegen Christen

Die Kämpfe zwischen der irakischen Armee und den amerikanisch geführten Koalitionstruppen dauerten nur wenige Wochen. Auf den Sturz des langjährigen Diktators Saddam Hussein folgte jedoch lediglich eine kurze Phase relativer Ruhe, bevor das Land in Anarchie und Gewalt abglitt. Der Versuch, die Machtstrukturen der ehemaligen Staatspartei konsequent zu zerschlagen, sowie die Auflösung von Teilen der irakischen Armee und der Sicherheitskräfte führten zu einem Ausfall wichtiger Staatsfunktionen. In das Sicherheitsvakuum stießen Aufständische unterschiedlicher Couleur: arabische Nationalisten, sunnitische und schiitische Milizen und Terrorgruppen. Der Konflikt um die politische Macht im Irak eskalierte und wurde durch die Einflussnahme aus den Nachbarländern zusätzlich angeheizt. Die Gewalt der Aufständischen richtete sich sowohl gegen die Besatzer als auch gegen Iraker, von denen über 100 000 ums Leben gekommen sind.[73]

Das Abgleiten des Landes in den Bürgerkrieg ging einher mit der zunehmenden Konfessionalisierung des Konflikts. Dabei gerieten auch die religiösen Minderheiten ins Visier der Extremisten. Insbesondere Christen, als Verbündete des Westens angesehen und des »Kreuzzugs« bezichtigt, wurden zunehmend Opfer von Anschlägen. Die Gewalt gegen Christen begann bereits mit dem amerikanischen Einmarsch, äußerte sich zunächst noch in Form von Angriffen auf Einzelpersonen. Angebliche unislamische Verhaltensweisen wurden zum Anlass genommen. Anschläge häuften sich etwa gegen christliche Geschäfte, die Alkohol verkauften, oder gegen Frauen, die sich ohne Kopftuch zeigten. Auch christliche Symbole in der Öffentlichkeit wurden zerstört.[74] 2003 wurden die ersten Christen entführt und ermordet. Nicht immer sind die Täter ausschließlich religiös motiviert. So mischen sich diese Motive mit kriminellen Absichten oder auch politischen Erwägungen. Angesichts der Vielzahl von Vorkommnissen sprachen Beobachter bald von einer »Entführungsindustrie«. Am 26. Juni 2004 ereignete sich der erste Anschlag auf eine Kirche in Mosul, der den Auftakt zu einer Reihe von Anschlägen auf Kirchen in Mosul und Bagdad bildete.[75] Angesichts des Ausmaßes der Ausschreitungen kann seit 2005 von systematischer Gewalt gegen die Christen im Irak gesprochen werden.

Alle Volks- und Religionsgruppen leben im Irak mit dem Risiko, Opfer der Gewalt zu werden. Dieses Risiko ist jedoch für die Angehörigen der religiösen Minderheiten ungleich höher als für Schiiten, die über 60 Prozent, und Sunniten, die etwa 35 Prozent der irakischen Bevölkerung ausmachen. Eine Ursache für die besondere Verwundbarkeit der Minderheiten liegt in den Clanstrukturen, die die irakische Gesellschaft seit Jahrhunderten prägen und die auch durch die Zunahme der Anschläge nach 2003 eine Aufwertung erleben. So sammeln sich die Angehörigen unterschiedlicher Ethnien und Konfessionen hinter eigenen Milizen. Für die Christen wurde die Lage besonders prekär. Ihre Minderheitenstrategie hatte über Jahrzehnte darin bestanden, die Nachteile und Diskriminierungen durch die muslimische Mehrheitsgesellschaft durch besondere Anstrengungen in den Bereichen Bildung und Arbeit auszugleichen. Dadurch trat die Bedeutung der Großfamilien in den Hintergrund. Als Angehörige der Mittelschicht gelten die Christen zudem als relativ wohlhabend.[76] Ohne die Macht von Clans oder gar eigenen Milizen, standen und stehen sie schutzlos zwischen den Fronten.[77]

Die Zerstörung der Goldenen Moschee von Samarra, eines der wichtigsten schiitischen Heiligtümer, durch einen Anschlag im Februar 2006 führte zu einer weiteren Eskalation der Gewalt. Ein halbes Jahr später rief Al-Qaida in Mesopotamien den *Islamischen Staat Irak* aus, der zugleich eine Art Dachorganisation der sunnitischen Extremisten war und für die von ihr kontrollierten Gebiete stand. Als der Islamische Staat Irak die Kontrolle in Dora, einem von vielen Christen bewohnten Stadtteil Bagdads, übernahm, wurden die dortigen Kirchen geschlossen und eine Kopfsteuer für Christen eingeführt. Traumatisierte Flüchtlinge berichteten dem Verfasser 2007 in Damaskus und Amman von einem Klima der Gewalt und der Unsicherheit in weiten Teilen des Iraks. Christen wurden bedroht, entführt, zur Konversion gezwungen und häufig auf grausame Weise hingerichtet.[78]

Nachdem die Zahl der Gewalttaten in den Jahren 2008 und 2009 zurückgegangen war und der Irak weitgehend aus den Schlagzeilen verschwunden war, schockte der Angriff auf die syrisch-katholische Kathedrale Sayidat-al-Nejat im Oktober 2010 in Bagdad die Weltöffentlichkeit. Während der Abendmesse wurde die Kirche von Terroristen gestürmt und die Gläubigen als Geiseln genommen. 68 Menschen kamen bei diesem Angriff und der anschließenden Befreiung durch irakische Sicherheitskräfte ums Leben. Der Islamische Staat Irak erklärte im Zusammenhang mit diesem Anschlag, die Christen »ausrotten« und »vertreiben« zu wollen. Christliche Organisationen, ihre Führer und Anhänger seien legitime Ziele.[79]

Irakische Flüchtlinge in den Nachbarländern

Im Frühjahr 2007 wandte sich der Hohe Flüchtlingskommissar der Vereinten Nationen mit einem dramatischen Appell an die internationale Staatengemeinschaft.[80] Trotz der großen internationalen Aufmerksamkeit für den Irakkonflikt führe die humanitäre Tragödie der Irakflüchtlinge ein Schattendasein, obwohl sich bereits im Jahr 2007 über eine Million Iraker als Flüchtlinge in

Syrien und über 750 000 in Jordanien aufhielten.[81] Christen wie auch Jesiden und Mandäer-Sabäer haben unter den Flüchtlingen einen hohen Anteil. Als Angehörige von religiösen Minderheiten gelten sie nach den Kriterien des Amts des Hohen Flüchtlingskommissars der Vereinten Nationen (UNHCR) als *most vulnerable*, also als Flüchtlinge, die besonders schutzbedürftig sind und für die vordringlich ein Drittstaat zur Wiederansiedlung (*resettlement*) gesucht wird.[82]

Angesichts der ausweglosen Situation der irakischen Flüchtlinge in den Nachbarländern haben sich Abgeordnete der CDU/CSU-Bundestagsfraktion wiederholt für die Aufnahme von Irakflüchtlingen in Deutschland ausgesprochen. Im Jahr 2008 hat die Bundesregierung einen EU-Beschluss herbeigeführt, der die Mitgliedstaaten auffordert, bis zu 10 000 Irakflüchtlinge aufzunehmen.[83] Im folgenden Jahr hat die Bundesrepublik Deutschland 2 500 Irakflüchtlinge aufgenommen. Die Mehrzahl dieser Flüchtlinge waren Angehörige religiöser Minderheiten.[84]

Zu Beginn des Jahres 2012 sind noch etwa 170 000 Iraker beim UNHCR als Flüchtlinge registriert, die sich in den Nachbarländern des Irak aufhalten. 25 000 von ihnen sind Christen (15 Prozent).[85] Der UNHCR erwartet keine größeren Rückkehrbewegungen und sieht für die Angehörigen religiöser Minderheiten auf absehbare Zeit keine Rückkehrmöglichkeiten. In Gesprächen mit den Flüchtlingen wird deutlich, dass die große Mehrheit eine Rückkehr in den Irak kategorisch ausschließt und stattdessen alles daransetzt, in den Westen zu kommen.[86] Seit sich die innenpolitische Lage in Syrien zuspitzt, hat der Druck für Flüchtlinge noch zugenommen. Was im März 2011 als friedlicher Protest gegen das Regime von Baschar al-Assad begann, hat sich im Laufe eines Jahres in Teilen des Landes zu einem Bürgerkrieg zugespitzt. Internationale Beobachter sprechen von gravierenden Auswirkungen auf die im Land befindlichen Irakflüchtlinge. Viele von ihnen leben in den ärmeren Vororten von Damaskus, die von den Kämpfen direkt betroffen sind. Da die irakischen Flüchtlinge auch nach jahrelangem Aufenthalt in Syrien nicht arbeiten dürfen, leben die meisten von der Lebensmittelhilfe der Vereinten

Nationen oder von Erspartem und leiden, wie auch die ärmeren Syrer, unter der hohen Inflation. Internationale Beobachter berichten, dass auch unbeteiligte irakische Flüchtlinge in den gewalttätigen Auseinandersetzungen zu Tode kamen. Erste Fälle von Entführungen und Erpressungen wurden ebenfalls bekannt.[87]

Lage der Christen in der Region Kurdistan

Rund vier Millionen Menschen, mehrheitlich Kurden, leben im Norden des Irak in der Region Kurdistan. Die Lage hier unterscheidet sich in vielfältiger Weise vom Rest des Landes. Infolge der Niederlage im Zweiten Golfkrieg und dem Rückzug aus Kuwait hatte sich die Region weitgehend der Herrschaft der Zentralregierung entzogen. Vorausgegangen waren ein Aufstand der Kurden und brutale Vergeltungsmaßnahmen, bei denen die irakische Armee ganze Dörfer zerstörte und Millionen Menschen in die Flucht trieb.[88] Mit dem Beschluss zur Einrichtung einer Flugverbotszone durch die Vereinten Nationen wurde die Souveränität des Irak massiv eingeschränkt. Es entstand ein De-facto-Staat Kurdistan mit eigener Währung und eigener Armee, den Peschmerga. Beim Einmarsch der Amerikaner 2003 kämpften sie an deren Seite gegen die Truppen von Saddam Hussein. Die irakische Verfassung von 2005 erkennt die Region Kurdistan als einzige Region namentlich an und auch deren seit 1992 in Kraft getretene Gesetzgebung. In der Verfassung der Region Kurdistan ist Minderheitenschutz und Religionsfreiheit verankert.

Aufgrund der stabilen Sicherheitslage wurde die Region schnell zu einem Hauptanlaufpunkt für Binnenvertriebene aus dem Zentralirak. Nach Angaben der Internationalen Organisation für Migration (IOM) leben über eine Million Binnenvertriebene in der Region Kurdistan. Auch viele Christen haben hier Zuflucht gefunden. Die kurdische Regionalregierung hat sich mit Wiederansiedelungsprogrammen, die sich speziell an die Christen richteten, aktiv für eine Integration der Binnenvertriebenen eingesetzt. So wurden zahlreiche christliche Dörfer, die in den 1970er und 1980er-

Jahren von der Zentralregierung zerstört worden waren, wieder aufgebaut. Geld für den Erhalt und Ausbau von Kirchen wurde bereitgestellt und Landstreitigkeiten mit anderen Volksgruppen durch Ausgleichszahlungen der Regionalregierung beigelegt. Der Finanzminister der kurdischen Regionalregierung, Sarkis Aghajan, selbst ein Christ, spielte dabei eine wichtige Rolle. Deutlich sichtbar ist die Präsenz christlichen Lebens in der Satellitenstadt Ankawa, die nahe der Regionalhauptstadt Erbil und unweit des internationalen Flughafens liegt und deren 30 000 Einwohner fast ausschließlich Christen sind. Aber auch in den anderen Städten Kurdistans leben Christen in relativer Sicherheit. In den Bergen sind dank des Wiederansiedlungsprogramms christliche Dörfer erneut aufgebaut worden. Ein großes Problem für die Christen, die in den vergangenen Jahren aus dem Zentralirak hierhergekommen sind, ist jedoch die hohe Arbeitslosigkeit. Es fehlen Bildungsangebote und soziale Einrichtungen. Als einstige Angehörige einer urbanen Mittelschicht bringen sie häufig nicht die Voraussetzungen für ein Leben im ländlich geprägten Kurdistan mit. Zudem stellt die kurdische Sprache, die eine Voraussetzung für alle Stellen im öffentlichen Dienst ist, eine hohe Hürde für die zumeist arabischsprachigen Flüchtlinge aus dem Zentralirak dar.

Die Situation vieler Christen lässt sich nicht ohne einen Blick auf die psychologische Dimension richtig erfassen. Neben den individuellen Gewalterfahrungen der vergangenen Jahre spielen auch kollektive Traumata eine wichtige Rolle.

Lage in der Ninive-Ebene

Besondere Aufmerksamkeit verdient die Lage in der sogenannten Ninive-Ebene. Das Gebiet westlich und nordwestlich der Stadt Mosul ist offiziell kein Teil der Region Kurdistans, wird aber von den kurdischen Peschmerga kontrolliert. Wie ein Flickenteppich liegen die Siedlungsgebiete unterschiedlicher ethnischer und religiöser Gruppen nebeneinander. Auch zahlreiche christliche Dörfer und Städte sind hier zu finden. In unmittelbarer Nähe liegt die Stadt Mosul. In den vergangenen Jahrzehnten zogen viele Christen aus Kurdistan hierher, heute ist Mosul aber ein Zentrum der aufständischen arabischen Nationalisten. Die christliche Bevölkerung der Stadt wurde in den letzten Jahren weitgehend vertrieben und hat zu großen Teilen in den Dörfern und Städten der Ninive-Ebene Zuflucht gefunden. Die soziale Situation, insbesondere die Versorgung mit Wohnraum ist entsprechend angespannt. Die kurdischen Peschmerga, die das Gebiet kontrollieren, können und wollen die Sicherheit der Christen nur zum Teil gewährleisten. So kommt es auch in diesem Gebiet immer wieder zu Anschlägen, Entführungen und Vertreibungen, die auch die von der kurdischen Regionalregierung mit Waffen ausgestatteten christlichen Dorfschützer nicht verhindern können.[89] Vor diesem Hintergrund sind die Bemühungen einiger christlicher Organisationen, sich für eine Autonomie der christlichen Gebiete einzusetzen, verständlich, aber politisch alles andere als erstrebenswert.[90]

Verfassungsrechtliche und politische Situation der Minderheiten

»Heimat der Propheten und Apostel« wird der Irak in der Präambel der irakischen Verfassung bezeichnet, die im Jahr 2005 in Kraft trat. Diese Reverenz an die christliche Geschichte des Landes und seine Bewohner findet eine Entsprechung in der ausdrücklichen Erwähnung der religiösen Minderheiten und ihrer Rechte. Dennoch bevorzugt die Verfassung die muslimische Mehrheitsbevölkerung eindeutig. Bereits in Artikel 2 der Verfassung wird festgelegt, dass der Islam die »offizielle Religion des Staates und grundlegende Quelle des Rechts« ist. Insgesamt ist die Verfassung gekennzeichnet von einem Nebeneinander konkurrierender Verfassungsprinzipien. So heißt es, dass die Gesetzgebung des Landes dem Islam nicht widersprechen darf (Art. 2.1 A), aber auch nicht dem Demokratieprinzip (Art. 2.1 B) sowie den in der Verfassung verankerten Grundrechten und -freiheiten (Art. 2.1 C). Die Verfassung schützt die islamische Identität der Bevölkerungsmehrheit, garantiert daneben aber auch die Religionsfreiheit für Christen, Jesiden und Mandäer-Sabäer (Art. 2.2). Diese Widersprüchlichkeit findet sich auch in Artikel 3. Einerseits heißt es dort, dass der Irak ein Land mit unterschiedlichen Nationalitäten, Religionen und Sekten ist. Andererseits wird festgestellt, dass der Irak Teil der islamischen Welt ist. Die Vertreter der Region Kurdistan haben sich im verfassungsgebenden Prozess erfolgreich gegen eine noch weitergehende Bezugnahme auf die Scharia durchgesetzt. Es lässt sich aber angesichts der Schwäche der staatlichen Institutionen ohnehin nicht vom Wortlaut der Verfassung auf die Rechtswirklichkeit schließen. Eine fortschreitende Islamisierung bzw. Konfessionalisierung der Staatsorgane ist auf allen Ebenen zu beobachten. Daher ist wahrscheinlich, dass sich auch die Widersprüchlichkeit der Verfassungsprinzipien im Alltag zuungunsten der Minderheiten auswirkt.

Im Vorlauf zu den Parlamentswahlen 2010 hat die irakische Regierung die Einbeziehung von Vertretern der Minderheiten gesetzlich festgeschrieben. So sieht das Wahlgesetz fünf Sitze für die christliche Minderheit vor. Jesiden, Schabak und Mandäer-Sabäer erhalten jeweils einen Sitz. Die Vertreter der Jesiden haben zuletzt erfolgreich beim obersten Gerichtshof gegen diese ihrem Bevölkerungsanteil nicht entsprechende Zahl an Sitzen geklagt. Die Zahl der Sitze muss bei der Wahl zum nächsten Parlament erhöht werden. Aber auch diese minderheitenfreundlichen Regelungen zeigen im Alltag kaum Wirkung. So gelangen die Vereinten Nationen auch 2010 zu dem Schluss, dass trotz einer rechtlichen Besserstellung die Situation der Minderheiten nach wie vor prekär ist.[91] Die *United States Commission on International Religious Freedom* moniert, dass systematische, anhaltende und besonders abstoßende Verletzungen der Religionsfreiheit im Irak andauern. Die irakische Regierung bleibe hinter ihren öffentlichen Ankündigungen zurück und unternehme nicht genügend, um die Angriffe auf Christen aufzuklären und die Verantwortlichen zu bestrafen.[92]

Besonders prekär ist die Situation von konvertierten Christen, auch wenn ihre Zahl gering ist. Die Hilfsorganisation Open

Doors schätzt, dass im Irak 2500 Christen mit muslimischen Wurzeln leben. Zwar gibt es keine gesetzlichen Bestimmungen, die den Glaubenswechsel zu einem Straftatbestand machen, aber das gesellschaftliche Klima lässt diesen nicht zu. Der Übertritt zum christlichen Glauben führt, wie auch in anderen muslimischen Mehrheitsgesellschaften der Region, häufig zum Ausschluss aus der Familie und kann im schlimmsten Fall auch Ehrenmorde zur Folge haben.[93]

Ausblick

»Noch nie zuvor fühlten sich die Christen so fremd in ihrem eigenen Land wie heute. Sie sind die großen Verlierer der politischen Ereignisse im Irak.« Mit diesen Worten beschreibt der römisch-katholische Erzbischof von Bagdad die Lage der irakischen Christen.[94] Auch die Vereinten Nationen sprechen von anhaltender Gewalt gegen Christen, die nach wie vor zu großen Fluchtbewegungen führt.[95] Auch wenn sich die Entwicklung der vergangenen Jahre nicht zwangsläufig fortsetzen muss, fällt es angesichts der derzeitigen Lage schwer, sich eine bessere Zukunft für die Christen im Irak vorzustellen. Es sollte dennoch ein Anliegen auch der deutschen Politik bleiben, den Irak so zu unterstützen, dass sich eine plurale Gesellschaft herausbildet, in der auch Angehörige von Minderheiten ihren Platz als gleichberechtigte Bürger haben. Um diesem Ziel näher zu kommen, müssen in der jetzigen Situation von Bedrängnis und Verfolgung Christen wie auch Angehörige anderer Minderheiten gezielt unterstützt werden, um der ungebrochenen Abwanderung etwas entgegenzusetzen. Dies gilt insbesondere für den Norden des Irak, wo die soziale Integration der Christen derzeit die größte Herausforderung darstellt.

Neben der schlechten Sicherheitslage und der prekären sozialen Situation wirken sich auch die historischen Traumata negativ auf das Vertrauen der Christen aus. Die kollektiven Erfahrungen von Jahrhunderten der Diskriminierung und Unterdrückung und die Erinnerungen an Massaker, Flucht und Vertreibung lasten als schweres Erbe auf den christlichen Gemeinschaften. Wenn Christen am Euphrat und Tigris eine Zukunft haben sollen, müssen diese historischen Verletzungen mit in den Blick genommen werden. In der Region Kurdistan gibt es dafür heute schon die Gelegenheit. Bevor auch im Rest des Landes an aktiver Versöhnung gearbeitet werden kann, müssen Sicherheit und Freiheit gewährleistet werden. Davon ist der Irak heute noch weit entfernt.

Trotz des Wunsches, christliches Leben im Irak zu erhalten, dürfen die Christen nicht vergessen werden, die für sich entschieden haben, den Irak zu verlassen und die zu Zehntausenden in den Nachbarländern leben. Auch sie sind auf Unterstützung angewiesen und benötigen eine Perspektive – vor Ort und durch Aufnahme im Westen.

Volker Kauder

Ägypten – Einleitung

In der Neujahrsnacht 2011 explodierte vor einer koptisch-orthodoxen Kirche im ägyptischen Alexandria eine Autobombe und riss 21 Menschen in den Tod. An die einhundert Menschen wurden verletzt. Wieder waren es Christen, die Opfer eines heimtückischen Anschlags wurden. Sie hatten kurz zuvor die Mitternachtsmesse besucht, um mit einem Gottesdienst das neue Jahr zu begrüßen.

Als ich von dem Vorfall erfuhr, entschloss ich mich kurzerhand, nach Ägypten zu reisen. Es war mir ein großes Anliegen, wenige Tage nach dem schrecklichen Ereignis ein Zeichen der Solidarität mit den Kopten zu setzen. In Kairo eingetroffen, führte mich mein Weg zuerst zu dem mittlerweile verstorbenen Papst Schenuda III., dem damals achtundachtzigjährigen Oberhaupt der koptisch-orthodoxen Kirche. Ihm gegenüber wollte ich mein Mitgefühl mit den Opfern ausdrücken. Auf meine Frage, was wir denn für die Christen in Ägypten tun könnten, sagte er: »Beten Sie für uns.« Diese Aufforderung war nicht allein Ausdruck eines tiefen Vertrauens in die Kraft des Gebets. Sie war auch der Tatsache geschuldet, dass der Papst unter großem politischem Druck stand. Jahrelang hatte ihn ein Hausarrest zu einem Leben im Kloster gezwungen und noch immer stand er im Visier der Regierung. Es galt, jeden Anschein zu vermeiden, er würde ausländische Politiker um Hilfe bitten.

Wie berechtigt Sorgen waren, dass das Regime jede kritische Einlassung als ausländische Einmischung bewerten würde, hatte ich bereits vor meiner Abreise erfahren. Die ägyptische Regierung, es waren die letzten Wochen des Staatspräsidenten Hosni Mubarak, sah jede Anteilnahme am Leid der Opfer als Einmischung des Auslands an. Diese Haltung prägte auch meine offiziellen Termine. Einige Gesprächspartner verstiegen sich sogar zu der These, dass auch die Anschläge »das Werk von finsteren

Kräften aus dem Ausland« seien. Christen, so hieß es, genössen in Ägypten umfassende Religionsfreiheit.

Volker Kauder im Gespräch mit Papst Schenuda III.

Die Schilderungen von jungen Kopten, mit denen ich mich abseits des offiziellen Programms traf, klangen ganz anders. Sie berichteten mir, wie sich die alltägliche Diskriminierung in ihrem Alltag auswirkte. Besonders beunruhigt waren sie von der zunehmenden Islamisierung der Gesellschaft. Diese Berichte bestärkten mich, die ägyptische Regierung noch einmal aufzufordern, die Kopten besser zu schützen und entschlossen gegen die alltägliche Diskriminierung vorzugehen.

Bei meinem Besuch im Januar 2011 hatte ich mich, vermittelt von der Konrad-Adenauer-Stiftung in Kairo, auch mit führenden Menschenrechtsaktivisten getroffen. Während zur gleichen Zeit in Tunesien schon Massendemonstrationen die Diktatur von Präsident Ben Ali erschütterten, schien die Lage in Ägypten grundverschieden. Keiner der Anwesenden, die nur wenige Wochen später auf dem Tahrir-Platz demonstrieren sollten, äußerte die Erwartung, dass es in Ägypten zu größeren Protesten kommen würde.

Im Mai 2011 besuchte ich Ägypten ein zweites Mal. Ich wollte mir ein Bild von den politischen Entwicklungen des Arabischen Frühlings machen und mit den wichtigsten politischen Akteuren ins Gespräch kommen. Es ging mir darum, für eine freiheitlich-demokratische Grundordnung für das neue Ägypten zu werben. Ich war sehr beeindruckt von dem Enthusiasmus und der großen Offenheit meiner Gesprächspartner, die sehr daran interessiert waren, von unserem Staatsaufbau in Deutschland zu lernen. Dieses Interesse an unserem politischen System ist eine gute Voraussetzung, den Umbruch in Ägypten, aber auch in anderen Ländern der Region zu unterstützen. Wenn wir jetzt den Ländern mit Rat und Tat zur Seite stehen, dann ist das zugleich eine gute Möglichkeit, für umfassende Religionsfreiheit zu werben und dabei zu helfen, dass auch die Angehörigen von Minderheiten in die Lage versetzt werden, sich am politischen Leben des Landes zu beteiligen.

Andreas Jacobs

Lage der Christen in Ägypten

Die Bilder gingen um die Welt: Muslimische Geistliche und christliche Priester protestierten Arm in Arm gegen das Mubarak-Regime. Angehörige beider Glaubensgemeinschaften schützten sich gegenseitig beim Gebet auf dem Kairoer Tahrir-Platz. Kreuz und Halbmond vor den Farben der ägyptischen Nationalflagge wurden zum Symbol des ägyptischen Umbruchs vom Januar und Februar 2011. Für einen Moment schien es, als ob in Ägypten gelingen könnte, wonach sich viele Christen im Nahen Osten sehnen: die Errichtung eines Gemeinwesens, das auf Religionsfreiheit und auf politischer und gesellschaftlicher Gleichstellung von Christen und Muslimen gründet.

Ein halbes Jahr später ist von dieser Hoffnung wenig geblieben. Als Christen im Oktober 2011 vor dem staatlichen ägyptischen Rundfunkgebäude in Kairo gegen einen Anschlag auf eine Kirche im oberägyptischen Assuan demonstrierten, kam es zu gewaltsamen Zusammenstößen mit Gegendemonstranten und Sicherheitskräften. 27 Menschen starben, die meisten davon Kopten, mehrere Hundert wurden verletzt. Bis heute sind die Täter nicht bestraft. Viele Kopten sprachen von einer politisch gewollten Einschüchterung. Die gegen Ende des Jahres durchgeführten Parlamentswahlen bestätigten die Befürchtungen, dass im »neuen« Ägypten immer weniger Platz für Christen sein wird. Islamisten und radikalislamische Salafisten errangen in beiden Häusern des Parlaments eine Zweidrittelmehrheit, Kopten sind kaum vertreten. Spätestens jetzt ist vielen ägyptischen Christen klar, dass mit dem politischen Umbruch nicht Religionsfreiheit und Gleichberechtigung zunehmen werden, sondern Ausgrenzung, Unterordnung und Auswanderung. Was sind die Hintergründe und Ursachen für das schwieriger werdende Verhältnis zwischen muslimischer Mehrheit und christlicher Minderheit in Ägypten? Welche gesellschaftlichen und politischen Konfliktlinien stehen dahinter?

Das Christentum im Land am Nil

Die ägyptischen Christen, die unabhängig von ihrer Konfession alle als Kopten[96] (griechisch für »Ägypter«) bezeichnet werden, blicken auf eine lange Geschichte zurück. Bereits die Heilige Familie hatte nach der Überlieferung am Nil Zuflucht gefunden. Der Evangelist Markus gründete hier eine Gemeinde, die als koptisch-orthodoxe Kirche[97] heute zu den ältesten Kirchen weltweit gehört. Ägypten wurde hierdurch zum ersten christianisierten Land der Welt. Der heilige Paulus und der heilige Antonius begründeten in der östlichen Wüste das christliche Mönchtum und das erste christliche Kloster.[98] Mit den muslimischen Eroberungen des siebten Jahrhunderts wurde Ägypten dann nach offizieller islamischer Lesart ein islamisches Land. Tatsächlich vollzog sich die Islamisierung wesentlich langsamer.

Heute sind schätzungsweise zwischen fünf und zehn Prozent der Ägypter Christen.[99] Etwa neunzig Prozent hiervon gehören der koptisch-orthodoxen Kirche an. Die Kopten stellen damit die größte christliche Minderheit aller islamisch geprägten arabischen Länder. Anders als die dortigen Glaubensbrüder kennen die ägyptischen Christen keine Nachwuchssorgen. Die Kirchen sind voll, das Mönchstum blüht. Überall werden trotz behördlicher Beschränkungen Kirchen und Klöster gebaut und koptisches Leben ist fast im ganzen Land präsent. Auch das Verhältnis zur muslimischen Mehrheitsgesellschaft wird traditionell als entspannter beschrieben als anderswo im Orient. Es gibt keine ethnischen oder sprachlichen Unterschiede zwischen ägyptischen Christen und Muslimen. Der reichste Ägypter ist Christ und vermutlich auch der ärmste. Die Idee, eine religiöse Minderheit zu sein, lehnen viele Kopten ab.[100]

Dass sich immer mehr Kopten trotz dieser langen Geschichte im eigenen Land als Bürger zweiter Klasse fühlen, beruht auf einem Prozess politischer und gesellschaftlicher Ausgrenzung, als dessen wichtigste Wegmarke im 20. Jahrhundert der Militärputsch von 1952 gilt. Waren Kopten zuvor wie selbstverständlich in führenden Positionen des Staates zu finden, wurden sie in der Nasser-Ära aus Leitungspositionen verdrängt. In den siebziger Jahren trat neben die politische Ausgrenzung die religiöse Abgrenzung. Indem sich Anwar al-Sadat explizit zum muslimischen Präsidenten eines muslimischen Volkes erklärte und die Islamisierung von Staat und Gesellschaft zuließ und vorantrieb, änderte sich nun auch das Klima des interreligiösen Zusammenlebens. Eine sich zunehmend religiös definierende muslimische Bevölkerungsmehrheit und die Arbeitsmigration in die konservativen Golfstaaten förderten vielerorts religiös begründete antichristliche Ressentiments. Gleichzeitig versuchten gewaltbereite islamistische Terrorgruppen, ihre Vision eines islamischen Staates durch Anschläge auf Christen und christliche Einrichtungen voranzutreiben. Diese Tendenz setzte sich in der Mubarak-Ära fort. Um den Vormarsch des politischen Islam abzuwehren, förderte der Staat die gesellschaftliche Islamisierung. Für die Kopten blieb immer weniger Spielraum. Forderungen nach Wahrung von Minderheitenrechten wurden seitens des Staates mithilfe einer »Ein-Volk-Rhetorik« reflexartig abgelehnt: Ägypter seien ein Volk, jeder Ägypter sei gleich, es gäbe keinen Unterschied zwischen Christen und Muslimen, folglich auch keine religiösen Spannungen. Wer etwas Gegenteiliges behaupte, mache sich zum Handlanger ausländischer Interessen, die Ägyptens Stabilität gefährden und das Land schwächen wollten.[101] Ungeachtet dieser Rhetorik zeigten die zunehmende Abgrenzung und die allmähliche Parallelisierung von Lebenswelten Wirkung. Wurden gewaltsame Übergriffe früher von militanten Extremisten mit einer klaren politischen Agenda an exponierten Orten (Kirchen, Klöstern) verübt, entwickeln sie sich nun immer häufiger anlässlich nichtiger Streitigkeiten. Konflikte zwischen Christen und Muslimen, bei denen es ursprünglich um Land, Geld und Ehre oder interkonfessionelle Beziehungen und Sexualdelikte ging, eskalieren gerade nach dem Ende der Mubarak-Ära immer häufiger zu blutigen interkonfessionellen Gewaltakten. Wo liegen die Ursachen für diese Eskalation?

Rechtliche und gesellschaftliche Konflikte

Der politisch geduldete und geförderte Siegeszug des gesellschaftlichen Islamismus hat in Ägypten in den vergangenen Jahrzehnten zu einer Durchdringung nahezu aller Politik- und Gesellschaftsbereiche mit tatsächlich oder vermeintlich islamischen Grundvorstellungen geführt. Hiervon ist auch der Umgang mit der christlichen Minderheit im Land betroffen. Nach der verbreiteten Wahrnehmung habe der Islam die jüdische und christliche Offenbarung fortgesetzt und vollendet. Das Christentum sei gleichsam »im Islam enthalten« bzw. werde durch die muslimische Offenbarung obsolet.[102] Der Islam behandelt das Christentum daher zwar traditionell mit Respekt, erhebt zugleich aber einen Führungsanspruch, der in der Interpretation der meisten muslimischen Machthaber den politischen und gesellschaftlichen Ambitionen von Christen klare Grenzen setzt. Diese Grenzen werden in Ägypten vor allem in zwei Bereichen schnell erreicht: bei der christlichen Mission bzw. Konversion zum Christentum sowie beim Kirchenbau.

Laut der ägyptischen Verfassung herrscht im Land Religionsfreiheit, allerdings mit einer wichtigen Einschränkung. Nach verbreiteter Vorstellung dürfen Muslime ihren Glauben nicht wechseln. Dementsprechend erkennt der Staat den Übertritt vom Islam zum Christentum bzw. zu einer anderen Religion offiziell nicht an. Als rechtliche Grundlage dienen Gesetze gegen die Beleidigung der Religion oder gegen die Störung der öffentlichen Ordnung.[103] Seit 1972 gilt zudem das islamische Recht, die Scharia, als Hauptquelle des ägyptischen Rechts. Nach klassischem islamischem Rechtsverständnis wird die Abkehr vom Islam mit dem Tod bestraft.[104] Dass diese Strafe im Ägypten der Gegenwart nicht verhängt wird, entspricht zwar dem Rechtsempfinden der allermeisten Ägypter,[105] erzeugt auf Seiten der staatlich kontrollierten Religionsbehörden aber bereits einen gewissen Erklärungsbedarf. Eine Konversion vom Islam zum Christentum ist im vorherrschenden Verständnis des islamischen Rechts derart eindeutig unzulässig, dass ihre juristische Anerkennung den Staat in den Augen seiner Gegner als »unislamisch« entlarven würde.

Konversionen zum Christentum sollten daher nach Möglichkeit nicht vorkommen oder zumindest nicht öffentlich bekannt werden. Hierfür wird mit zum Teil drastischen Mitteln gesorgt. Konvertiten werden von den Sicherheitsdiensten überwacht und am Verlassen des Landes gehindert. Selbst auf Anwälte, Freunde und Familienangehörige wird gezielt Druck ausgeübt. Festnahmen und Verhöre, selbst Folter und sexueller Missbrauch sollen üblich sein. Mission und das öffentliche Verteilen von Bibeln sind verboten und werden bestraft. Ausländische Missionare werden teilweise direkt am Flughafen abgefangen[106] und Priester, die Christen und Konvertiten verheiraten, zu Gefängnisstrafen verurteilt.

Klagen von zum Christentum konvertierten Muslimen auf Änderung des Religionsstatus in ihren Ausweispapieren oder auf Abschaffung der behördlichen Erfassung der Religionszugehörigkeit verliefen bisher erfolglos. Proteste und Gerichtsverfahren von Betroffenen sowie internationaler Druck haben in der jüngeren Vergangenheit allerdings zu einem gewissen juristischen Aktionismus geführt. Nach einem umstrittenen Urteil des Obersten Verwaltungsgerichtes aus dem Jahre 2008 sollen Konvertiten zum Christentum das Recht auf neue Ausweispapiere erhalten, allerdings mit der Auflage, die frühere muslimische Glaubenszugehörigkeit zu vermerken.[107] Eine Umsetzung dieses Urteils steht jedoch nach wie vor aus, ihr Nutzen für die Betroffenen wäre ohnehin fraglich.

Gesellschaftlich ebenso explosiv ist die Problematik des Kirchenbaus. Das aktuelle ägyptische Gesetz zur Regelung der Errichtung von Sakralbauten stammt noch aus dem Jahre 1856. Seither bedarf der Bau oder Umbau von Kirchen einer Zustimmung des jeweiligen Herrschers bzw. Präsidenten. Ein Gesetz von 1934 knüpfte an den Kirchenbau dann weitere Bedingungen – unter anderem die Zustimmung der muslimischen Nachbarn. Diese sind aber häufig nicht bereit, Kirchenbauten zu akzeptieren. Gewaltsame Übergriffe sind keine Seltenheit. Häufig geht es dabei im Kern um profane Streitigkeiten um Land und Geld, fast immer werden diese aber von religiösen Vorbehalten gegen eine Ausbreitung des Christentums angeheizt.

Theologisch ist der Kirchenbau ein geringeres Problem als die Konversion. Selbst viele Muslime erkennen hier eine Schieflage und drängen auf Änderungen. Bereits seit einigen Jahren bemüht sich der Staat um eine Vereinfachung und Angleichung der Regelungen. Ein neues Gesetz wird seit 2003 diskutiert, ist dem Parlament bislang aber nicht vorgelegt worden. Inoffizielle Begründung ist die Rücksichtnahme auf die religiösen Befindlichkeiten konservativer Muslime. Allerdings wurde 2005 das Genehmigungsverfahren für Kirchenbauten vereinfacht. Im Mai 2011 kündigte die Übergangsregierung unter dem damaligen Premierminister Essam Scharaf dann erneut eine Novellierung des Gesetzes zum Bau von Sakralbauten an.[108] Getan hat sich allerdings auch diesmal nichts. Auch weiterhin sind Berichte über Sicherheitsbedenken, polizeiliche Auflösungen von Messen in nicht genehmigten Kirchen und Verweigerungen und Verzögerungen bei der Erteilung von Baugenehmigungen an der Tagesordnung.

Staatsnah und eigenmächtig: Die koptisch-orthodoxe Kirche

Die koptische Kirche und ihr Oberhaupt, Papst Schenuda III. († 17. März 2012), spielen bei den geschilderten Konflikten eine Rolle, die sich zwischen Staatsnähe und Eigenmächtigkeit bewegt. Bemerkenswert ist für viele externe Beobachter vor allem die eigentümliche politische Regimetreue der Kirche. Papst Schenuda war stets ein nachdrücklicher Unterstützer Präsident Mubaraks und hatte sich wiederholt für den Präsidentensohn Gamal als Nachfolger seines Vaters ausgesprochen. Nach dem Umbruch vom Februar 2011 bekräftigten Kirchenvertreter sofort ihre Loyalität zum regierenden Militärrat und hielten sich mit Kritik an dessen Management der Sicherheitslage im Land auffällig zurück. Zur politisch wichtigen Weihnachtsmesse in der Kairoer Markus-Kathedrale hatte die Kirche im Jahre 2012 dementsprechend nicht nur Repräsentanten der Muslimbruderschaft, sondern auch hochrangige Vertreter des herrschenden Militärrates eingeladen.[109]

Die Begründung für diese kontinuierliche Regimetreue liegt im spezifischen Verhältnis zwischen Staat und Kirche in Ägypten. Unter Mubarak wollte die ägyptische Regierung die Kirche – ähnlich wie die islamische Al-Azhar – in die Rolle einer öffentlichrechtlichen Einrichtung drängen, die in bestimmten Bereichen zur Umsetzung von staatlichen Verwaltungsakten befugt ist. Die Kirche wollte sich dieser staatlichen Vereinnahmung entziehen und bestand auf einer Sonderstellung mit autonomen Rechtsbefugnissen.[110] Diesem Ziel der Macht- und Einflusssicherung ordnete die Kirche alle anderen Konflikte unter. Dies erklärt, warum sich die Kirche einerseits mit Stellungnahmen zu Übergriffen gegen Christen zurückhält, sich andererseits bei einem scheinbaren Randthema einen handfesten Konflikt mit dem Staat leistet: beim Familienrecht und hier insbesondere beim Scheidungsrecht. Die koptische Kirche hat die Voraussetzungen für eine kirchliche Scheidung in den vergangenen Jahrzehnten schrittweise verschärft. Gegenwärtig gilt nur noch Ehebruch als Scheidungsgrund. Ein ägyptisches Verwaltungsgericht hatte zuletzt Mitte 2010 festgestellt, dass die Kirche eine Scheidung und Wiederverheiratung von Kopten zulassen muss.[111] Die Kirche bezeichnete das Urteil postwendend als Eingriff in ihre innerreligiösen Angelegenheiten und in die Religionsfreiheit. Da es in Ägypten keine Zivilehe gibt, können sich orthodoxe Kopten de facto nicht scheiden lassen – sofern sie sich nicht den sozialen und strafrechtlichen Folgen eines Ehebruchs aussetzen oder zum Islam konvertieren wollen. Gerade Letzteres kommt unter »ehemüden« Christen aber immer häufiger vor. Die Möglichkeit einer Trennung vom ungeliebten christlichen Ehepartner soll nach Einschätzung von Beobachtern mittlerweile der Hauptgrund für den Übertritt zum Islam im Land sein.[112] Mit einer solchen »Scheidungskonversion« sind weitere Konflikte vorprogrammiert. Viele der gewaltsamen Übergriffe von Muslimen gegen Christen beruhten auf Gerüchten, nach denen christliche Frauen gegen ihren Willen an einer Konversion und anschließender Scheidung gehindert worden sein sollen.[113] Probleme bereitet die Scheidungskonversion auch beim Sorgerecht. Tritt ein christlicher Mann zum Islam über, gelten seine Kinder automatisch als

Muslime und müssen islamisch erzogen werden. Das Sorgerecht wird im Falle einer nicht muslimischen Mutter bislang automatisch dem zum Islam konvertierten Vater zuerkannt.[114]

Konflikte wie um das koptische Scheidungsrecht trugen nach Ansicht von Beobachtern in den letzten Jahren zu einer zunehmenden Entfremdung zwischen Kirche und Gläubigen bei. Vor allem aus Sicht vieler säkularer Christen fördere die Kirche mit ihrem Festhalten an unzeitgemäßen Dogmen und Normen unter den Christen Opfermentalität und Selbstisolation und gefährde mit ihrer Forderung nach Anerkennung eines Sonderstatus' die nationale Einheit.[115] Dem ägyptischen Staat kommt derartige Kritik nicht ungelegen. Eine zunehmende Distanz zwischen Kirche und Gläubigen verringert den Handlungsspielraum der Kirche und bringt diese letztendlich unter staatliche Kontrolle. Die offizielle Politik fördert diese Tendenz mit einer Mischung aus Einschüchterung und Belohnung. Einerseits wurden Kopten bei der Vergabe von Ämtern klar benachteiligt, andererseits fanden unpolitische kirchliche Forderungen immer häufiger plakative Unterstützung. 2002 erklärte die Regierung das Weihnachtsfest zum staatlichen Feiertag. 2006 wurde erstmals seit mehr als dreißig Jahren wieder ein koptischer Provinzgouverneur eingesetzt und einige Kopten (darunter Frauen) in hohe akademische und politische Ämter berufen. Hinzu kamen in den vergangenen Jahren Maßnahmen zur Vereinfachung von Kirchenbauten und einige aufsehenerregende Gerichtsurteile zugunsten koptischer Streitparteien.

Für Kritiker waren diese Maßnahmen kaum mehr als Augenwischerei. Während sich die frühere Regierung durch die Förderung einiger »Vorzeigekarrieren« gegenüber der kritischen Öffentlichkeit in Symbolpolitik übte, so der Vorwurf, hätten im Alltag Diskriminierung und Schikane weiter zugenommen. Christen sei eine Reihe von beruflichen Karrieren im öffentlichen Dienst weiterhin verschlossen geblieben. Sie könnten nicht an der staatlich finanzierten Azhar-Universität studieren. Priester müssten von Spenden und Zuwendungen der Kirche leben, während Imame vom Staat bezahlt würden. Arabisch lernten muslimische und christliche Kinder in Ägypten auch anhand des Koran (und nicht der Bibel) und im Kunstunterricht werde das muslimische Glaubensbekenntnis oder die Kaaba in Mekka (und nicht die Heilige Familie) gemalt. Auch die im Zuge der sogenannten »Schweinegrippe« Mitte 2009 veranlasste Tötung aller ägyptischen Schweine wurde von vielen Christen als gezielte Maßnahme zur Unterminierung ihrer Lebensgrundlage gesehen.[116]

Christen als Verlierer des Umbruchs?

Die Absetzung Mubaraks und die Machtübernahme eines Militärrates im Februar 2011 haben viele der geschilderten Konflikte und Trends weiter verschärft. Bereits Ende Februar kam es zu Auseinandersetzungen zwischen Mönchen des Bischoy-Klosters und Sicherheitskräften, bei denen ein Mönch getötet wurde. Auslöser war, wie so oft, eine Auseinandersetzung um bauliche Erweiterungen des Klosters. Im April wurde die oberägyptische Stadt Qena von Ausschreitungen zwischen Christen und Muslimen erschüttert. Ursache war hier ein Streit um den umstrittenen christlichen Gouverneur der Provinz.[117] Im Mai eskalierte der Konflikt um eine angebliche Konvertitin zum Islam, die Gerüchten zufolge in einer Kirche festgehalten wurde. Bei den Auseinandersetzungen, die im Wesentlichen von radikalislamischen Salafisten initiiert wurden, gingen zwei Kirchen im Kairoer Stadtteil Imbaba in Flammen auf, zwölf Menschen wurden getötet. Im Oktober folgten schließlich die eingangs erwähnten blutigen Ausschreitungen vor dem Kairoer Rundfunkgebäude. Spätestens dieses sogenannte »Maspero-Massaker«[118] machte deutlich, dass die sich verschärfende Sicherheitslage, ökonomische Schwierigkeiten, Zukunftsängste, Verschwörungstheorien und politische Unsicherheiten christenfeindliche Ressentiments noch stärker abrufbar machten als früher. Der Aufstieg von Islamisten wie den Salafisten tut sein Übriges. Angeheizt von den Medien machen seit Monaten immer häufiger antichristliche Gerüchte, Klischees und Meldungen in Ägypten die Runde. Kopten würden Waffen in Kirchen horten,[119] Menschen am Übertritt zum Islam hindern, muslimische Mädchen verführen, Alkoholkonsum und Prostitution fördern, mit ausländischen Feinden des Landes paktieren[120] oder die nationale Einheit gefährden. Vieles spricht vor diesem Hintergrund dafür, dass die ägyptischen Christen zu den Verlierern des Umbruchs in Ägypten werden könnten.

Jan Bittner

Interview mit Bischof Damian

Verehrter Bischof Damian, wer sind die Kopten?

Die Kopten sind Ägypter. Das Wort »Kopten« stammt aus dem Griechischen »aigyptus« und bedeutet nichts anderes als »Ägypter«. Sie gelten als die Nachkommen der pharaonischen Bevölkerung. Im koptischen Christentum leben Elemente der pharaonischen Kultur fort. Die Kopten sind Christen, und sie sind mit Recht stolz auf ihre lange Geschichte und ihre ehrwürdigen Traditionen. Der ägyptischen Kirche ist vieles zu verdanken, was auf die Theologie und das kirchliche Leben der Christenheit in der ganzen Welt ausstrahlte. Die Ägypter haben die Heilige Familie in ihrem Land aufgenommen. Bald nach dem Tod und der Auferstehung Christi begannen die Apostel und Jünger, auf langen Reisen in aller Welt ihren Glauben zu verkünden. Die Kopten verdanken die Gründung ihrer Kirche dem Evangelisten Markus im ersten Jahrhundert.

Die weltberühmten Wüstenklöster Ägyptens geben noch heute ein beeindruckendes Zeugnis von der großen spirituellen Kraft, die von ihnen ausstrahlte. Der heutige Besucher ist fasziniert, dass das ägyptische Mönchtum nach all den Jahrhunderten nichts von seiner Frömmigkeit und Frische eingebüßt hat.

Die Christenverfolgung unter Kaiser Diokletian war ein tiefer Einschnitt in die Entfaltung der koptischen Kirche. Insbesondere die große diokletianische Christenverfolgung der Jahre 303 bis 311 mit den vielen Märtyrern hat diese Kirche sehr geprägt: Noch heute verwendet sie einen eigenen Kalender, der als »Märtyrerära« bekannt ist. Danach beginnt das koptische Kirchenjahr mit dem Fest Nairuz, dem ersten Tag des Monats Tout, der Tag des Einsetzens der Nilschwelle und des Siriusaufgangs. Das Datum entspricht im Gregorianischen Kalender dem 11. September bzw. – wenn das darauffolgende Jahr ein Schaltjahr ist – dem 12. September. Dieser Märtyrerkalender wird seit dem Jahr 284, dem ersten Regierungsjahr des Kaisers Diokletian, verwendet. Damit begann das Blutvergießen der koptischen Märtyrer. Das Blut der Märtyrer gilt als Samenkorn der Kirche. Mit dem Tod eines einzigen Märtyrers kamen sehr viele Menschen zum Glauben. Und das führte zum Aufschwung und zur Wiederbelebung der koptischen Kirche. Das ist der Grund, warum die Kopten aus diesem Datum den Beginn ihres Märtyrerkalenders gemacht haben.

Wie sieht das christliche Leben heute in Ägypten aus?
Im Heimatland Ägypten als Christ zu leben, in einem islamischen Umfeld, ist nicht einfach. Man wird als Bürger zweiter Klasse betrachtet und behandelt. Man fühlt sich diskriminiert, sogar manchmal verfolgt, ohne einen staatlichen Schutz und ohne Rechte für sich beanspruchen zu können. Auch im Berufsleben erleiden die Kopten eine enorme Benachteiligung und Diskriminierung. Die Kopten sind in den Regierungsstellen, im Parlament, in der öffentlichen Verantwortung, im Außen- und im Innenministerium im Verhältnis zu ihrem Anteil an der Bevölkerung total unterrepräsentiert. Bei Auseinandersetzungen zwischen Christen und Muslimen zählen die Christen immer zu den Verlierern. Sie erfahren keine faire juristische Behandlung. Eine Schuldzuweisung betrifft immer nur die Kopten.

Im März 2012 starb Papst Schenuda III. im Alter von 89 Jahren. Welche Rolle spielte der Papst?
Papst Schenuda III. war das Oberhaupt der koptisch-orthodoxen Kirche weltweit und gilt als der 117. Papst und Patriarch auf dem Thron des heiligen Evangelisten Markus. Er hat die koptische Kirche zu einer universalen Kirche gemacht. Es gelang ihm, viele neue koptisch-orthodoxe Gemeinden in Nord- und Südamerika, in Kanada, Australien, Asien und in Europa zu gründen. Papst Schenuda hat eine Pionierleistung erbracht, indem er die Spaltungsgründe der christlichen Kirche durch das Konzil von Chalcedon 451 n. Chr. behandelt und aufgehoben hat. Er hat zusammen mit der römisch-katholischen Kirche ein Konzil einberufen, das im Bishoi-Kloster im Wadi Natrun stattfand. Damit wurde eine

gemeinsame Erklärung für die Einheit in Bezug auf die Christologie vereinbart. Ein Jahr später wurde eine ähnliche Vereinbarung mit der evangelischen Kirche in Deutschland getroffen. Papst Schenuda hat die Klöster in Ägypten und außerhalb des Landes revitalisiert und neue Gründungen weltweit ermöglicht. Er hat die Sonntagsschulbewegung ins Leben gerufen und damit die kirchliche Jugendarbeit sehr gefördert. Er kümmerte sich um die Kranken, die Armen, die Behinderten und Gefangenen. Er pflegte den Dialog mit den Muslimen und genoss eine außerordentliche Liebe durch die arabischen Nationen, sodass er als »Papst der Araber« bezeichnet worden ist.

Papst Schenuda hat 1992 die Ehrendoktorwürde der Katholischen Fakultät in Bonn erhalten und wurde am 29. Oktober 2011 mit dem Augsburger Friedenspreis ausgezeichnet. Er hinterlässt ein großes spirituelles und kulturelles Erbe als Autor von über 160 Büchern.

Sie haben wiederholt auf die Bedrängnis aufmerksam gemacht, der die Kopten in Ägypten ausgesetzt sind. Mit welchen Problemen sind die Kopten konfrontiert?
Es ist schwierig, die Genehmigung für den Bau einer Kirche oder eines Gemeindehauses zu bekommen. Wenn nach einer Wartezeit von vielen Jahren die Genehmigung endlich vorliegt, ist das Bauland bereits von inzwischen entstandenen Moscheen umgeben. Die Angriffe auf Kirchengebäude häufen sich und werden von den ägyptischen Sicherheitskräften geduldet oder sogar gefördert. Ein Staatsschutz ist weder vorhanden noch scheint er von den Behörden gewollt zu sein. Wenn kirchliche Gebäude teilweise schon während der Bauzeit zerstört werden, wird kein Schadensersatz geleistet, und auch wenn Arbeiter und Gemeindemitglieder verletzt oder getötet werden, kümmert sich niemand darum.

Der Umbruch in der arabischen Welt hat auch Ägypten erfasst. Wie blicken die Kopten auf die politischen Entwicklungen in Ägypten?
Schon bei der Parlamentswahl in Ägypten erfuhren die Kopten Unregelmäßigkeiten und die Umsetzung eines vorgefertigten Pla-

nes. So wurde der Weg für die Salafisten und Moslembrüder ins Parlament durch die ägyptische Armee und mit der Hilfe saudischer finanzieller Unterstützung erleichtert. In der Ägyptischen Verfassung, Artikel 2, heißt es: »Ägypten ist ein islamischer Staat. Deshalb gilt das Gesetz der Scharia und des Koran.« Dem müssen sich die Kopten unterordnen. Sie sind besorgt und sehen in ihrem Heimatland eine bescheidene Chance für ein menschenwürdiges Leben und eine gleichberechtigte Zukunft. Deswegen sitzen viele von ihnen auf ihren Reisekoffern in der Hoffnung, auswandern zu können.

Sie sind Bischof der koptisch-orthodoxen Kirche in Deutschland. Wie viele Kopten leben hier?
In Deutschland leben schätzungsweise 7000 Kopten. Sie sind in Gemeinden organisiert, die in den großen Städten Deutschlands etabliert sind. Gemeinden gibt es in Berlin, Hamburg, Hannover, Düsseldorf, Bittburg, Höxter, Kröffelbach, Frankfurt, Stuttgart, Nürnberg und München.

Das Kloster Brenkhausen ist der Bischofssitz der koptisch-orthodoxen Kirche in Deutschland. Wie sieht das Klosterleben aus?
Im Jahre 1993 haben die Kopten eine Klosterruine vom Land Nordrhein-Westfalen zu einem symbolischen Preis von 1 DM erhalten mit der Auflage der Denkmalbehörde, das Barockkloster zu sanieren und wiederherzustellen. Mit der Hilfe von ehrenamtlichen Aufbauhelfern aus Ägypten gelang es uns, bis jetzt etwa 70 Prozent des Gebäudes zu restaurieren. Das Kloster ist inzwischen ein Zentrum für Ökumene, eine Begegnungsstätte, Bischofssitz und ein Gemeindehaus sowohl für die Kopten als auch für die gesamte Region geworden. Das Kloster hat eine Kapelle mit koptischen Wandmalereien, ein prachtvolles Bibelmuseum mit mehr als eintausend Exemplaren und viele sakrale Kunstgegenstände.

Herr Bundestagspräsident Dr. Lammert hat das Kloster im Juni 2011 besucht und die neu restaurierte Barocktreppe im Nordflügel zur Nutzung feierlich freigegeben. Herr Volker Kauder hat unser

Kloster mit seinem Besuch geehrt und das ökumenische Fenster, das den koptischen mit dem katholischen Teil verbindet, eingeweiht. Deswegen wird sein Name auf diesem Fenster verewigt.

Wie können Christen in Deutschland ihre Glaubensgeschwister in Ägypten unterstützen?
Wir Christen in Deutschland können helfen, indem wir die Opfer der Gewalt in Ägypten in unserem Land aufnehmen, die Verletzungen behandeln und die Finanzierung der Behandlung sichern oder die Behandlung von Verletzten in Ägypten durch die Entsendung von Fachärzten dorthin ermöglichen. Von deutschen christlichen Gemeinden könnten Partnerschaften mit christlichen Gemeinden in Ägypten entstehen. Deutsche Politiker sollen sich für die Gleichberechtigung der Christen in Ägypten einsetzen. Studien- und Ausbildungsmöglichkeiten für ägyptische Studenten sollte unter Berücksichtigung auch von Kopten, und insbesondere auch für die Facharztausbildung, gefördert werden.

Volker Kauder

Türkei – Einleitung

Noch vor hundert Jahren lebten auf dem Gebiet der heutigen Türkei Millionen von Christen. Heute sind es nur noch etwa 100 000. Es ist mir ein großes Anliegen, die wenigen verbliebenen Christen in der Türkei, deren Präsenz in dem Gebiet bis zu den Tagen der Apostel zurückreicht, zu unterstützen. Die Namen von Städten wie Ephesus oder Gebieten wie Galatien sind jedem Leser des Neuen Testaments vertraut. Der Völkermord an den armenischen und den assyrischen Christen während des Ersten Weltkrieges hat ebenso wie deren anschließende Flucht und Vertreibung dazu beigetragen, dass Christen in der Türkei heute eine verschwindend kleine Minderheit sind.

Statt jedoch diese oder andere Minderheiten zu schützen oder gar zu fördern, wie es in Europa mittlerweile üblich geworden ist, beschränkt der türkische Staat das Leben der Christen weiter in unzulässiger Weise. Die rechtliche Diskriminierung der religiösen Minderheiten in der Türkei lässt sich jedes Jahr im Fortschrittsbericht der Europäischen Kommission über die Beitrittsverhandlungen mit der Türkei nachlesen. Die Liste der Verstöße gegen europäische Normen von Demokratie und zum Minderheitenschutz ist lang. Auf ihr findet sich etwa das Verbot für die syrischen und assyrischen Christen, ihre Sprache, das Aramäische, zu unterrichten. Dazu kommen ungeklärte Eigentumsfragen, die häufig zu Lasten der religiösen Minderheiten ausgelegt werden. Allein die Tatsache, dass die Kommission jedes Jahr die gleichen gravierenden Verstöße auflisten muss, ist ein Skandal. Dass die Europäische Union mit der Türkei jedoch über Binnenmarktregeln und Strukturhilfen verhandelt, während noch nicht einmal die gravierendsten Probleme der dort lebenden Christen gelöst werden, ist politisch nicht akzeptabel. Menschen sind wichtiger als der Binnenmarkt. In meiner Rede auf dem Bundesparteitag der CDU in Leipzig im Jahr 2011 habe ich darauf hingewiesen, dass wir diese Missachtung fundamentaler Menschenrechte nicht länger hinnehmen können. Europa ist nicht nur ein abstrakter Währungs- oder ein Wirtschaftsraum, sondern auch eine echte Wertegemeinschaft.

Im Mai 2010 wollte ich mir ein Bild von der Lage der Christen in der Türkei machen. Istanbul und Ankara standen auf meinem Reiseplan und auch der Tur Abdin, eine Region im Südosten der Türkei, wo heute noch einige tausend Christen in ihrem traditionellen Siedlungsgebiet leben. Wir waren gerade gelandet und auf dem Weg zum Ökumenischen Patriarchen in Istanbul, da erreichte mich aus Berlin die Nachricht, dass Bundespräsident Horst Köhler zurückgetreten war. Während ich sofort nach Berlin zurückkehren musste, reiste die Delegation, zu der auch Vertreter der evangelischen und katholischen Kirche sowie der Evangelischen Allianz gehörten, alleine weiter.

Die erzwungene Rückreise war bedauerlich, denn ich war besonders gespannt gewesen auf einen Besuch des Klosters Mor Gabriel.

Mor Gabriel, eines der ältesten christlichen Klöster der Welt

Dieses Kloster aus dem vierten Jahrhundert ist eines der ältesten Klöster der Christenheit und das geistige und kulturelle Zentrum der Christen im Tur Abdin. Seit Jahren muss es sich gegen Versuche des türkischen Staates zur Wehr setzen, den Grundbesitz um das Kloster, der diesem das wirtschaftliche Überleben sichert, zu enteignen. Ich war daher sehr froh, dass ich das ausgefallene Treffen mit dem Abt des Klosters, Erzbischof Mor Timotheos Samuel Aktas, ein Jahr später in Berlin nachholen konnte. Der Abt berichtete mir in einem persönlichen Gespräch über die Probleme des Klosters, aber auch über die schwierige Situation der Christen im Südosten der Türkei. Staatliche Diskriminierung, aber auch die zum Teil feindliche Haltung der Mehrheitsgesellschaft haben ebenso wie fehlende wirtschaftliche Perspektiven dazu geführt, dass die Abwanderung der Christen bis heute anhält.

Ich sehe es als eine wichtige Aufgabe von Politikern aus den Mitgliedstaaten der Europäischen Union an, gemeinsam mit den Abgeordneten des Europäischen Parlaments darauf zu drängen, dass die Probleme der Christen in der Türkei endlich mit Nachdruck angesprochen werden. Die Diskriminierung von Angehörigen der religiösen Minderheiten muss ein Ende haben und Religionsfreiheit im umfassenden Sinne muss verwirklicht werden, so wie es die europäischen, aber auch die internationalen Abkommen vorsehen, zu deren Einhaltung sich auch die Türkei verpflichtet hat.

Otmar Oehring, Mine Yildirim

Lage der Christen in der Türkei

Die Türkei hat sich in den letzten zehn, zwanzig Jahren nicht nur in wirtschaftlicher Hinsicht stark verändert. Im Zusammenhang mit den 2005 aufgenommenen Beitrittsverhandlungen mit der EU ist es in der Türkei auch zu beachtlichen Reformen gekommen. Allerdings sind diese Reformen in den letzten Jahren praktisch zum Stillstand gekommen. In Bezug auf die Lage der nicht muslimischen Minderheiten in der Türkei hat der Staat viele Zeichen gesetzt, die im Ausland teilweise als Fortschritte im Hinblick auf die Religionsfreiheit gewertet wurden. Tatsächlich wurde damit aber nur der grundlose Eindruck einer neuen Offenheit vermittelt (Genehmigung von einmal jährlich stattfindenden Gottesdiensten im Sumela-Kloster und in der Kirche auf der Insel Ahtamar) oder begangenes Unrecht teilweise korrigiert (etwa bezüglich der Gemeindestiftungen). Richtig ist: Das Klima hat sich verändert – mehr aber auch nicht.

Das Prinzip Laizismus

Gemäß Artikel 2 der türkischen Verfassung vom 18. Oktober 1982 (TVerf'82) ist die »Republik Türkei (...) ein (...) laizistischer Rechtsstaat«. Das türkische Verfassungsprinzip »Laizismus« ist ausgehend vom französischen Vorbild, der *laicité*, entwickelt worden, allerdings weiter gefasst als sein französisches Vorbild. »Zusammen mit dem Nationalismusprinzip« (*milliyetçilik*) übernimmt das Laizismusprinzip »die Funktion, sich ideologisch gegen eine Religion – den Islam – durchzusetzen, die im Verdacht steht, mit der republikanisch-säkularen Struktur des modernen türkischen Staates nicht in Einklang zu stehen und die Rückkehr zu[r] Einheit von Staat und Religion zu fordern.«[121] Christian Rumpf merkt dazu an, »dass das Verfassungsgericht eine Wechselwirkung zwischen Laizismus und vorherrschender Religion sieht: Je stärker die Religion ihrem Wesen nach in die staatlichen Angelegenheiten einzugreifen neigt, desto strenger und rigider stellt sich das laizistische Prinzip dar. Gegenüber dem Islam, der auch den politischen Menschen verlangt und damit dem Menschen seinen Staat geben will, führt das Laizismusprinzip zu besonderer Rigidität, der Verdrängungskampf gegenüber der Religion ist notgedrungen stärker und intensiver als in einem Staatswesen, in dem schon das Selbstverständnis der Religion den Verzicht auf Staat impliziert. Der türkische Laizismus müsste also in der Lage sein, die vorherrschende Religion, den Islam, zum Rückzug aus einer Domäne zu zwingen, die von der Religion schon aufgrund ihres Selbstverständnisses unbedingt beansprucht wird.«[122] Wie einer solchen Vorgabe entsprochen werden soll, wenn – wie gegenwärtig – eine Partei, die aus dem politischen Islam herkommt, regiert, bleibt allerdings unklar.

Präsidium für Religionsangelegenheiten als Absicherung

Seine institutionelle Absicherung erfährt das Laizismusprinzip durch das Präsidium für Religionsangelegenheiten (Artikel 136 TVerf'82), das »als Bestandteil der allgemeinen Verwaltung im Sinne des laizistischen Prinzips außerhalb aller politischen Ansichten und Auffassungen sowie gerichtet auf die nationale Solidarität und Integration die in einem besonderen Gesetz vorgesehenen Aufgaben« erfüllt. Durch das durch Art. 136 TVerf'82 geregelte, rein sunnitische Präsidium für Religionsangelegenheiten hat der Staat bereits seine bisherige Position aufgegeben. Denn statt die Religion lediglich zu kontrollieren, hat er den Islam in der Türkei in Eigenregie übernommen und verwaltet ihn. Damit ist das Prinzip des der Religion gegenüber neutralen Staates durchbrochen worden. Die Türkei ist damit ansatzweise zu einer »islamischen« oder besser »sunnitischen« Republik geworden, wobei weitere Konsequenzen lediglich durch die Überordnung der Verfassungsnorm »Laizismus« verhindert werden. Nicht zuletzt vor diesem Hintergrund findet im Zusammenhang mit der allgemeinen Laizismusdebatte in der Türkei eine heftige Debatte um das Präsidium für Religionsangelegenheiten statt, an der praktisch alle gesellschaftlichen Kräfte teilnehmen.

Religionsfreiheit in der Verfassung verankert

Gemäß Art. 10 TVerf'82 ist »jedermann (…) ohne Rücksicht auf Unterschiede aufgrund von (…) Religion, Bekenntnis (…) vor dem Gesetz gleich«. Jedermann genießt darüber hinaus gemäß Art. 24 Abs. 1 TVerf'82 »die Freiheit des Gewissens, der religiösen Anschauung und Überzeugung«. »Soweit nicht gegen die Vorschriften des Artikels 14 verstoßen wird, sind Gottesdienste, religiöse Zeremonien und Feiern« gemäß Art. 24 Abs. 2 TVerf'82 frei. Neben dem Gleichheitssatz und der Garantie der freien Religionsausübung enthält Art. 24 auch Verbote religiösen Zwangs und der Diskriminierung aus religiösen Motiven (Abs. 3). So darf niemand »gezwungen werden, an Gottesdiensten, religiösen Zeremonien und Feiern teilzunehmen, seine religiöse Anschauung und seine religiösen Überzeugungen zu offenbaren«. Ferner darf niemand »wegen seiner religiösen Anschauungen und Überzeugungen gerügt oder einem Schuldvorwurf ausgesetzt werden«. Eine Einschränkung erfährt die Religionsfreiheit dem ersten Anschein nach nur durch Art. 24 Abs. 5, wonach »niemand (…), in welcher Weise auch immer, Religion oder religiöse Gefühle oder einer Religion als heilig geltende Gegenstände ausnutzen oder missbrauchen (…) darf, um die soziale, wirtschaftliche, politische oder rechtliche Ordnung des Staates auch nur zum Teil auf religiöse Regeln zu stützen oder politischen oder persönlichen Gewinn oder Nutzen zu erzielen«. Art. 14 TVerf'82, der es verbietet, die »Grundrechte und -freiheiten der Verfassung (…) zu missbrauchen (…), um Unterschiede in (…) Religion oder Bekenntnis zu schaffen oder auf sonstigem Wege eine auf diesen Begriffen und Ansichten beruhende Staatsordnung zu gründen«, war ursprünglich als verfassungsrechtliche Stütze von Art. 163 TStGB gedacht, der jahrzehntelang die Basis für die strafrechtliche Verfolgung antilaizistischer Bestrebungen bildete. Sanktionen im Hinblick auf die Religionsfreiheit beschränken sich nach der Abschaffung des Art. 163 TStGB durch das Antiterrorgesetz von 1991 auf das Verbot der politischen Ausschlachtung religiöser Gefühle durch geistliche Amtsträger (Art. 241 TStGB).

Rechtsstatus der Religionsgemeinschaften

Die türkische Verfassung enthält keine Regelungen, wonach Religionsgesellschaften (Religionsgemeinschaften) die Rechtsfähigkeit nach den allgemeinen Vorschriften des bürgerlichen Rechtes erwerben. Selbst die Tatsache, dass sich das Präsidium für Religionsangelegenheiten auf die Belange eines staatlich tolerierten bzw. geprägten sunnitischen Islam beschränkt, bedeutet nicht, dass damit in der Türkei diese staatlich kontrollierte bzw. gelenkte Spielart des sunnitischen Islam als Institution rechtsfähig ist und einen Rechtsstatus als juristische Person (*tüzel kişi*) erlangt hat. Vor diesem Hintergrund drängt sich die Frage auf, unter welchen Bedingungen die Religionsgemeinschaften in der Türkei existieren. Die Venedigkommission des Europarats kommt in einer Stellungnahme vom März 2010 zu dem Ergebnis, dass von den Behörden, den Gerichten und der Mehrheit der Juristen in der Türkei die Gewährung der Rechtspersönlichkeit für Religionsgemeinschaften gegen das Prinzip des Laizismus verstoßen würde, wie es u.a. in den Artikeln 2, 13, 14 und 24 der Verfassung niedergelegt ist. Die Kommission stellt fest, dass sich für ausländische juristische Beobachter aus der türkischen Verfassung nichts ergibt, was ausdrücklich eine Rechtsreform mit dem Ziel, Religionsgemeinschaften Rechtspersönlichkeit zu verleihen, verbieten würde, und verweist auf das Beispiel Frankreichs, wo Religionsgemeinschaften als *associations culturelles* Rechtspersönlichkeit haben. Die türkische Verfassungsauslegung zu diesem Punkt könne nur im Lichte des türkischen Verständnisses von Laizismus nachvollzogen werden, das wohl nicht nur eine Verfassungsänderung, sondern auch einen Mentalitätswechsel erforderlich mache. Das wiederum dürfte aber nur dann möglich sein, wenn auch das Verfassungsprinzip Nationalismus (*milliyetçilik*) neu definiert wird. Heute wird der türkische Nationalismus allgemein dahingehend verstanden, dass Türke nur derjenige ist, der türkischer Muttersprache und sunnitisch-islamischer Religionszugehörigkeit ist. Damit wird faktisch allen Angehörigen ethnischer und religiöser Minderheiten – den Kurden, den Aleviten, den Christen und Juden und vielen anderen – die Zugehörigkeit zum türkischen Staatsvolk abgestritten.

Rechtsstatus nicht muslimischer Minderheiten

Ausgesprochen komplex ist im Hinblick auf die rechtlichen Rahmenbedingungen die Lage der nicht muslimischen Minderheiten in der Türkei. Nach staatlicher Lesart greifen hinsichtlich der verschiedenen nicht muslimischen Religionsgemeinschaften unterschiedliche Regelungen.

1. Zu nennen sind zunächst jene Gruppen, die nach staatlicher Ansicht zu den nicht muslimischen Minderheiten im Sinne des Vertrages von Lausanne von 1923 zählen: Armenier, Bulgaren, Griechen und Juden.
2. Eine zweite Gruppe bilden jene nicht muslimischen Minderheiten, die zum Zeitpunkt des Vertragsschlusses von Lausanne zwar in der Türkei präsent waren, vom türkischen Staat aber nicht als Minderheiten im Sinne des Vertrages von Lausanne anerkannt werden. Das sind z.B. die syrisch-orthodoxe Kirche, katholisch-unierte Kirchen – etwa die chaldäische Kirche und die syrisch-katholische Kirche – und die römisch-katholische Kirche.
3. Die dritte Gruppe bilden schließlich jene nicht muslimischen Religionsgemeinschaften (Kirchen, Sekten, Gruppierungen), die erst nach dem Abschluss des Vertrages von

Lausanne in der Türkei tätig geworden sind. Das sind z. B. die Bahai, evangelische Freikirchen oder die Zeugen Jehovas.

Die einschränkende Anwendung der Regelungen des Vertrages von Lausanne – dort ist von »nicht muslimischen Minderheiten« die Rede – ist ein klarer Verstoß gegen den Vertrag selbst.

In der Türkei leben heute zwischen 65 000 und 100 000 Christen. Schwerpunkt des christlichen Lebens ist Istanbul, wo ca. 95 Prozent der Christen leben. Die größte Gruppe bilden die armenisch-orthodoxen Christen. Daneben leben in Istanbul auch kleine Gruppen armenisch-katholischer, chaldäischer, griechisch-orthodoxer und syrischer Christen (orthodox und katholisch). Die römisch-katholische Kirche hat ihre Zentren in Istanbul, Izmir, an der Südküste und in den Provinzen Içel (Mersin) und Hatay (Antakya). In dieser Region lebt auch noch eine Gruppe arabisch-orthodoxer Christen (Patriarchat Damaskus).

In der Region des Tur Abdin im Südosten der Türkei lebt noch eine kleine Gruppe syrisch-orthodoxer Christen, von der noch die Rede sein wird. Rund 3 000 Personen in der Türkei gehören evangelischen Freikirchen an. Gemein ist allen christlichen Kirchen und der jüdischen Gemeinschaft (ca. 20 000 Gläubige), die bereits vor dem Abschluss des Vertrages von Lausanne in der Türkei präsent waren, dass sie rechtlich nicht anerkannt sind. Patriarchate, Diözesen und das Oberrabbinat haben keine Rechtspersönlichkeit. Die Patriarchen, Bischöfe und der Oberrabbiner vertreten ihre Religionsgemeinschaften zwar faktisch, nicht aber rechtlich. Die Bildungs- und Wohlfahrtseinrichtungen eines Teiles der christlichen[123] und der jüdischen Religionsgemeinschaften sind Eigentum sogenannter »Gemeindestiftungen« (*cemaat vakıflar*), nicht aber der Religionsgemeinschaften selbst. Zwischen den Gemeindestiftungen und den Religionsgemeinschaften gibt es keine Rechtsbeziehungen und damit auch keine Durchgriffsmöglichkeiten der Religionsgemeinschaften. Lange hat der Staat die Gemeindestiftungen, die nur der staatlichen Stiftungsverwaltung gegenüber rechenschaftspflichtig sind, mit

Willkür behandelt, etwa Liegenschaften, die nicht im Einklang mit einer 1936 veröffentlichten Verordnung registriert wurden, konfisziert. Mittlerweile hat der Staat diese Haltung teilweise revidiert, die Restitution konfiszierter Liegenschaften und Kompensation für nicht restituierbare Liegenschaften angeboten. Das ändert aber nichts im Hinblick auf zahlreiche infolge staatlicher Willkür untergegangene Gemeindestiftungen. Willkür regiert auch weiterhin in Einzelfällen – der prominenteste Fall ist der des syrisch-orthodoxen Klosters Mor Gabriel. Der Gemeindestiftung, die die Eignerin des Klosters ist, werden belegbare Eigentumsrechte bestritten. Forderungen nach Einstellung der offensichtlich inszenierten Verfahren vor türkischen Gerichten werden unter Hinweis auf die Rechtsstaatlichkeit der Türkei zurückgewiesen.

Die römisch-katholische Kirche und die Kirchen der Reformation, die schon vor 1923 in der Türkei aktiv waren, verfügen über keine Gemeindestiftungen und sind damit ebenfalls staatlicher Willkür ausgesetzt, weil die Gültigkeit von Grundbuchtiteln jederzeit unter Verweis auf die rechtliche Nichtexistenz etwa der Franziskaner in Abrede gestellt werden kann.

Evangelische Freikirchen und andere Religionsgemeinschaften, die sich nach 1923 und vor allem in jüngster Vergangenheit in der Türkei etabliert haben, haben teilweise den Umstand genutzt, dass durch eine Änderung des Vereins- und des Stiftungsgesetzes die Gründung von Vereinen bzw. Stiftungen mit religiöser Zielsetzung nicht mehr ausdrücklich verboten ist. Es ist allerdings fraglich, ob Vereine bzw. Stiftungen mit religiöser Zielsetzung Bestand haben können, da dies im Widerspruch zum Verständnis der türkischen Verfassung von Säkularismus/Laizismus stehen kann.[124]

Aus der Tatsache, dass der türkische Staat nur den sunnitischen Staatsislam verwaltet und fördert, ergeben sich im Umkehrschluss natürlich auch praktische Probleme für alle anderen Religionsgemeinschaften. Und das nicht nur im Hinblick auf die Frage der rechtlichen Anerkennung und all das, was damit verbunden ist, wie sich im Folgenden zeigt.

Verpflichtender Religionskultur- und Ethikunterricht

Das Problem des Pflichtreligionsunterrichts ist ein weiterhin ungelöstes innenpolitisches Problem, gleichwohl einschlägige Gerichtsentscheide nationaler und internationaler Gerichte vorliegen, denen zufolge die derzeitige Praxis inkompatibel mit den menschenrechtlichen Verpflichtungen ist, die sich für die Türkei aus der Europäischen Menschenrechtskonvention ergeben. Der verpflichtende Charakter der Religions- und Sittenerziehung wird von vielen als mit der laizistischen Natur des Staates unvereinbar erachtet. Die Verfassungsvorschrift zur religiösen Unterweisung lautet wie folgt: »Die Religions- und Sittenerziehung und -lehre wird unter der Aufsicht und Kontrolle des Staates durchgeführt. Religiöse Kultur und Sittenlehre gehören in den Primar- und Sekundarschulanstalten zu den Pflichtfächern. Darüber hinaus ist religiöse Erziehung und Lehre vom eigenen Wunsch der Bürger, bei Minderjährigen vom Verlangen der gesetzlichen Vertreter abhängig.«[125]

Wie sich aus dem Text der türkischen Verfassung ergibt, sieht diese zwei unterschiedliche Arten religiöser Erziehung und Lehre und dementsprechend auch unterschiedliche rechtliche Rahmenbedingungen vor. Zunächst wird die Religions- und Sittenerziehung und -lehre genannt, die in den Primar- und Sekundarschulanstalten zu den Pflichtfächern gehören sollen. Des Weiteren ist dann im dritten Satz die Rede von »anderer religiöser Erziehung und Lehre«. Diese ist vom eigenen Wunsch der Bürger, bei Minderjährigen vom Verlangen der gesetzlichen Vertreter abhängig. Das gemeinsame Element in beiden Fällen religiöser Erziehung und Lehre ist Aufsicht und Kontrolle durch den Staat.

Da sich in der Verfassung aber keine klare Definition von Religions- und Sittenerziehung und -lehre findet, hat die Rechtsprechung interpretiert, welchen Unterricht die Verfassung vorgesehen hat. Es ist darauf hingewiesen worden, dass der Schlüsselbegriff »Kultur« heißt und dies wohl bedeuten soll, dass Unterricht in religiöser Kultur Inhalte anbieten muss, die von Bedeutung für jedermann und nicht nur für die Angehörigen einer bestimmten Religion sind.[126] Deshalb ergibt sich aus dem Text, dass Unterricht in religiöser Kultur Pflichtunterricht für jedermann – ohne Ausnahme – und in allen Primar- und Sekundarschulen ist. Tatsächlich geht man aber ganz allgemein davon aus, dass es sich bei diesem Unterricht nicht um Unterricht in religiöser Kultur handelt, sondern um Unterricht über den sunnitischen Islam. Das ergibt sich aus den Curricula des Erziehungsministeriums[127], den Einwänden von Atheisten und alevitischen Eltern[128] wie auch aus der Unterrichtsbefreiung christlicher und jüdischer Schüler.[129] Andererseits sieht die Bevölkerungsmehrheit der Türkei den Unterricht in religiöser Kultur als Religionsunterricht und Pflichtfach an.[130]

In der Sache Hasan und Eylem Zengin gegen die Türkei hat der Europäische Gerichtshof für Menschenrechte (EGMR) entschieden, dass Religionskultur- und Ethikunterricht in der Türkei religiöser Unterweisung gleichkommt.[131] In dem Fall ging es um den Antrag von alevitischen Eltern auf Befreiung ihrer Tochter von der Pflicht zur Teilnahme am Unterricht im Fach Religions- und Sittenerziehung und -lehre und die Ablehnung dieses Antrags durch eine Provinzdirektion für Nationale Bildung. Der EGMR argumentierte, dass der Religionskultur- und Ethikunterricht nicht den Kriterien der Objektivität und des Pluralismus gerecht werde und stellte ferner fest, dass ein Verstoß gegen das Recht auf Erziehung vorlag, das durch Artikel 2 des Protokolls Nr. 1 geschützt ist.[132] Die Türkei argumentiert, dass dieses Urteil nicht länger relevant sei, da mittlerweile der Lehrplan geändert worden sei.[133]

Auch der Staatsrat der Türkei hat festgestellt, dass die für den Religionskultur- und Ethikunterricht genutzten Lehrbücher der Vermittlung von Kenntnissen über eine bestimmte Religion dienen und dass bestimmte religiöse Praktiken wie der Ablauf des rituellen islamischen Gebets (*namaz*) und das Auswendiglernen arabischsprachiger Gebete integraler Bestandteil dieser Unterrichtseinheiten sind.[134] Unter Bezugnahme auf den Inhalt der Unterrichtseinheiten stellte der Staatsrat fest, dass man diesen Unterricht nicht als Unterricht in Religionskultur und Ethik ansehen könne, es sich vielmehr um religiöse Unterweisung handle.[135] Der Staatsrat kommt zu dem Schluss, dass gemäß Artikel 24 (4) der Verfassung eine derartige religiöse Unterweisung nur im Einklang mit dem eigenen Wunsch eines Bürgers erfolgen dürfe und es des Weiteren sowohl einen Verstoß gegen die Verfassung als auch gegen die Europäische Menschenrechtskonvention darstelle, diesen Unterricht verpflichtend zu machen.

Ahmed Nacdet Sezer stellte die zwangsläufige Frage: »Was kann für einen säkularen Staat der Anlass sein, all seinen Bürgern zwangsweise religiöse Informationen zu vermitteln?«, und kommt zu dem Schluss, dass dieser Praxis eine »Zwangsreligion« zugrunde liege.[136] Im Schuljahr 2011/2012 hat die Türkei einige kleinere Änderungen an den Curricula für den Unterricht in Religionskultur und Ethik vorgenommen, indem einige Hinweise auf die Traditionen der Alevi-Bektaschi und der Caferi hinzugefügt wurden.[137] Allerdings haben es diese Änderungen nicht vermocht, den Charakter des Unterrichts zu verändern. Eine solche Praxis steht nicht nur im Widerspruch zum Recht des Einzelnen, eine bestimmte Religion oder Überzeugung zu haben, sondern ist auch unvereinbar mit der Idee eines neutralen Staates.

Die zweite Kategorie religiöser Unterweisung unterliegt anderen rechtlichen Rahmenbedingungen. Sie ist von der Verfassung erlaubt und erfolgt abhängig vom eigenen Wunsch unter Aufsicht und Kontrolle des Staates. Eine andere Regelung bezüglich »anderer religiöser Unterweisung« legt den Schluss nahe, dass Unterweisung in »Religionskultur« nicht zwangsläufig »Unterweisung in einer bestimmten Religion« sein muss. Die Verfassung sieht weder eine Beschränkung im Hinblick auf »andere religiöse Unterweisung« vor noch enthält sie eine Regelung hinsichtlich der Art und Weise der Aufsicht und Kontrolle des Staates. Man kann sich staatliche Aufsicht und Kontrolle hinsichtlich solcher Unterweisung vorstellen, soweit diese Unterweisung in öffentlichen Einrichtungen stattfindet, es gibt aber keine Verfassungsregelungen darüber, wie solche Aufsicht und Kontrolle durchgeführt werden soll, soweit die Unterweisung in der Familie, im informellen Rahmen oder in religiösen Einrichtungen stattfindet. Offizielle Korankurse sind möglich und gesetzlich geregelt.[138] Allerdings gibt es für Kinder keine institutionelle religiöse Unterweisung außerhalb der Sommer-Korankurse, die vom Präsidium für religiöse Angelegenheiten angeboten werden. Für Nichtmuslime gibt es keine mit den Sommer-Korankursen vergleichbare Option.

Das Recht, seine Religion oder Überzeugung zu verbreiten

Rechtlich gesehen ist es in der Türkei nicht verboten, seine Religion zu verbreiten oder diese zu unterweisen. Artikel 115 des türkischen Strafgesetzbuchs regelt im Gegenteil sogar den Straftatbestand der »Beschränkung der Freiheit der religiösen Anschauung, des Gedankens und der Überzeugung«. Im Gesetzestext heißt es: »Jeder, der eine andere Person durch Anwendung von Gewalt oder durch Drohung zwingt, ihre religiöse, politische, soziale, philosophische Überzeugung und Anschauung zu offenbaren, oder die Offenbarung und Bekanntmachung derselben behindert, wird mit Haft von einem bis zu drei Jahren bestraft.« Erfolgt eine Straftat im Sinne des Artikels 115 TStGB durch Missbrauch von Einfluss, der sich aus einem öffentlichen Amt ergibt, wird das Strafmaß verdoppelt.[139]

Dass »missionarische Aktivitäten« trotz des Fehlens einer einschlägigen Verbotsnorm hinsichtlich der Verbreitung der eigenen Religion oder Überzeugung als nationale Bedrohung dargestellt werden, schafft zusammen mit der begleitenden negativen Darstellung solcher Aktivitäten in Schulbüchern und den Medien ein feindlich gesinntes Umfeld für Religionen, die Aktivitäten zur Verbreitung dieser Religion entfalten.[140] Es ist darauf hingewiesen worden, dass die Ängste, die im Hinblick auf missionarische Aktivitäten geschaffen worden sind, zu sozialer Marginalisierung von Christen allgemein und Protestanten im Besonderen sowie zu Intoleranz und auf Hass gründenden Straftaten (*hate crimes*) gegen diese Gruppen geführt haben.[141]

Das Recht, Geistliche und religiöses Personal auszubilden

In der Türkei gibt es keine Rechtsvorschriften hinsichtlich der Errichtung theologischer Schulen für die nicht muslimischen Religionen, was im Widerspruch zu der allgemeinen Garantie der Verfassung steht, die Freiheit der Religion und der Überzeugung zu schützen, und zu eindeutigen internationalen Verpflichtungen, wonach das Recht der Ausbildung von Geistlichen und von religiösem Personal im Rahmen des Rechts auf Bekanntmachung der eigenen Religion oder Überzeugung geschützt ist.[142] Problematisch ist dabei die Regelung der Verfassung, wonach religiöse Unterweisung unter der Kontrolle des Staates stattfindet.[143]

Gegenwärtig gibt es in der Türkei keine nicht muslimischen theologischen Ausbildungsstätten. Die türkische Regierung hat 1971 die griechisch-orthodoxe theologische Schule von Halki auf der Insel Heybeli geschlossen – damit verfügte die griechisch-orthodoxe Gemeinschaft in der Türkei nicht mehr über eine Ausbildungsstätte für ihr religiöses Leitungspersonal.[144] Auch die armenisch-orthodoxe Gemeinschaft beklagt das Fehlen eines Seminars in der Türkei. Der damalige armenische Patriarch hat 2006 dem Erziehungsministerium den Vorschlag unterbreitet, der armenisch-orthodoxen Gemeinschaft die Errichtung einer Fakultät für christliche Theologie unter Leitung des Patriarchen zu ermöglichen.[145] Es ist offensichtlich, dass das Fehlen von Ausbildungseinrichtungen dazu führt, dass die genannten Gemeinschaften Schwierigkeiten haben, dem Bedarf ihrer Gemeinden an ausgebildetem Personal gerecht zu werden, das die [religiöse] Unterweisung sicherstellen und Gottesdienste halten könnte.

Das Recht, Gebetsstätten zu errichten

Die Kultusfreiheit wird von Artikel 24 der Verfassung garantiert. Im einfachen Recht stellt das Recht religiöser Gemeinden, sich zu versammeln, einen Sonderfall gegenüber anderen Versammlungen dar, für die eine Genehmigung erforderlich ist.[146] Allerdings müssen solche Versammlungen im Einklang mit den Gesetzen stehen. Die Verhinderung religiöser Versammlungen oder Gottesdienste durch die Anwendung von Gewalt oder Drohung oder jeder anderen Handlungsweise, die gegen die Gesetze verstößt, ist strafbar. Andererseits wird berichtet, dass religiöse Gruppierungen, die sich in einem Vereinslokal zum Gottesdienst versammelt haben, wegen der Durchführung illegaler gottesdienstlicher Handlungen in Räumen, die für Gottesdienste nicht vorgesehen sind, angeklagt wurden.[147]

Erst seit 2003 ist es möglich, andere Gebetsstätten als Moscheen zu errichten.[148] Das Recht zur Errichtung von Gebetsstätten ist teilweise im Bebauungsgesetz geregelt, wo es heißt: »Bei der Aufstellung von Bebauungsplänen werden Gebetsstätten vorgesehen, wobei der Charakter des Plangebietes und die künftigen Erfordernisse in Erwägung gezogen werden.«[149] Eine weitere Voraussetzung ist die Einholung der Genehmigung durch den höchsten zivilen Behördenleiter. Ein aktueller Bericht zeigt auf, dass entgegen der Absicht des Bebauungsgesetzes, Religionsgemeinschaften die Errichtung von anderen Gebetsstätten als Moscheen zu ermöglichen, dieses Recht ganz offensichtlich durch den administrativen Prozess konterkariert wird.[150]

Hinsichtlich muslimischer Gebetsstätten – Moscheen, *cemevi*[151] und *tekke-zaviye*,[152] – gibt es eine Fülle rechtlicher Regeln, die unterschiedlichen rechtlichen Standards folgen. Für Moscheen gibt es ein spezielles Regelwerk, das den Ansprüchen des Präsidiums für religiöse Angelegenheiten entspricht. Moscheen können nur mit Genehmigung des Diyanet errichtet werden und müssen von diesem verwaltet werden. Das bedeutet, dass man außerhalb der Diyanet-Strukturen keine Moscheen errichten und kein religiöses Personal ernennen kann. Diese Regelungen erheben das Diyanet folglich zum einzigen Subjekt, das im Kontext der sunnitisch-muslimischen Praxis das Recht hat, Gebetsstätten zu errichten und religiöses Führungspersonal zu ernennen. Aleviten verrichten ihren Gottesdienst aber in der Regel in *cemevi* (Cem-Häusern).[153] Die türkische Regierung erkennt Cem-Häuser nicht offiziell als Gebetsstätten an, sondern wertet sie als Kulturzentren. Die Nichtanerkennung der Cem-Häuser stützt sich auf eine Stellungnahme des Präsidiums für religiöse Angelegenheiten. Solche Stellungnahmen haben im türkischen Recht eigentlich keinen bindenden Charakter. In einem Schreiben des Präsidiums für religiöse Angelegenheiten (Nr. 1773) vom 17. Dezember 2004 an das Innenministerium heißt es: »Es ist nicht möglich, die *cemevi* und andere Orte [der Aleviten] als Gebetsstätten anzuerkennen, weil das Alevitentum, das eine Untergliederung des Islam ist, keine andere Gebetsstätte als eine Moschee [*cami*] oder kleinere Moschee [*mescit*], die die üblichen Gebetsstätten des Islam sind, haben kann.«[154] Das ist die Position des faktisch sunnitisch-islamischen Diyanet, entspricht aber nicht den Bedürfnissen der Aleviten. Die *tekke*[155]und *zaviye*[156] wurden 1924 im Zusammenhang mit den 1924 verabschiedeten Reformgesetzen endgültig geschlossen und aufgehoben.[157]

Fazit

Alle Hoffnungen hinsichtlich der Lösung der Probleme der nicht muslimischen Minderheiten in der Türkei haben sich nach den Wahlen im letzten Jahr auf die Erarbeitung einer neuen Verfassung konzentriert. Ob diese neue Verfassung aber tatsächlich den hohen Erwartungen, etwa einer Neudefinition des türkischen Verständnisses des Verfassungsprinzips »Laizismus« entsprechen kann, ist fraglich.

Jan Bittner

Mor Gabriel

Fragen an Erzbischof Mor Timotheos Samuel Aktas, Abt des Klosters Mor Gabriel und Metropolit des Tur Abdin

Das Kloster Mor Gabriel liegt im Südosten der Türkei unweit der syrischen Grenze. Exzellenz, Sie sind der Abt des Klosters, das eines der ältesten Klöster der syrisch-orthodoxen Christen ist. Seit wann gibt es Christen im Tur Abdin?
Der Tur Abdin[158] empfing sehr früh das Christentum. Bereits im ersten Jahrhundert nach Christus predigte der heilige Mor Adai im Tur Abdin und offenbarte die Heilsgeschichte unseres Herrn. Die Aramäer vom Tur Abdin gehörten zu den ersten Völkern, die sich zu Jesus Christus bekannten. Von hier machte sich das Christentum nach Europa auf.

Die Christen im Südosten der Türkei, aber auch im Irak und in Syrien bezeichnen sich als Aramäer. Sie gehören zur syrisch-orthodoxen Kirche. Wer sind die Aramäer?
Die Aramäer sind seit Jahrtausenden im Tur Abdin, in Syrien, Mesopotamien und den benachbarten Ländern beheimatet. Die syrisch-orthodoxe Glaubensgemeinschaft zählt zu den ältesten Kirchen der Welt. Sie geht auf die 37 nach Christus gegründete Gemeinde von Antiochien (heute Antakya) zurück und hat die Muttersprache von Jesus, das Aramäische, bis heute bewahrt.

In den vergangenen Jahrzehnten haben viele Christen den Tur Abdin verlassen.
Was waren die Gründe? Was sind die Folgen dieser Abwanderung? Wie sieht das christliche Leben in der Region heute aus? Gibt es noch Dörfer, die die christliche Tradition aufrechterhalten können?

Dieser Exodus war überwiegend politisch bedingt. In den achtziger und neunziger Jahren gerieten die Aramäer im türkisch-kurdischen Bürgerkrieg zwischen die Fronten. Viele flohen ins Ausland. Die Auswanderung in die Diaspora hat die aramäische Gemeinschaft und ihre Familien auseinandergerissen, viele junge Menschen konnten dem Druck auf ihr Christsein nicht standhalten und sind geflohen. Sie sahen in der Heimat keine Perspektive, keine Hoffnung. Nur ein kleiner Teil ist mit den Alten geblieben. Die Situation der Christen im Tur Abdin ist nicht gut, das Leben bzw. Überleben ist mit großen Schwierigkeiten verbunden. Denn die Menschenrechte werden nicht, so wie es sein sollte, gewährt – wir werden als Bürger zweiter Klasse betrachtet. Es gibt etwa 25 Ortschaften, die das christliche Leben aufrechterhalten. 15 davon sind ausschließlich von Aramäern bewohnt, in den übrigen leben Christen und Muslime zusammen.

Erzählen Sie uns bitte etwas über die Geschichte des Klosters. Wann wurde es gegründet? Warum ist es ein so wichtiger Ort für die Christen?
Das Kloster Mor Gabriel wurde im Jahr 397 nach Christus von den Heiligen Mor Samuel und Mor Simon gegründet. Das Kloster erlangte große Bedeutung und Berühmtheit durch seine namhafte theologische Schule im siebten Jahrhundert. In dieser Phase beherbergte es über 1 000 Mönche, die überwiegend theologische Studien verfolgten. Der syrisch-orthodoxen Kirche und dem aramäischen Volk im Allgemeinen hat das Kloster einen unschätzbaren Dienst erwiesen – aus der Klosterschule gingen unzählige Priester, Diakone und Gelehrte hervor. Sie war Ausbildungsstätte und Garant für den Klerus unserer Kirche. Das Kloster Mor Gabriel ist ein heiliger Ort, ein Ort von zahlreichen Wundererscheinungen, ein Ort der Frömmigkeit, des Gebets und der christlichen Kultur.

Das Kloster beeindruckt seine Besucher nicht nur durch seine lange Geschichte, sondern auch durch seine imposanten Gebäude und die gut gepflegten Anlagen. Bitte erzählen Sie den Lesern in

Deutschland, wie das Kloster heute dasteht und wie das Klosterleben aussieht.
Das Kloster Mor Gabriel, so wie es heute dasteht, hat einen sehr mühsamen und beschwerdevollen Prozess hinter sich. Doch Gott, auf den wir vertrauen, hat uns beigestanden, sodass wir es renovieren und behüten konnten wie unser Augenlicht. Mithilfe der Gläubigen, die durch ihre Spenden und Gaben zum Aufbau beigetragen haben, konnten wir das Kloster Stück für Stück instandhalten und wiederbeleben. Dies ist nur durch die Liebe zum Kloster möglich. Das Klosterleben ist erfüllt von Gebet und geistigem Tun. Dreimal täglich versammeln wir uns zum Gebet in der Klosterkirche. Unser Alltag ist zudem geprägt durch den Dienst an den Gläubigen und Besuchern des Klosters und der Hingabe für unser Volk und für unsere Kirche.

Die türkischen Behörden haben Anspruch auf das Land des Klosters erhoben. Momentan muss sich das Kloster in mehreren Gerichtsverfahren verantworten. Was sind die Hintergründe dieser Verfahren? Was hoffen und was befürchten Sie?
Im Hinblick auf die verschiedenen Gerichtsverfahren empfinde ich große Sorge. Es sind vier Verfahren, allesamt mit Beteiligung staatlicher Stellen – Gemeinden, Forstamt, Staatsanwaltschaft und Staatskasse. Die Lage ist sehr besorgniserregend, das Kloster ist in seiner Existenz bedroht. Die Urteile des Kreisgerichts Midyat, die zugunsten des Klosters ausfielen, wurden vom Obersten Gerichtshof in Ankara kassiert und negativ beschieden. Die staatlichen Dokumente aus den 1930er-Jahren wurden in dieser Instanz bisher vollkommen ignoriert. Das beunruhigt uns sehr. In den Gerichtsverhandlungen wird um Eigentumsverhältnisse und Zuständigkeiten gestritten, obwohl wir belegen können, dass die syrisch-orthodoxe Gemeinschaft das Kloster im Jahr 1935 bei den Behörden gemeldet hat und seit 1937 Steuern dafür zahlt. Inzwischen wird die Sache vor dem Europäischen Menschenrechtsgerichtshof verhandelt. Die Prozessflut gegen das Kloster wurde durch die Katasterarbeiten in der Gegend ausgelöst. Die Landvermessungen stellten für das Katasteramt und die türki-

sche Regierung eine Gelegenheit dar, die Besitztümer des Klosters zu beschlagnahmen und das Kloster zu bedrängen. Begonnen haben die Prozesse im Jahr 2008 und sie dauern bis heute an. Mit Gerechtigkeit haben die Gerichtsverhandlungen in Ankara nicht mehr viel zu tun. In diesen Prozessen geht es um viel mehr als um die Landrechte des Klosters. Der Oberste Gerichtshof in Ankara ignoriert die eindeutige und von den vorigen Instanzen bereits dokumentierte Beweislage. Klare Gründe hierfür sind nicht ersichtlich. Die Angelegenheit hat sich zu einem Politikum entwickelt. Das ist sehr belastend und schädigend. Wir hoffen und erwarten, dass diese Gerichtsverhandlungen gerecht enden. Falls nicht, haben wir Angst, unsere Besitztümer an unredliche Menschen zu verlieren, die in böser Absicht gegen uns vorgehen werden. Dies hätte negative Auswirkungen für das Kloster wie auch für die gesamte aramäische Gemeinschaft im Tur Abdin. Sie haben zwar die Macht, aber wir die Argumente und Beweise. Sicher ist: Wir geben nicht auf und kämpfen bis zum Schluss.

Aber nicht nur das Kloster Mor Gabriel wird von den türkischen Behörden unter Druck gesetzt. Sie haben einmal gesagt, dass das Kloster nur ein Beispiel von vielen ist. Wie ergeht es anderen christlichen Dörfern?
Die Situation der christlichen Dörfer ist identisch. Auch sie haben durch die Katasterarbeiten aus 2008 erhebliche Verluste ihres Grund und Bodens erleiden müssen.

Die EU-Kommission listet jedes Jahr schwere Verstöße gegen die Religionsfreiheit auf. Womit haben die Aramäer in der Türkei zu kämpfen? Darf die Sprache unterrichtet werden? Darf der geistliche Nachwuchs, dürfen Priester ausgebildet werden?
Schwierigkeiten haben die Aramäer mit dem Unterricht der aramäischen Sprache, mit dem Religionsunterricht und der Eintragung ihres Eigentums. Ebenso liegen massive Beeinträchtigungen im Bereich der Restaurierung und Renovierung von Kirchen und Klöstern vor. Wir möchten ohne Schwierigkeiten das rechtmäßige Eigentum des Klosters eintragen lassen können und ohne Hinder-

nisse Genehmigungen erhalten, unsere Kirchen und Klöster vor dem Verfall zu schützen. Die Lage der aramäischen Minderheit ist von erheblicher Rechtsunsicherheit und Willkür der örtlichen Behörden geprägt. Anders als die Armenier, die Griechen und die Juden sind sie in der Türkei nicht als Minderheit anerkannt. Ein dahingehender Anspruch basierend auf einer Rechtsgrundlage besteht für die Aramäer nicht. Das muss sich ändern.

Was ist aus Ihrer Sicht wichtig, um das Kloster zu unterstützen?
Heute leben nur noch etwa 2000 Aramäer im Tur Abdin. Ihre letzte Hoffnung ist das Kloster Mor Gabriel. Wenn aber das Kloster nicht mehr existiert, wird es in der Türkei auch bald keine Aramäer mehr geben. Daher bedarf das Kloster Mor Gabriel verstärkt internationaler Solidarität. Politik, Zivilgesellschaft und Kirchen müssen weiterhin gemeinsam entschlossen gegen diese Enteignungsverfahren, anhaltenden Schikanen und für die Existenzgrundlage und Lebensperspektive des Klosters Mor Gabriel und der Aramäer in der Türkei kämpfen. Ohne die Aufmerksamkeit der Weltöffentlichkeit wäre das Kloster Mor Gabriel schon längst verschwunden. Die Bundestagsfraktionen – allen voran die CDU/CSU – unterstützen den Kampf um den Erhalt des aramäischen Klosters energisch. Dieser Kampf ist aber noch lange nicht ausgefochten. Wir hoffen auf Ihre Entschlossenheit! Unterstützen Sie uns weiter! Gottes Segen möge Sie begleiten.

Volker Kauder

Nigeria – Einleitung

Die angespannte Lage in Nigeria treibt alle, die sich für das friedliche Zusammenleben der Religionen einsetzen, seit Langem um. Nigeria ist einerseits ein Land, das aufgrund seiner Größe, seiner Lage und seinem wirtschaftlichen Potenzial zu einem der wichtigsten Länder Afrikas gehört. Die innere Entwicklung Nigerias hat Auswirkungen auch auf den Rest des Kontinents. Neben dem großen Potenzial des Landes zeichnen sich aber auch enorme gesellschaftliche Spannungen ab. Eine der Bruchlinien, die das Land durchziehen, spaltet Christen und Muslime. Beide Religionsgemeinschaften zählen etwa gleich viele Gläubige. Obwohl die Muslime mehrheitlich in den nördlichen Bundesstaaten leben und die Christen im Süden, wäre es falsch, pauschal von einem muslimischen Norden und einem christlichen Süden des Landes zu sprechen. Die Bevölkerung ist für eine solche Einteilung in allen Landesteilen zu heterogen.

Zudem ist eine solche Trennung auch ein Zeichen für den Verzicht auf einen politischen Gestaltungswillen, der allen Bürgern des Landes gerecht werden will, ganz gleich, welcher Religion sie angehören. So hat die Einführung der Scharia in einigen Bundesstaaten im Norden des Landes für die nicht muslimischen Minderheiten große Probleme mit sich gebracht und ist die Quelle für immer neue Konflikte.

Die Schilderungen von Monsignore Obiora Ike aus Nigeria auf einem Kongress der CDU/CSU-Bundestagsfraktion im September 2011 haben uns beunruhigt. Er berichtete von den Konflikten in seiner Heimat und unterstrich, dass in keinem Land der Welt in den vergangenen zehn Jahren so viele Menschen aufgrund religiöser Auseinandersetzungen ums Leben gekommen seien wie in Nigeria. Die Lage ist durch das brutale Auftreten der islamischen Sekte Boko Haram weiter eskaliert. Zu Weihnachten 2011 erreichte die Gewalt einen vorläufigen traurigen

Höhepunkt, als muslimische Extremisten die Weihnachtsgottesdienste von Christen angriffen und mehrere Kirchen zerstörten.

Gottesdienst in einer zerstörten Kirche in Nigeria

Große Sorge bereitet mir nicht nur die Zahl der Anschläge mit den vielen Toten und Verletzten, sondern auch die damit verbundene Zunahme von Misstrauen und Hass in der Gesellschaft. So berichtete mir ein Bischof in einem Gespräch zu Beginn des Jahres 2012, wie schwierig es sei, mit der Wut vieler seiner Gemeindemitglieder umzugehen. Immer wieder müsste er mit ansehen, wie Christen ihre Kirchen verließen, weil sie die Botschaft der Bibel von Vergebung nicht mehr hören wollten. Diese Verhärtungen in der Gesellschaft machen auch die Versöhnungsarbeit der Kirche zunehmend schwerer.

Rainer Rothfuß und Yakubu Joseph

Lage der Christen in Nigeria

Islamismus in Nigeria

Die nigerianische Gesellschaft hat in den vergangenen zwölf Jahren immer wieder Gewaltausbrüche mit Tausenden von Toten erfahren, die mit Religion in Verbindung gebracht werden müssen. Trotzdem ist die aktuelle Situation im Hinblick auf die Art der Gewalt, ihre geografische Reichweite und ihren terroristischen Charakter, der in weiten Teilen von der militanten islamistischen Sekte Boko Haram[159] geprägt wird, außergewöhnlich. Der seit 2011 amtierende Präsident Goodluck Jonathan bestätigt, die Sekte habe seine Regierung unterwandert, einschließlich der Exekutive, Legislative und Judikative sowie auch die Polizei und Armee.[160] Daran zeigt sich, wie überfordert die nigerianische Regierung und ihre Sicherheitskräfte mit den beinahe täglichen, immer besser koordinierten und oft tödlichen Angriffen durch die unberechenbare Boko Haram sind.[161] Der Terrorfeldzug der Islamisten, der sich bisher hauptsächlich auf den Norden Nigerias beschränkte, stellt auch eine Gefahr für die Einheit und den Fortbestand des weitaus bevölkerungsreichsten Landes Afrikas dar. Hinweise darauf, dass die andauernde religiöse Gewalt eine nationale Tragödie mit möglicherweise noch weitreichenden Folgen darstellt, sind die massenhafte Abwanderung von Menschen aus den nördlichen Unruhegebieten in den Süden sowie die lauter werdende Forderung durch überwiegend Südnigerianer nach einer sogenannten *Sovereign National Conference.*[162]

Innerhalb der Bandbreite an Problemen, die die Entwicklung der nigerianischen Gesellschaft behindern, nehmen ethnische und religiöse Konflikte einen wichtigen Platz ein. Dazu florieren die weitverbreitete Korruption und schlechte Regierungsführung, da sich bereichernde Politiker ethnische und religiöse Gefühle zu ihren Gunsten ausnutzen. Die ambivalente Rolle, die Religion in dieser sozio-politischen Krise Nigerias spielt, ist komplex. Der territoriale Herrschaftsanspruch von Religion ist in Ländern mit einem hohen Grad an religiösem Nationalismus stark ausgeprägt. Die Rahmenbedingungen gestalten sich noch schwieriger, wenn der überwiegende Teil der Bevölkerung Religion als wichtigste Identitätsgrundlage sieht und andere Lebensformen nicht toleriert werden.[163]

Mit einer Bevölkerungszahl von über 160 Millionen, 250 ethnischen Gruppen, etwa 400 Sprachen und 36 Bundesstaaten sowie mit dem Christentum, Islam und einer Vielzahl an traditionellen afrikanischen Religionen bildet Nigeria von Natur aus ein Mosaik der Vielfältigkeit. Seit der Unabhängigkeit von Großbritannien 1960 wurde das Land von ethnischen und religiösen Spannungen geplagt. Dies hat schließlich die Bemühungen, ein Einheit und Frieden förderndes Modell des Multikulturalismus zu entwickeln, untergraben.

Die Hauptthese in diesem Beitrag über Religionsfreiheit in Nigeria ist, dass die vorherrschende religiöse Intoleranz, die im nördlichen Nigeria an der Tagesordnung ist, sowie die Bemühungen, in der Region die historische Bedeutung des Islam als Herrschaftsfundament durch religiösen Extremismus wiederherzustellen, den doppelten Antrieb für die Christenverfolgung im Norden Nigerias darstellen. Die mediale Aufmerksamkeit konzentriert sich bisher lediglich auf religiös motivierte Gewalt, die durch die islamistische Boko Haram verübt wird. Die alltäglichen Diskriminierungserfahrungen von Christen hingegen, die in vielen Teilen Nordnigerias, vor allem aber in den Schariastaaten[164] systematisch benachteiligt und häufig sogar ihrer grundlegenden Bürgerrechte beraubt werden, bleiben in aller Regel unbeachtet. Während diese Vorkommnisse religiös motivierter Gewalt zwar massive Menschenrechtsverletzungen darstellen, ist es ebenso wichtig, alle Tendenzen, Prozesse und Stufen von Verfolgung zu beachten, da sie eng miteinander verflochten sind. Strukturelle Ungerechtigkeiten gegenüber religiösen Minderheiten können, wenn sie nicht frühzeitig unterbunden werden, bei kaum vorhersehbaren Konfliktanlässen rasch in ausufernde Gewaltausbrüche umschlagen.

Gesetzlicher Rahmen der Religionsfreiheit

Obwohl religiöse Freiheitsrechte durch internationales Recht geschützt sind, sind schwere Verstöße gegen die Religionsfreiheit weitverbreitet und nehmen in vielen Teilen der Welt sogar zu.[165] Die aktuelle Situation in Nigeria spiegelt diese weltweit häufig anzutreffende Diskrepanz zwischen formaljuristischem Schutz und lebensweltlicher Realität wider. Das Land ist diversen internationalen Gesetzesinitiativen zum Schutz der Religionsfreiheit innerhalb der Vereinten Nationen und auch Afrikas beigetreten. Artikel 38 der nigerianischen Verfassung, der sich an Artikel 18 der Allgemeinen Erklärung der Menschenrechte sowie Artikel 8 der Afrikanischen Charta der Menschenrechte und der Rechte der Völker orientiert, legt fest:

1. Jede Person hat das Recht auf Freiheit des Denkens, des Gewissens und der Religion. Diese schließt die Freiheit mit ein, seine Religion oder seinen Glauben zu wechseln und die Freiheit (entweder alleine oder in Gemeinschaft mit anderen und in der Öffentlichkeit oder im Privaten) seine Religion oder seinen Glauben zu zeigen und zu verbreiten durch Anbetung, Lehre, Praktizieren und Befolgen.
2. Keine Person, die irgendeine Bildungseinrichtung besucht, soll dazu gezwungen werden, religiöse Erziehung zu erhalten oder an religiösen Zeremonien oder Praktiken teilzunehmen oder ihnen beizuwohnen, wenn sich diese Erziehung, Zeremonien oder Praktiken auf eine andere als die eigene Religion beziehen oder auf eine Religion, die nicht von den Eltern oder einem Vormund bekräftigt wurde.
3. Keine religiöse Gemeinschaft oder Gruppe soll davon abgehalten werden, den Schülern dieser Gemeinschaft oder Gruppe in jeglicher Bildungseinrichtung, die ganz von dieser Gemeinschaft oder Gruppe unterhalten wird, religiösen Unterricht zu erteilen.

Diese Bestimmung garantiert eindeutig das Recht auf Religionsfreiheit sowohl gegenüber dem Individuum als auch dessen religiöser Gemeinschaft. Artikel 10 der Verfassung soll zudem verhindern, dass sich Nigeria zu einer Theokratie entwickelt. Er besagt: »Die Regierung des Bundes oder eines Bundesstaates soll keine Religion als Staatsreligion annehmen.« Trotz der Eindeutigkeit des neuen Verfassungstextes verursachte diese Frage bereits im gleichen Jahr 1999 schwere interreligiöse Konflikte, als der damalige Gouverneur des Bundesstaates Zamfara die Scharia in seinem Bundesstaat einführte, und im darauffolgenden Jahr, als Muslime in weiteren nördlichen Bundesstaaten die Durchsetzung des islamischen Rechtskodex verlangten. Teile der christlichen Bevölkerung beanstandeten, dass das islamische Recht, welches viele Fragen des alltäglichen Lebens mitbestimmt, ihre Freiheitsrechte beeinträchtige. Muslime, die die Einführung der Scharia befürworteten, argumentierten, dass die Veränderung der Rechtsmaßstäbe nicht gleich bedeute, dass verfassungswidrig der Islam als Staatsreligion eingeführt werde. Schließlich führten, begleitet von blutigen Auseinandersetzungen, insgesamt zwölf Bundesstaaten die Scharia ein. Der hilflose Aufruf des damaligen Präsidenten Olusegun Obasanjo, zum vorherigen Status zurückzukehren, wurde schlichtweg missachtet. Diese Entwicklung zeigt, dass auch klare Bestimmungen in der Verfassung in einem schwachen Staat die Religionsfreiheit nicht sicherstellen können, wenn religiöse Eiferer im Land ihre Interessen unter der ständigen Androhung der Gewalt durchsetzen wollen. In kürzlich veröffentlichten Länderindizes zur Religionsfreiheit erfuhr Nigeria nun angesichts der weiter intensivierten Angriffe gegen Christen im Norden erneut eine deutliche Abwertung.[166]

Innerstaatliche sozialräumliche Diskrepanzen

Für das tiefere Verstehen der interreligiösen Spannungen in Nigeria ist es zunächst Voraussetzung, den Mythos der homogenen religionsgeografischen Struktur des Nordens bzw. Südens zu entzaubern. Nigeria wird in der Regel in einen »islamischen Norden« und einen »christlichen Süden« unterteilt. Diese allzu starke Vereinfachung verhindert ein besseres Verständnis des Wesens interethnischer und interreligiöser Konflikte in Nigeria. Denn es wird nicht berücksichtigt, dass jeweils viele Millionen Christen in den nördlichen und Muslime in den südlichen Teilen des Landes leben. Christen stellen in mindestens sieben der 19 nördlichen Bundesstaaten sogar die Mehrheit der Bevölkerung. Die nordwestlichen und nordöstlichen Regionen hingegen weisen die höchsten Anteile an Muslimen auf. Im mittleren Norden, der auch als *Middle Belt* bezeichnet wird, lebt wiederum ein beträchtlicher Anteil christlicher Bevölkerung, der teilweise Minderheitenstatus besitzt, in manchen Bundesstaaten aber auch überwiegt.

Im Süden Nigerias leben indigene Muslime in beträchtlicher Anzahl, insbesondere in den südwestlichen Bundesstaaten. Eine stetig sinkende Anzahl von Angehörigen traditioneller afrikanischer Religionen lebt im ganzen Land verteilt. Eine weitere Gruppe wäre als synkretistisch zu bezeichnen, d.h. Elemente des Christentums oder Islam werden mit traditionellen afrikanischen Religionen bzw. Kulten verbunden. Allgemein besteht die Tendenz eines gleitenden Übergangs vom Bekenntnis zu traditionellen Religionen hin zu den als fortschrittlicher angesehenen und daher gesellschaftlich stärker akzeptierten monotheistischen Religionen.

Ein weiteres wichtiges Merkmal der nigerianischen Bevölkerung ist die Tatsache, dass einzelne ethnische Gruppen in der Regel einer bestimmten Religion zuzuordnen sind und ethnische und religiöse Trennlinien sich demzufolge wechselseitig in der Bedeutung der Selbstidentifikation verstärken. So sind beispielsweise die Hausa und Fulani, die zusammen als die größte ethnische Gruppe gelten,[167] überwiegend Muslime. Trotz vieler christlicher Mitglieder stellen sie sich nach außen als reine Muslime dar. Die christlichen Teile innerhalb der ethnischen Gemeinschaft werden weder angemessen repräsentiert noch von außen wahrgenommen.

Gemessen an der Anzahl religiöser Gewaltausbrüche ist das überwiegend christliche Südnigeria von deutlich mehr religiöser

Toleranz geprägt. Im Südwesten beispielsweise leben Christen und Minderheiten von Muslimen sowie Angehörige traditioneller Religionen überwiegend harmonisch zusammen. Heiraten über religiöse Grenzen hinweg sind in dieser Region auch heute noch an der Tagesordnung. Den Kindern aus Mischehen wird üblicherweise freigestellt, die Glaubensrichtung eines der beiden Elternteile zu wählen. Ein Muslim kann in einem überwiegend christlich bevölkerten Bundesstaat als Gouverneur gewählt werden – umgekehrt würde dies in Nordnigeria kaum akzeptiert. Die Menschen im Südwesten des Landes sind gleichermaßen religiös und aufgeschlossen. Die in Europa häufig als »fundamentalistisch« bezeichneten charismatischen Kirchen – die Pfingstkirchen sowie die afrikanischen Freikirchen – haben hier ihre Hochburgen. Der südliche Süden des Landes, der nicht so durchmischt ist wie der Südwesten, zeigt ebenfalls höhere Grade an religiöser Toleranz als der überwiegend muslimisch geprägte Norden. Muslime aus den nördlichen Teilen des Landes, die im Südosten oder südlichen Süden leben, beklagen sich zwar teilweise über Benachteiligungen, gewaltsame Feindseligkeiten sind hier jedoch selten.

Die nördlichen Regionen Nigerias bilden inzwischen einen gefährlichen Nährboden für einen um sich greifenden religiösen Extremismus, der auch von zahlreichen (halb-)staatlichen und Nichtregierungsorganisationen aus dem nordafrikanischen Raum und dem Nahen Osten systematisch gefördert wird. In diesen Teilen des Landes ist das Eskalationspotenzial verletzter religiöser Empfindungen bereits sehr hoch, mit steigender Tendenz in den vergangenen zehn bis zwanzig Jahren. Seit der Rückkehr zur Demokratie 1999 sind in diesem Landesteil innerhalb von zehn Jahren über 14 000 Menschen in religiös motivierten Gewaltattacken ums Leben gekommen.[168]

Was kann nun aber den unterschiedlichen Umgang mit dem Toleranzgedanken und religiöser Freiheit erklären, der zwischen den südlichen und den nördlichen Landesteilen festzustellen ist? Dies ist eine Frage, die bereits viele Wissenschaftler beschäftigt hat. Der nigerianische Professor Yusufu Turaki nennt folgende zentrale Gründe[169] für die weniger tolerante Natur des Islam in

Nordnigeria: das düstere Vermächtnis des muslimischen Kolonialismus und Sklavenhandels gegenüber den nicht muslimischen Volksgruppen im Norden im Zusammenhang mit dem Dschihad des Usman dan Fodio in den Jahren 1804 bis 1808; der artifizielle Zusammenschluss des Landes durch Großbritannien sowie das koloniale Regieren des großflächigen Nordens unter dem System des indirekten Regierens mittels vorherrschender Machtstrukturen in Form der islamischen Kalifate und Emirate. Diese Prozesse erzeugten in vorkolonialer und kolonialer Zeit eine Beziehung zwischen Muslimen und Nichtmuslimen, die durch kolonial gestützte Dominanz und Unterdrückung geprägt war.

Im südlichen Nigeria hingegen wählten die Briten das System des direkten Regierens, das althergebrachte Herrschafts- durch moderne Verwaltungsstrukturen ersetzte. Das Christentum breitete sich im Süden rasch aus, während der Islam im Norden nach einer vorkolonialen Krisenphase unter britischer Herrschaft erneut aufblühen konnte. Christlichen Missionaren war es seitens der Kolonialherren verboten, im muslimischen Norden zu missionieren. Dadurch waren ihre Aktivitäten, einschließlich der Etablierung eines Schulsystems europäischen Standards, hauptsächlich auf den Süden konzentriert. Dies verstärkte einerseits die Trennung der Religionen, andererseits aber auch die Vorzeichnung unterschiedlich dynamischer Entwicklungspfade in beiden Landesteilen.

Typologien der Unterdrückung von Christen in Nigeria

Wie bereits erwähnt bergen die internationalen Medienberichte über die immer häufigeren Angriffe auf Christen in Zentral- und Nordnigeria die Gefahr, dass die Wahrnehmung der systematischen Unterdrückung in den Schariabundesstaaten überschattet wird. Der Grund hierfür liegt im offensichtlich mangelnden Medieninteresse an dieser Problematik und damit auch am fehlenden Druck auf höhere politische Entscheidungsebenen, diese alltäglichen Verstöße gegen die Rechte der christlichen Minderheiten abzustellen. Um das nötige Bewusstsein für das Leid Millionen betroffener Menschen in Nordnigeria zu stärken, wird im Folgenden die Bandbreite an Verletzungen der religiösen Freiheitsrechte der Christen im Norden Nigerias erörtert.

Strukturelle Ungerechtigkeiten

Der derzeitige Präsident der nigerianischen Zentralbank und Schariaspezialist Sanusi Lamido Sanusi stellt fest, dass mit der iranischen Revolution auch eine Radikalisierung der islamischen Politik im Norden Nigerias einherging. Gerade im studentischen Milieu hätten sich – beflügelt vom Erfolg des politischen Islam in Iran – als erste fundamentalistische Gruppe die Moslembrüder etabliert. Ihr Ziel sei die Errichtung eines islamischen Staates in Nigeria.[170] Darüber hinaus rief ein führender islamischer Gelehrter Nigerias, der spätere Sheikh Abubakar Gumi und Empfänger des angesehenen *King Faisal International Award* (Saudi-Arabien), Muslime öffentlich dazu auf, nie mehr zu erlauben, dass Nichtmuslime in Nigeria in politische Ämter aufsteigen.[171]

Der religiöse Fanatismus, der immer schon eine Rolle in Nigerias Politik gespielt hatte, offenbarte sich auch in den letzten Parlamentswahlen im April 2011, in deren Zusammenhang es zu vielen Toten und zur vielfältigen Zerstörung privaten Eigentums kam.[172] Als die ersten Ergebnisse der Präsidentschaftswahlen zeigten, dass Goodluck Jonathan führte, griffen einige Islamisten Kirchen, Christen und sogar Muslime an, von denen sie vermuteten, dass sie den christlichen Kandidaten unterstützt hatten. Im Bundesstaat Kaduna waren zuvor die Spannungen angewachsen, als der muslimische Gouverneur nach dem Tod des Präsidenten Umaru Musa Yar'adua 2010 zum Vizepräsidenten des Landes ernannt worden war und der damalige stellvertretende Gouverneur, ein Christ, gemäß der Verfassung Gouverneur wurde. Obwohl ihr muslimischer Gouverneur Vizepräsident ganz Nigerias geworden war, opponierten islamistische Gruppen dagegen. Trotz scharfer

Proteste wurde er ins Amt eingesetzt und 2011 nach einem extrem polarisierten Wahlkampf sogar wiedergewählt. Zahlreiche Beobachter teilen die Auffassung, dass die heutigen Gewaltexzesse im Land ein Protest derer sind, die den Aufstieg des Christen Goodluck Jonathan an die Macht verhindern wollten.[173] Viele Muslime sahen nach einer wegen des frühzeitigen Todes nicht vollendeten ersten Amtszeit des muslimischen Vorgängers Umaru Yar'adua entgegen dem Prinzip freier Wahlen das Recht auf ihrer Seite, nochmals den Präsidenten aus ihren Reihen stellen zu dürfen.

Die Einführung der Scharia in zwölf Bundesstaaten des Nordens hat die Diskriminierung der christlichen Minderheiten in dieser Region noch verschärft. So wurde etwa ihr Zugang zu staatlichen Medien drastisch eingeschränkt. Der Aufstieg von Christen in herausgehobene Positionen des öffentlichen Dienstes ist durch offen und verdeckt diskriminierende Praktiken bei der Postenvergabe stark beeinträchtigt. Die Auswahl des Personals wird auch auf mittlerer und unterer Ebene stark von ethnischen und religiösen Faktoren bestimmt. Christliche Kinder haben oft Schwierigkeiten, in weiterführenden Bildungseinrichtungen angenommen bzw. dort in die Fächer ihrer Wahl eingeschrieben zu werden. Der Zugang zu Land, um eine Kirche oder Schule zu bauen, ist ein weiteres schwerwiegendes Problem von Christen in mehrheitlich islamischen Bundesstaaten. Selbst wenn sie Land erwerben können, werden die erforderlichen Baugenehmigungen und Nutzungsbewilligungen regelmäßig verschleppt und unter Angabe fadenscheiniger Gründe häufig verweigert. In den meisten Schariastaaten zieht es die Mehrheit der Christen mittlerweile vor, in der Nähe von Polizei- und Militärkasernen zu wohnen, da sie im Falle eines Angriffs durch muslimische Extremisten dort eher Zuflucht finden können.

Spontane Gewalt der Massen als Reaktion auf angebliche »Provokationen«

Christen im Norden Nigerias werden gelegentlich auch Opfer von Massenangriffen durch muslimische Mitbürger aufgrund angeblicher Provokationen wie etwa die in Dänemark veröffentlichten Mohammed-Karikaturen oder den militärischen Einsatz der Amerikaner in Afghanistan sowie zahlreicher lokaler Vorkommnisse, die teilweise bewusst inszeniert werden. Auch Ereignisse, die nicht im Entferntesten mit Christen zusammenhängen, haben verschiedentlich zu Angriffen auf diese Gruppe in Nordnigeria geführt. Diese wiederkehrende Erfahrung hat jedoch zu keinen angemessenen Vorsorgemaßnahmen der Regierung geführt. Verschiedentlich wurde sogar von Kollaboration zwischen militärischen Einheiten und den Angreifern berichtet bzw. vom bewussten Nicht-Eingreifen während der Gewalttaten. Das Rechtswesen des Landes scheint mit der religiös motivierten Gewalt völlig überfordert und gewährt den Tätern faktische Straffreiheit.

Nächtliche Guerillaattacken im ungeschützten ländlichen Raum

Die Strategie nächtlicher Guerillaüberfälle auf isolierte ländliche Siedlungen erlangte 2010 erstmals umfassende Bedeutung.[174] Christliche Bauernsiedlungen in den Bundesstaaten Plateau, Kaduna und Bauchi wurden in nächtlichen Überraschungsangriffen von Hausa Fulani überfallen. In der Regel dringen die Kämpfer in die Dörfer ein, wenn die Bewohner schlafen, zünden die Häuser an und töten eine möglichst große Anzahl von Bewohnern, einschließlich Kindern. Sowohl Angriff als auch Rückzug sind sehr gut koordiniert. Systematisch wird die spezifische Verwundbarkeit der von Lehmrundhütten geprägten bäuerlichen Streusiedlungen ausgenutzt, da sie fernab jeglicher Polizei- oder Militärstationen liegen. Die Regierung war bislang nicht in der Lage, diese heimtückischen Taten zu verhindern. Mittlerweile stellen deshalb die Gemeinden nachbarschaftliche Wachgruppen zusammen, um ihr Gemeinwesen zu schützen. Sie schicken Frauen und Kinder selbst in der Regenzeit nachts zum Schlafen ins offene Feld, damit sie nicht während nächtlicher Überfälle in ihrem Haus getötet werden. Staatliche Kräfte scheinen auf ihrem eigenen Territorium offensichtlich weitgehend machtlos gegenüber terroristisch agierenden Gruppierungen, die systematisch die Legitimität des säkularen Staatswesens Nigerias infrage stellen und untergraben.

Der islamistische Terrorkrieg der Boko Haram

Die extremistische Terrororganisation »Verband der Sunniten für den Aufruf zum Islam und für den Dschihad«, bekannt als Boko Haram oder auch als »nigerianische Taliban«, hat eine schwer berechenbare Terrorkampagne gegen den nigerianischen Staat und die nicht muslimische Bevölkerung gestartet. Die Gruppe kämpft gegen westliche Bildung und generell gegen das säkulare, demokratische Staatswesen. Sie entstand vor etwa 15 Jahren als geistlich orientierte, radikal-islamische Bewegung und wurde zunehmend militant. 2009 geriet sie in einen bewaffneten Konflikt mit Polizei und Militär, was zur außergerichtlichen Tötung ihres Gründers Mohammed Yusuf und vieler ihrer Mitglieder führte. Während dieser Kampfhandlungen wurden einige Kirchen niedergebrannt und auch zahlreiche unschuldige Zivilisten, darunter viele Christen, getötet. Rund 150 Boko-Haram-Mitglieder wurden zwar im Rahmen der bürgerkriegsartigen Kämpfe verhaftet, jedoch später bei einem Großangriff der Terrororganisation auf das Gefängnis von Maiduguri wieder befreit.

In jüngster Zeit hat die Gruppe das Militär, die Polizei, Christen und mit diesen solidarische Muslime ins Visier genommen.[175] Erst durch einen schweren Bombenanschlag auf das Gebäude der Vereinten Nationen in Abuja am 26. August 2011 rückten die Gewaltausbrüche in Nigeria stärker in den Fokus der internationalen Medien und Politik. Boko Haram hat mehrfach, zuletzt am

3. Januar 2012, den im Norden heimischen und aus dem Süden zugewanderten Christen ein Ultimatum gesetzt, Nordnigeria zu verlassen. Boko Haram strebt eine ethno-religiöse Säuberung des als homogen muslimisch konstruierten und auch von außen vielfach so wahrgenommenen Nordens an. Eine strenge Anwendung der Scharia steht im Mittelpunkt der Strategie zur Etablierung eines theokratischen Herrschaftssystems. Die Kriegserklärung an die christliche Bevölkerung steht laut dem Sprecher der Sekte im Zusammenhang mit der Absicht, langfristig ganz Nigeria dem Islam zu unterwerfen.[176]

Eine weitere tragische Folge des Aufstandes der Boko Haram ist die Vertreibung zahlreicher indigener Christen aus dem Bundesstaat Yobe im Nordosten Nigerias.[177] Am 4. November 2011 stürmten Mitglieder der Boko Haram die Hauptstadt Damaturu und griffen Sicherheitsposten an, um daraufhin in den überwiegend christlichen Siedlungen Kirchen zu bombardieren, christliche Geschäfte zu zerstören und Passanten zu erschießen. Jeder, der das muslimische Glaubensbekenntnis nicht rezitieren konnte, wurde auf der Stelle exekutiert. Fast alle der 150 Menschen, die an diesem Tag ihr Leben verloren, waren Christen. In den darauffolgenden Wochen verstärkten und weiteten sich die Angriffe auf andere Städte wie Potiskum und Geidam aus. Dadurch wurden viele Christen gezwungen, in andere Bundesstaaten zu fliehen oder in den zwei christlichen Enklaven Gadaka, das in Folge ebenfalls angegriffen wurde, und Kukar Gadu Zuflucht zu suchen.[178] Viele der Vertriebenen beklagten, dass ihre Häuser während ihrer Flucht geplündert wurden. Während auch christliche Staatsbedienstete geflüchtet waren, ordneten öffentliche Verwaltungen in den Schariabundesstaaten disziplinarrechtliche Bestrafungen gegen die abwesenden Beamten an, statt sich ihrer Notlage anzunehmen. Häufig sind aber Pfarrer und ihre Familien die ersten Opfer von Gewaltausbrüchen, da es in Nigeria üblich ist, dass sich das Pfarrhaus neben der Kirche befindet und regelmäßig Kirchen angegriffen und niedergebrannt werden.

Reaktionen nigerianischer Christen auf den zunehmenden Terror

Da Christen und ihre Gebetsorte zunehmend zu Zielen von Angriffen werden, haben die Kirchengemeinden eine Reihe von Sicherheitsmaßnahmen eingeführt. Viele Gemeinden kauften sich von ihren oft knappen Mitteln Metalldetektoren, um Kirchgänger zu überprüfen. Autos werden an ausgewiesenen Stellen fernab der Kirche geparkt und um manche Kirchen wurden Straßensperren errichtet, um die Zufahrt zu erschweren. Selbst mit solch strengen Sicherheitsvorkehrungen verschaffte sich ein Selbstmordattentäter am 26. Februar 2012 Zutritt zum Hauptsitz der *Church of Christ in Nigeria* (COCIN).

Die *Christian Association of Nigeria* (CAN), eine Dachorganisation der katholischen, protestantischen und Pfingstkirchen, hat zu Fastentagen und Gebeten zur inneren Sammlung in diesen schwierigen Zeiten aufgerufen und Opfer von Angriffen mit Hilfsgütern versorgt. Kirchenoberhäupter rufen ihre Gläubigen regelmäßig zu Friedfertigkeit und Vergebung auf. Viele Christen, die ohnehin in Nigeria häufig unter wirtschaftlich schwierigen Bedingungen leiden, deuten die Notlage für sich persönlich aus der Glaubensperspektive als Vorzeichen der Endzeit und akzeptieren sie als den Preis, den sie als Nachfolger Christi zahlen müssen. Andere glauben, dass die Christen das Schicksal selbst in die Hand nehmen und sich gegen die andauernden Angriffe auf ihre Gemeinschaften auflehnen müssen. Enttäuscht von der friedfertigen, aber hilflos anmutenden Haltung der Kirchen sowie angesichts des untragbaren staatlichen Versagens, derartige Übergriffe zu verhindern, kehren manche zu traditionellen religiösen Praktiken zurück, um Sicherheit, Inspiration und Kampfgeist für ihre Verteidigung zu finden. Unglücklicherweise beschädigen die gewalttätigen Handlungen dieser Gruppen das Bild der christlichen Gemeinschaften in den internationalen Medien.

Trotz der Gewaltexzesse, der vielfachen Enttäuschungen und daraus resultierenden Generalverdächtigungen, gibt es noch Bemühungen auf beiden Seiten, einen Dialog zwischen den Glaubensgemeinschaften zu führen. Der *Nigeria Inter-Religious Council* (NIREC),[179] Organisationen auf staatlicher und lokaler Ebene sowie religionsübergreifende Initiativen dienen als Plattformen für christliche und muslimische Verantwortungsträger, um Wege zu suchen, die das gegenseitige Verständnis und die Toleranz stärken sollen. Allerdings blieben sichtbare positive Wirkungen dieser Bemühungen bislang weitgehend aus, was die Notwendigkeit verdeutlicht, neben den Ansätzen des interreligiösen Dialogs auch wirksame Maßnahmen zu ergreifen, die den Betroffenen möglichst rasch einen verlässlichen Schutz ihrer physischen Unversehrtheit gewährleisten.

Möglichkeiten der Bundesregierung zur Unterstützung Nigerias

Angesichts der historischen Erfahrung Nigerias mit dem 30-monatigen Bürgerkrieg in den Jahren 1967 bis 1970 um die versuchte Abspaltung Biafras, in dem über eine Million Menschen ums Leben kam, erscheint ein Eskalieren der Lage im mit Abstand bevölkerungsreichsten Land Afrikas als durchaus realistisches Szenario.[180] Dies hätte weitreichende Folgen für Millionen von Menschen und auch für die politische Stabilität Westafrikas mit Ausstrahlungseffekten weit über den Kontinent hinaus. Wirksame konfliktmindernde Maßnahmen können angesichts des erwarteten drastischen Bevölkerungswachstums in den kommenden Jahrzehnten bei sich weiter verknappenden Ressourcen, wie etwa der Zugang zu Wasser und Acker- bzw. Weideland, nicht aufgeschoben werden.

Die Entwicklungszusammenarbeit der Bundesrepublik mit Nigeria erscheint ausbaufähig, insbesondere im Feld der Konfliktprävention.[181] Es bedarf dringend intensiverer Forschung zum besseren Verständnis der sozialen und geografischen Faktoren und Prozesse des Konfliktgeschehens sowie möglicher raumbezogener Gegenmaßnahmen, die eine weitere Verschärfung der Konflikte verhindern helfen können.

Die nigerianische Regierung sollte umgehend aufgefordert werden, die Effizienz des Polizei-, Militär- und Justizwesens in der Konfliktbewältigung zu überprüfen. Die Straffreiheit der Verantwortlichen für Terrorakte ist ein ebenso gravierendes Problem wie die Tolerierung des permanenten Verfassungsverstoßes einiger nördlicher Bundesstaaten, die ihre christlichen Bürger allein aufgrund ihrer Religionszugehörigkeit systematisch in vielfältiger Weise diskriminieren.

Es wäre notwendig, die nigerianischen Behörden in der Planung für den Schutz bedrohter Bevölkerungsgruppen in risikoreichen Regionen zu unterstützen. Hierbei ist es ratsam, zur Verhinderung eines möglicherweise drohenden Genozids, auch Strategien der räumlichen Separierung der Konfliktparteien in Betracht zu ziehen. Die religiöse Homogenität von Siedlungsräumen ist kein erstrebenswertes Merkmal multikultureller Gesellschaften, hat sich aber als wirksamer Faktor zum Schutz vor Übergriffen in vielen Teilen des Landes und auch innerhalb der Städte insbesondere in Zeiten erhöhter Spannungen bewährt. Die Selbstsegregation großer Teile der Bevölkerung in zunehmend homogenen Stadtvierteln ist in Zeiten höchster Bedrohung der eigenen Familie eine durch viele Menschen getroffene, zumindest rasch wirksame sicherheitspolitische Bottom-up-Strategie. Auch ergänzende staatliche Umsiedlungsprogramme zur Schaffung weniger verwundbarer, homogenerer demografischer Raumstrukturen, verbunden mit Maßnahmen zur Armutsbekämpfung, scheinen angesichts des Ausmaßes der Bedrohung in weiten Teilen Nordnigerias prüfenswert.

Auf nationaler Ebene intensiviert sich mittlerweile die seit dem Biafrakrieg eigentlich strengstens tabuisierte Diskussion um die Zukunft der nationalen Einheit Nigerias. Viele Menschen stellen angesichts der ausufernden Gewalt, die keinesfalls nur einer kleinen extremistischen Terrorgruppe zugeschrieben werden kann, die Möglichkeit zunehmend infrage, dass zwei unterschiedliche Religionsgemeinschaften mit offenbar zuwiderlaufenden Auffassungen von grundlegenden Freiheitsrechten überhaupt in einem letztlich künstlichen, auf kolonialen Grenzziehungen beruhenden

Staatsgebilde dauerhaft zusammenleben können und sollen. Die internationale Gemeinschaft und hier insbesondere die Staaten der Europäischen Union, die historisch gesehen die heterogenen Staatengebilde in Afrika zum Ende der Kolonialherrschaft kreiert haben, können sich nicht länger ihrer Verantwortung für die dadurch hervorgerufenen Probleme entziehen.

Volker Kauder

Indonesien – Einleitung

Auf einer Reise nach Südostasien im Jahr 2010 führte mich mein Weg auch nach Indonesien. Wenige Tage vor meinem Besuch wurde in der Hauptstadt Jakarta eine Kirche schwer beschädigt. In einem Gespräch erklärte mir der evangelische Bischof, dass dies immer wieder geschehe und die Kirche dafür keine Entschädigung bekomme. Auch würden die Täter so gut wie nie gefasst. Man könne zwar nicht von Verfolgung der Christen vonseiten des Staates sprechen, der Staat würde jedoch zu wenig unternehmen, die Christen zu schützen.

Deutschland und Indonesien sind seit Langem durch enge und freundschaftliche Beziehungen verbunden. Das Land mit seinen 230 Millionen Menschen ist für uns ein wichtiger Partner in der Region. Mir ging es darum, durch meinen Besuch die enge Verbundenheit zum Ausdruck zu bringen. Ich war daher froh, dass mich der Staatspräsident zu einem ausführlichen Gespräch über die politischen und wirtschaftlichen Beziehungen in seiner Residenz empfing. Dass der Präsident mir dann gleich zu Beginn unseres Meinungsaustausches sagte: »Herr Kauder, ich höre, Sie wollen sich bei uns auch über die Situation der Christen informieren«, hat mich sehr überrascht. Diese Direktheit war für politische Gespräche ungewöhnlich. Im Gespräch wurde aber deutlich, wie sehr sich die Führung des Landes darum bemüht, dass islamistische Kräfte nicht zu viel Einfluss bekommen. Obwohl die überwiegende Mehrheit der Bevölkerung Muslime sind, bezeichnet sich das Land nicht als islamische Republik. Und die politische Führung ist darauf bedacht, das Land auch nach außen als weltoffen zu präsentieren. Sehr interessiert zeigten sich alle meine Gesprächspartner an der Zusammenarbeit mit Europa. Aus diesem Grund ist es gut, wenn man in Indonesien weiß, dass die Situation der Christen von der Europäischen Union intensiver beobachtet wird als früher.

Thomas Schirrmacher

Lage der Christen in Indonesien

Die 240 Millionen Einwohner des größten islamischen Landes der Welt, Indonesien, verteilen sich auf 750 Völker, die 6 000 Inseln bewohnen, die sich über 9,5 Millionen km^2 Ozean verteilen. Das Land ist in 33 Provinzen aufgeteilt, die von gewählten Gouverneuren regiert werden.

Nach der Kolonialherrschaft der Portugiesen (1511–1605), Holländer (1605–1942, 1945–1949), Briten (1807–1815) und Japaner (1942–1945) folgten Diktaturen unter Präsident Sukarno (1945–1965) und General Suharto (1965–1998). Die Umwandlung in eine Demokratie erfolgte weitgehend friedlich und die ebenfalls weitgehend friedlichen und freien Wahlen von 2004 und 2009 erbrachten eine Mehrheit für eine säkulare nationalistische Regierung unter Beteiligung islamischer Parteien.

Seit der Gründung Indonesiens hat das Militär zugleich die Polizeigewalt inne (*dwifungsi* = Doppelfunktion). Es ist sehr schwer, Militärangehörige vor Gericht zu bringen; gilt das schnell ausgerufene Kriegsrecht, ist es ganz unmöglich. Die Militärverwaltung erfasst jedes Dorf und funktioniert oft besser als die zivile Verwaltung. 7,5 Prozent der Parlamentssitze – früher waren es 15 Prozent – sind automatisch dem Militär vorbehalten. Dabei finanziert sich das Militär nur zu 30 Prozent aus dem Staatshaushalt, den Rest erwirtschaftet es selbst, durch Firmenbeteiligung, Arbeitskräfteüberlassung, aber auch durch illegale Holzexporte, Schutzgelderpressung und Korruption.

Überhaupt ist die Korruption wohl die stärkste Bedrohung für die Demokratie Indonesiens[182] und spielt auch für die konkrete Lage der religiösen Minderheiten vor Ort eine sehr große Rolle. Indonesien ist nach Transparency International eines der Länder mit der höchsten Korruptionsrate der Welt. Die enorme Korruption spielt den Islamisten in die Hände, da sie über viel Geld verfügen. Es ist kein Zufall, dass der von der Zentralregierung eingesetzte katholische Notgouverneur Sinyo Harry Sarundajang, der 2002 in Sulawesi den Bürgerkrieg befrieden konnte, als einer der wenigen völlig korruptionsfreien Politiker gilt.

Die Religionen Indonesiens

Im ersten Jahrhundert n. Chr. wurde der Hinduismus auf den indonesischen Inseln zur vorherrschenden Religion. Ab etwa 1300 begann sich der Islam langsam auszubreiten. Ab 1525 brachen die hinduistischen Königreiche im Inneren Javas zusammen und wurden islamisch. Bis zum 18. Jahrhundert war ganz Indonesien islamisch geworden, mit Ausnahme des Landesinneren von Bali, Sumatra, Kalimantan, Sulawesi und Irian.

Die zehn Millionen Hindus machen 90 Prozent der Einwohner von Bali aus. Etwa 20 Millionen Einwohner, vor allem auf Java, Kalimantan und Papua, gehören Stammesreligionen oder animistischen Glaubenssystemen an, fast alle haben sich aber unter einer der sechs offiziellen Religionen registrieren lassen.

Christentum in Indonesien[183]

Die ersten Christen in Indonesien waren Nestorianer, die im zehnten und elften Jahrhundert n. Chr. aus Persien einwanderten. 1511 kamen die Portugiesen als erste Europäer und eroberten die Insel Matalaya und dann die Malukken. 1534 begann die katholische Missionsarbeit. Danach wurde die katholische Kirche von den Holländern unterdrückt, aber 1806 gewährte ihnen Holland Religionsfreiheit, was zum starken Wachstum vor allem auf Flores und Osttimor führte, auch durch massenhafte Rückbekehrungen vom Protestantismus.

1605 und 1617 gründeten die Holländer die Stadt Jakarta. Im Laufe der nächsten 300 Jahre übernahmen die Holländer Stück für Stück – meist ohne militärisches Handeln – überall die Herrschaft. Die herrschende Ostindische Handelsgesellschaft stand der

Mission feindlich gegenüber und ließ nur holländische Pfarrer zur Betreuung von Holländern zu. 1799 übernahm der Staat die Handelsgesellschaft und gewährte 1806 Religionsfreiheit. Danach entstanden bis 1950 große reformierte Kirchen durch holländische Missionare und große lutherische Kirchen durch deutsche Missionare[184], am bekanntesten darunter die größte protestantische Kirche Indonesiens, die Batak-Kirche. 70 Prozent der sechs Batak-Nias-Völker (3,8 Prozent der Gesamtbevölkerung Indonesiens) auf Sumatra sind Christen. Erst nach 1950 trat die gesamte protestantische Vielfalt hinzu, vor allem durch angelsächsische Missionare. Ungewöhnlich für ein asiatisches Land ist der hohe Anteil an lutherischen und reformierten Kirchen. 55 Prozent der Einwohner der Provinz Ost-Nuga Tengarra sind Katholiken, 58 Prozent der Provinz Papua sind Protestanten. Die Malukken und Nordsulawesi sind weitere Orte mit hoher Konzentration von Christen.

Das indonesische Religionsministerium (Ministry of Religious Affairs) schätzt 19 Millionen Protestanten und 8 Millionen Katholiken in Indonesien. Das christliche Handbuch »Operation World« kommt aufgrund der Angaben der Religionsgemeinschaften und von führenden Experten vor Ort zu folgender Aufteilung:[185] 11 Prozent = 26,3 Millionen Protestanten (etwa die Hälfte davon Evangelikale), 3 Prozent = 7,1 Millionen Katholiken, zusammen 33,4 Millionen.

In den 1950er und 1960er-Jahren wuchs das Christentum stark und hatte großen Einfluss.[186] In den 1970er-Jahren begann sich das Klima zwischen Islam und Christentum zu ändern, denn radikale muslimische Organisationen forderten das Ende der *Pancasila* mit ihren fünf bzw. sechs zugelassenen Religionen zugunsten des Islam als Staatsreligion. 1978 begann die Regierung, die Missionsausübung aller Religionen zu beschränken. Der Staat begann, die Auslandsbeziehungen der Kirche zu kontrollieren und mischte sich zunehmend in die inneren Angelegenheiten der Kirchen ein. 1985 verpflichtete das sogenannte Ormas-Gesetz alle Religionen auf die Pancasila. Andernfalls würden ihre Organisationen aufgelöst. 1992 wurde verfügt, dass alle Regierungsstellen nach dem offiziellen Proporz (87 Prozent Muslime, 6 Prozent

Protestanten, 4 Prozent Katholiken usw.) zu vergeben seien, auch in Gebieten mit christlicher Bevölkerungsmehrheit. Dadurch ging der öffentliche Einfluss der Christen in ihren Hauptsiedlungsgebieten völlig verloren. 1993 wurden alle christlichen Minister durch muslimische ersetzt.[187]

Wahhabisierung des Landes

Das Land von 1979 und das heutige Indonesien unterscheiden sich spürbar. Ähnlich wie in Indien ist das traditionell tolerante Denken anderen Religionen gegenüber plötzlich von fundamentalistischen Gewalttätern überlagert. Weit mehr als 200 Millionen Einwohner haben die Sorge, dass die Arabisierung des Islam zu immer größeren Spannungen führt, und es ist ihnen peinlich, dass ihr Land durch islamistische Gewalt so oft in die internationalen Medien kommt. Denn: »Nach wie vor versuchen die fundamentalistischen Muslime, die indonesisch-javanische Kultur der Toleranz durch eine arabisch geprägte Kultur der Intoleranz zu ersetzen.«[188]

Angesichts der ungeheuren Vielfalt des Landes und der unterschiedlichen Kolonial- und Unabhängigkeitsgeschichten zahlreicher Inseln ist es fast unmöglich, pauschale Aussagen für das ganze Land zu machen. Die konservativ-islamische Insel Aceh, auf der die Scharia als Strafgesetz gilt, hat in Bezug auf das Thema Christenverfolgung kaum etwas mit der vorwiegend hinduistischen Insel Bali oder den katholischen Gebieten in Sulawesi gemein. Durchgängig aber gilt, dass die Gewalttaten gegen Nichtmuslime nicht von der Bevölkerungsmehrheit ausgehen, die traditionell friedlich mit anderen Religionen zusammenlebt, auch nicht von der Regierung, sondern von einem kleinen Prozentsatz an Islamisten, die sich am arabischen Islam und besonders an Saudi-Arabien orientieren. Praktisch alle Führer von Parteien, Organisationen und Freikorps, die sich gegen Ahmadiyyas und Christen wenden, haben ihre Ausbildung in Saudi-Arabien oder in saudischen Institutionen in Indonesien erhalten. Sie erreichen – unterstützt mit hohem Geldeinsatz aus der arabischen Welt – eine schleichende Islamisierung, ja Wahhabisierung[189] des Landes, auch weil andere Parteien auf ihre Forderungen im Wahlkampf Rücksicht nehmen müssen, die teilweise im Volk beliebt sind.

Diese schleichende Wahhabisierung Indonesiens beginnt, die lange Tradition der religiösen Toleranz und Religionsfreiheit in Indonesien anzugreifen. Die einst vorherrschende mystische Variante des Islam (*abangan*) wie auch die Verquickung des Islam mit vorislamischen animistischen Elementen und der javanischen Kejawan- bzw. Kebatinan-Mystik[190] bestimmt zwar immer noch die große Mehrheit der Einwohner, verliert aber erkennbar an Einfluss auf Politik, Gesetzgebung, Schulwesen und Sozialarbeit. Der Druck der Fundamentalisten auf die tolerante Bevölkerungsmehrheit nimmt zu. Der Extremismus hat in Indonesien wenig Unterstützung, aber große Wirkung.

Ausgangspunkt der Islamisierung und der Bedrängung religiöser Minderheiten ist also der saudische Wahhabismus.[191] Unter dem Deckmantel der islamischen Solidarität und Bruderschaft investiert Saudi-Arabien enorme Summen in Indonesien für den Moscheebau, den Bau islamischer Schulen und für Aktivitäten der Da'wa-Organisationen zur Propagierung des Islam. Sehr einflussreich ist das 1980 in Jakarta gegründete und von Saudi-Arabien unterhaltene *Institute for the Study of Islam and Arabic* (LIPIA). So studierte Dscha'far Umar Thalib (Jahrgang 1961), der Gründer der berüchtigten 300-köpfigen Terrorgruppe Laskar Dschihad,[192] zusammen mit anderen Führern von Terrorarmeen am LIPIA. Außerdem studierte er am Islamic Mawdudi Institute in Lahore, Pakistan.[193] Die prominenteste der gewaltbereiten Gruppen in Indonesien ist die *Front Pembela Islam* (Islamische Verteidigungsfront, FPI), die nicht zufällig von dem in Saudi-Arabien ausgebildeten Muhammad Riziew Syihab 1998 gegründet wurde.

In Aceh sind theoretisch Nichtmuslime nicht der Scharia unterstellt. Tatsächlich aber macht die Schariapolizei (nach dem Vorbild Saudi-Arabiens und Irans) meist vor niemandem Halt.[194] Human Rights Watch hat in einem Bericht vom 1. Dezember 2010 Beispiele gesammelt, wie die Schariapolizei Muslime wie Nichtmuslime bedrängt, bedroht und missbraucht.[195]

Der indonesische Fatwa-Rat *Majelis Ulama Indonesia* (MUI) spielt eine fatale Rolle, da seine gegen religiöse Minderheiten gerichteten Fatwas,[196] die rechtlich nicht verbindlich sind, zunehmend von der Regierung aufgegriffen und in Gesetze gegossen werden. Der gegenwärtige Präsident Susilo Bambang Yudhoyono macht keinen Hehl daraus, dass er die Entscheidungen des MUI unterstützt. »Zur neuen Kultur der Intoleranz gehört auch, dass der ›Rat der Islamischen Gelehrten von Indonesien‹ 2005 in einer ›Fatwa‹ (islamisches Rechtsgutachten) erklärt hat, Pluralismus, Säkularismus und Liberalismus seien mit dem Islam nicht vereinbar. Außerdem wurde den Muslimen verboten, den Christen frohe Weihnachten zu wünschen oder von den Christen Glückwünsche zum islamischen Idul-Fitri entgegenzunehmen – was allerdings nach wie vor in Indonesien gang und gäbe ist.«[197]

Christian Goweiler, einer der besten deutschen Indonesienkenner, schreibt: »Politisch gewinnen fundamentalistische islamische Parteien durch geschicktes Taktieren immer mehr an Einfluss. Zwar erhielten die islamischen Parteien bei den letzten Parlamentswahlen im April 2009 nur ca. ein Viertel der Stimmen (fünf Jahre zuvor waren es noch ca. 37 Prozent!). Aber nachdem die nichtislamischen Parteien überhaupt nicht oder erst spät zu einer Koalition mit dem populären Präsidenten Yudhoyono bereit waren, war dieser quasi zu einer Koalition mit den islamischen Parteien gezwungen. So erhielten die islamischen Parteien im Oktober 2009 schließlich elf der 27 Ministerposten. Dazu gehören z.B. Justizminister Patrialis Akbar, der keine Widersprüche zwischen der Einführung des islamischen Schariarechtes und der indonesischen Verfassung sieht. Aber auch der parteilose Innenminister Gamawan Fauzi hat in seinem früheren Amt als Gouverneur von Westsumatra viele islamisch geprägte Gesetze erlassen (z.B. Kopftuchpflicht für alle Beamtinnen und Schülerinnen gleich welcher Religion u.a.).«[198]

Die Wahhabisierung kommt auch in den zunehmend an der arabischen Sichtweise der Scharia orientierten Auffassungen vieler Bürger zum Ausdruck. »Seit ein paar Jahren bemerken Beobachter zudem, dass sich die Beziehungen zwischen dem muslimisch-sunnitischen Mainstream und Angehörigen religiöser Minderheiten sowie nicht orthodoxen Muslimen verschlechtern. Das Meinungsforschungsinstitut LSI (Lembaga Survei Indonesia) hat beispielsweise 2007 in einer Studie gezeigt, dass 33 Prozent der Befragten Maßnahmen unterstützten, die typischerweise zu den Zielen islamistischer Organisationen zählen. So waren 43 Prozent für Steinigungen bei Ehebruch, 25 Prozent für die Pflicht zum Tragen eines Kopftuches, 34 Prozent für das Handabschlagen bei Diebstahl, 39 Prozent für das Zinsverbot, und 22 Prozent waren der Meinung, dass eine Frau nicht das Präsidentenamt übernehmen dürfe. Zu durchaus vergleichbaren Ergebnissen gelangte der Muslim Youth Survey 2010, der im November 2010 vom LSI in Zusammenarbeit mit dem Goethe-Institut und der Friedrich-Naumann-Stiftung erstellt wurde.«[199]

Religion ist Pflicht in Indonesien: Pancasila

In Indonesien ist seit der Unabhängigkeit der Monotheismus eine der fünf Säulen der in der Verfassung Indonesiens verankerten Staatsideologie *Pancasila*, die unverändert aus der Zeit der Diktatoren in die Demokratie übernommen wurde.[200] Als monotheistische Religionen, die diese Verpflichtung erfüllen, gelten die sechs anerkannten Religionen, wobei das Christentum in seiner katholischen und seiner protestantischen Form getrennt gezählt werden.

Wer nicht zu einer der sechs Religionen gehört, etwa Animisten (wenn sie sich nicht unter einer anderen Religion registrieren lassen) oder die Bahai, hat Schwierigkeiten bei den Behörden – von der Registrierung der Geburt bis zur Heirat. Dass Religion Pflicht in Indonesien ist, führt natürlich automatisch zu Problemen für die wenigen Atheisten im Land. Der Regierungsangestellte Alexander Aan (31) wurde am 24. Januar 2012 von einem Mob verprügelt und von der Polizei in Haft genommen, weil er in Facebook seinen fehlenden Glauben an Gott durch kritische

Fragen, vor allem »Wie kann Gott das zulassen?«, zum Ausdruck gebracht hatte. Der Polizeichef beruft sich für sein Vorgehen auf den Gelehrtenrat MUI.

Die Ahmadiyyabewegung

2005 und 2007 erließ die MUI scharfe Fatwas gegen die etwa 300 000 Ahmadiyyas im Land, die zu einer islamischen »Sekte« gehören, die 1889 von Mirza Ghulam Ahmad aus dem Islam heraus entwickelt wurde, Propheten nach Mohammed anerkennt und deswegen beim Mehrheitsislam als »Apostasie« gilt. 2008 erließ die Regierung, statt gegen die Stellungnahme der MUI anzugehen, einen gemeinsamen Erlass mehrerer Ministerien, der die Aktivitäten der Ahmadiyyas einfror. Ahmadiyyas dürfen keine anderen Indonesier missionieren, was als Gotteslästerung gilt und mit bis zu fünf Jahren Gefängnis bestraft wird. Allerdings dürfen die Ahmadiyyas weiterhin ihre Gottesdienste abhalten. Es war jedoch nicht verwunderlich, dass einzelne Regierungsstellen und viele islamistische Institutionen ein völliges Verbot forderten. Und es ist auch nicht verwunderlich, dass Polizei und Armee in Fällen nicht oder viel zu spät eingriffen, als der Mob Ahmaddiyas verprügelte oder ermordete oder ihre Gotteshäuser zerstörte. Seit 2006, vor allem aber seit 2009 werden ständig Ahmadiyyas aus ihren zerstörten Häusern vertrieben und leben in Flüchtlingslagern. Weltweites Aufsehen erregte im Februar 2011 der Fall der öffentlichen Ermordung von drei Ahmadiyyaführern vor ihren Häusern durch einen großen Mob. Etwa 30 Polizisten sahen dem Morden tatenlos zu. Die zwölf Mörder erhielten eher symbolische Strafen zwischen drei und sechs Monaten.

Wie in Pakistan, wo sich die Apostasiegesetze zunächst gegen die Ahmadiyyas richteten und erst später gegen Christen angewandt wurden, scheint sich die staatlich-religiös legitimierte Gewalt gegen Ahmadiyyas auch negativ auf die Toleranz gegenüber Christen auszuwirken. So hingen der Mord an den drei Ahmadiyyas am 6. Februar 2011 in der Provinz Zentraljava und das Niederbrennen dreier Kirchen in der Provinz Westjava am 8. Februar 2011 wohl zusammen.

Die größten Fälle von Christenverfolgungen seit 1990

Die Hauptinsel von Sulawesi (früher »Celebes«) erstreckt sich über 1 300 km. 20 Prozent der 16,8 Millionen Einwohner sind Christen, etwa 90 Prozent davon Protestanten. Sie gehören zu den am besten ausgebildeten und reichsten Einwohnern Indonesiens. Die islamistischen Dschihad-Armeen wandten sich also gegen alteingesessene Christen dort, wo sie am zahlreichsten waren. In den 1990er und 2000er-Jahren starben über 1 000 Christen und eine wesentlich kleinere Zahl von Muslimen. Von den Ereignissen auf den Malukken und Zentralsulawesi waren 500 000 Menschen, überwiegend Christen, direkt betroffen, von denen viele noch nicht zum Alltag zurückgekehrt sind.

Der Anteil der Christen auf den 1 000 Inseln mit 2,2 Millionen Einwohnern, die die beiden Provinzen der Malukken bilden, liegt sogar bei 29,5 Prozent, auch hier machen die Protestanten etwa 90 Prozent aus. Die seit 1605 bestehende Kirche der Malukken ist die älteste protestantische Kirche in Asien. Die brutale Gewalt der Jahre 1999 und 2000 veränderte die Provinzen für immer. Ein Gewirr aus ethnischen und wirtschaftlichen Fragen, Sezessionsbestrebungen und politischen Forderungen explodierte, als Tausende von islamistischen Kämpfern schwer bewaffnet auf den Inseln einfielen und die Christen anfingen sich zu wehren. 400 Kirchen und Moscheen wurden zerstört. Der größte Teil der Christen auf den Inseln Ambon, Seram, Ternate, Tidore und Teilen von Halmahera floh. Über 20 000 kamen ums Leben, 500 000 wurden zu Flüchtlingen.

Nach den schweren Unruhen in Ambon 1999 bis 2002 hielt der Friede fast ein Jahrzehnt. Im September 2011 kam es nach dem Unfalltod eines Taxifahrers, der in den sozialen Medien als Folterung und Mord durch Christen dargestellt wurde, zu Unruhen mit 100 niedergebrannten Häusern und 4 000 Obdachlosen. Zum Glück schickte die Zentralregierung sofort den Oberbefehlshaber, den Chef der Polizei und den Sicherheitsminister und riegelte die Insel für einreisende Dschihadisten ab – 28 potenzielle Terroristen wurden mit etwa 105 Waffen verhaftet. Dieses Ernstnehmen der Lage führte zu einer – wenn auch fragilen – Ruhe,[201] ein schönes Beispiel, dass hier wirklich der Staat Ruhe herstellen kann, wenn er denn will. Außerdem spielte eine unglaublich erfolgreiche zivilrechtliche Einrichtung eine große Rolle, *Peace Provocateurs*, Dutzende von Christen und Muslimen, die gemeinsam in Gesprächen, Restaurants, den sozialen Medien usw. gegen die Gerüchte vorgingen und deutlich machten, dass bei einem erneuten Bürgerkrieg alle nur zu verlieren hätten.

Der Anteil der Christen auf Irian Jaya, dem westlichen Teil von Papua, mit 2,5 Millionen Einwohnern, liegt bei 68 Prozent, wobei hier die Katholiken ein Viertel der Christen ausmachen. Die Christen sind auf 238 melanesische Völker mit 274 Sprachen verteilt, von denen nur die Ekagi mehr als 100 000 Angehörige haben. Hier trägt die Diskriminierung der Christen ganz andere Züge. Zum einen sind die Christen überwiegend Angehörige der vielen Stämme in den Wäldern und werden als solche von javanischen Siedlern oft nicht einmal als Menschen angesehen, schikaniert und ihres Landes beraubt, ja von der Armee brutal behandelt. Zum anderen unterhielt die Regierung schon zur Zeit der Diktatoren, aber auch heute noch ein großes Programm der Zwangsumsiedlungen (*transmigrasi*) von Javanern nach Papua, das wöchentlich 5 000 Javaner nach Papua bringt und damit zugleich bewusst große Zahlen von Muslimen, die alle staatlichen Stellen besetzen.

Die Erfassung von Übergriffen gegen Christen und andere Minderheiten 2010/2011

So unterschiedliche Organisationen wie die Gesellschaft für bedrohte Völker, das islamische *Wahid Institute*, die indonesische Menschenrechtsorganisation *Setara Institute for Democracy and*

Peace und der Päpstliche Dialograt stellen eine Zunahme von Gewaltaktionen gegen Christen fest. Der *Jakarta Globe* nennt denn auch das Jahr 2011 »A Bad Year for religious Rights«.[202]

Die beste Berichterstattung zu diesem Thema stammt von muslimischen und akademischen Forschungseinrichtungen im Land, nicht von betroffenen Kirchen oder Religionen.[203] Daneben sind die Berichte internationaler Menschenrechtsorganisation voll von Darstellungen von Einzelfällen.[204]

Das *Wahid Institute*, eine islamische Organisation, die für Toleranz wirbt,[205] zählte 2010 198 schwere Übergriffe gegen religiöse Minderheiten, 2011 bereits 276. Außerdem registrierte das Institut 36 Gesetze oder Verfügungen auf lokaler oder Provinzebene, die vermeintlich unislamische Praktiken unter Strafe stellen.

Das *Setara Institute for Democracy and Peace* in Jakarta und das Internationale Institut für Religionsfreiheit untersuchten für 2010, an wie vielen der 198 gewaltsamen Übergriffe gegen religiöse Minderheiten staatliche Stellen beteiligt waren. In 56 war die Polizei beteiligt, in 19 Fällen die District Chiefs, in 17 die Sub-District Chiefs.[206]

Das US-Außenministerium zählte für 2010 50 größere gewaltsame Angriffe gegen die Ahmadiyyas und 75 gegen Christen.[207]

Die häufigste christenfeindliche Aktivität in Indonesien ist die Zerstörung von Kirchen oder deren Schließung, beides zusammen betraf 2011 43 Kirchen. Eine Untersuchung des Internationalen Instituts für Religionsfreiheit schaut sich die Entwicklung der durchschnittlichen jährlichen Kirchenzerstörung über die Jahrzehnte an und zeigt eine eindeutige Entwicklung bis 2000 auf – seitdem haben sich die Zahlen bei etwa 50 pro Jahr eingependelt:[208] 1945 bis 1954 keine Kirche; 1955 bis 1964 0,2 Kirchen pro Jahr; 1965 bis 1974 5 Kirchen; 1975 bis 1984 9 Kirchen; 1985 bis 1994 13 Kirchen; 1995 bis 2000 84 Kirchen.

Zudem werden nicht nur Kirchen zerstört, sondern auch ihr Bau wird von vornherein verhindert. Nach einer interministeriellen Verfügung von 2006 braucht eine Gemeinde für den Antrag auf einen Kirchenbau 90 Mitglieder, 60 Unterschriften von Nichtchristen, die in der Nachbarschaft wohnen und ein Empfehlungsschreiben des örtlichen *Interfaith Communication Forum* (FKUB). Dasselbe gilt für Moscheen entsprechend. Nur erhalten Moscheen das Empfehlungsschreiben automatisch und praktisch immer werden wild gebaute Moscheen geduldet. An den meisten Orten aber stellt die FKUB – fast immer unter Vorsitz eines Muslims – Christen keine Empfehlung mit der Begründung aus, der Kirchenbau könnte zu Unruhen führen.

Und schließlich wird auch die Nutzung vorhandener Kirchen untersagt. Eine Gemeinde der alteingesessenen *Gereja Kristen Indonesia* (GKI) in Bogor, Provinz Westjava, erlebte, was zuvor etwa Batakkirchen erlebten. Obwohl der Oberste Gerichtshof am 9. Dezember 2010 der Gemeinde erlaubte, ihre geschlossene Kirche erneut zu benutzen, entschied der Gouverneur der Provinz rechtswidrig dagegen und befolgte das Urteil nicht. Darauf feierte die Gemeinde ihre Gottesdienste vor dem Gebäude, was der Gouverneur ebenfalls untersagte und am 9. Oktober 2011 mittels Polizei zu unterbinden suchte. Die Gemeinde erstattete Anzeige gegen Polizeigewalt, die Polizei klagte, weil sie angegriffen worden sei, der Ausgang ist derzeit offen. Der Fall zeigt auch deutlich, dass der Zentralregierung der Durchsetzungswille oder das Durchsetzungsvermögen fehlt.

Ausblick

Weltweit sind die Hauptursachen für zunehmende Christenverfolgung, aber auch für die Einschränkung von Religionsfreiheit überhaupt fundamentalistische Bewegungen und ein zunehmender religiöser Nationalismus, der Nationalismus mit der Zugehörigkeit zur Mehrheitsreligion gleichsetzt.[209] In Indonesien findet sich eine untrennbare Mischung beider Bewegungen als Hauptproblem für die abnehmende Toleranz gegenüber religiösen Minderheiten.[210]

Hauptproblem ist, dass die Zentralregierung und die Gouverneure Gewalt gegen religiöse Minderheiten seitens muslimischer Extremisten meist viel zu spät und nicht entschlossen genug bekämpfen und die Strafverfolgung aussetzt oder verschleppt. Häufiger handeln auch die Gouverneure sehr eigenmächtig und verschlimmern die Marschrichtung der Bundesregierung noch.

Dass in Indonesien aber der Kampf um die Ausrichtung des Staates ganz wesentlich auch um das Verhalten gegenüber den religiösen Minderheiten tobt und längst noch nicht verloren ist,[211] zeigt der Umstand, dass muslimische Führer und Menschenrechtsorganisationen den Präsidenten lauthals auffordern, Religionsminister Suryadharma Ali zu entlassen, obwohl er als Vorsitzender der mitregierenden islamischen *United Development Party* (PPP) unantastbar scheint. Er war vor allem durch negative Äußerungen über Schiiten und Ahmadiyyas aufgefallen.[212]

Und es gibt herausragende Beispiele für das, was der Staat in Indonesien tun kann. Der 2005 und 2010 als Gouverneur von Nordsulawesi gewählte Sinyo Harry Sarundajang wurde 2004 von der Zentralregierung als Not-Gouverneur nach Südsulawesi mit der Unruheprovinz Malukken geschickt, in der die Terrorarmee Laskar Dschihad Hunderte von Christen getötet hatte und zwischen Sezessionstendenzen der Christen und brutaler Gewalt von wahhabitischen Freischärlern das Leben unmöglich wurde. Sarundajang, selbst Christ, besuchte persönlich und ohne Bodyguards den Befehlshaber der Freischärler, Dscha'far Umar Thalib, auf und handelte den Abzug der Dschihadarmee und die Aufgabe der christlichen Sezessionspläne aus, sodass 2005 wieder ein Gouverneur gewählt werden konnte. Thalib stellte dem christlichen Politiker das Zeugnis aus, ihm allein sei der Frieden und das Ende des Mordens zu verdanken.[213]

Die Entschließung des Europäischen Parlaments 2011 über die Verfolgung religiöser Minderheiten in Indonesien[214] hat sehr gut zum Ausdruck gebracht, dass die Lage gerade angesichts der langen Toleranzgeschichte bedrückend ist, dass aber dennoch alle Voraussetzungen gegeben sind, völlige Religionsfreiheit in Indonesien herzustellen.

Volker Kauder

China – Einleitung

Chinas wirtschaftlicher und politischer Aufstieg sorgt bei vielen Beobachtern im Westen für Bewunderung, aber auch für Zweifel darüber, ob das bevölkerungsreichste Land der Erde die ihm zuwachsende Macht zu einem guten und positiven Ziel nutzen wird. Auch die weltpolitische Rolle, die das Reich der Mitte in Zukunft spielen will, ist noch nicht ausgemacht. Für Empörung sorgen immer wieder Berichte über Menschenrechtsverletzungen. Politische Repressionen und die Unterdrückung von Andersdenkenden gehören nach wie vor zum Alltag in China. Beispielhaft für diese Missstände stehen auch die Verhaftung des international angesehenen Künstlers Ai Weiwei oder das Schicksal des Schriftstellers und Friedensnobelpreisträgers Liu Xiaobo, der seit Jahren wegen seines Engagements für die Menschenrechte im Gefängnis sitzt. Bei meinen Besuchen in China standen diese Themen auf der Tagesordnung, ebenso wie der Austausch über den Ausbau unserer wirtschaftlichen und politischen Beziehungen. Selbstverständlich traf ich auch mit Vertretern der christlichen Kirchen zusammen.

Noch immer bin ich dankbar für ein einzigartiges Erlebnis. Bei meinem ersten Besuch in China an Ostern 2009 in der Provinz Xian konnte ich an einer bewegenden Osternachtfeier teilnehmen. Während der Messe wurden mehr als zwei Dutzend neue Christen in die Gemeinde aufgenommen. Allerdings konnte der Gottesdienst nur unter den wachsamen Augen der Kommunistischen Partei stattfinden.

Dies war auch bei meinem bisher letzten Besuch 2011 der Fall, als ich den katholischen Bischof von Shanghai traf. Es war ein offenes Gespräch, das allerdings ebenso in Anwesenheit von Vertretern der kommunistischen Partei geführt werden musste. Selbstverständlich hätte ich auf ein Gespräch unter vier Augen bestehen können, hätte aber dann nicht gewusst, ob dies für meinen Gesprächspartner nach meiner Abreise mit Nachteilen verbunden gewesen wäre. Daher wählte ich den Weg der Offenheit gegenüber meinen Begleitern und bin sicher, dass ich mir auch auf diesem Weg ein realistisches Bild der Lage in China machen konnte. Ohnehin musste ich aus Sorge um die Sicherheit meiner Gesprächspartner auf einen Besuch der zahlreichen Hausgemeinden verzichten, die in China eine wichtige Rolle spielen.

Auch wenn es in den vergangenen Jahren eine gewisse Entkrampfung der chinesischen Behörden im Umgang mit Religionsgruppen gegeben hat, wird Religionsausübung nach wie vor nur dann zugelassen, wenn der Staat sie kontrollieren kann. So ist es beispielsweise dem Vatikan noch immer nicht möglich, Bischöfe ohne Einflussnahme des Staates einzusetzen. Die Hauskirchen, die sich nicht offiziell registrieren lassen wollen oder können, erfahren die harte Haltung der Behörden gegenüber den Religionen nach wie vor. Dennoch berichten Missionare aus einigen Teilen des Landes von vielen Bekehrungen, die zu einem großen Teil in Hauskirchen stattfinden.

China ist aufgrund seiner Größe und seiner weltpolitischen Bedeutung für Deutschland ein wichtiger Partner. Von der Antwort auf die Frage, ob es dem Land gelingt, die wirtschaftliche Entwicklung auch mit gesellschaftlicher Offenheit und individueller Freiheit zu verbinden, hängt viel ab, auch für uns in Europa. Daher suchen wir den Dialog mit den chinesischen Machthabern und sparen auch diese kritischen Themen nicht aus. So hat auch die Bundeskanzlerin bei vielen ihrer Besuche in China Vertreter der religiösen Minderheiten getroffen. Nach vielen Begegnungen weiß ich, dass unsere Offenheit in China geschätzt wird und dass es richtig ist, auch Fragen der Religionsfreiheit immer wieder auf die Tagesordnung zu setzen.

Georg Evers

Lage der Christen in China

Christen in China – verfolgt oder Nutznießer staatlich gewährter Religionsfreiheit?

In den Medien wird mit großer Regelmäßigkeit von Beeinträchtigungen der Religionsfreiheit in der Volksrepublik (VR) China berichtet. Dies gilt für die Buddhisten in Tibet, die Muslime in Xinjiang, aber auch für katholische und protestantische Christen. Es kommt immer wieder zu Verhaftungen von Priestern und Pastoren, die ohne staatliche Genehmigung Gottesdienste im Untergrund bzw. in Hauskirchen abhalten oder theologische Ausbildungsstätten unterhalten. In Beijing sind im Jahr 2010 z.B. Mitglieder der protestantischen Shouwang-Gemeinde mehrfach staatlichen Eingriffen ausgesetzt gewesen. Mit ihren gut 1000 Mitgliedern ist die Shouwang-Gemeinde eine der größten protestantischen Hauskirchen. Da sie nicht Mitglied in der offiziellen protestantischen kirchlichen Organisation des »Chinesischen Christenrat« sein wollen, wird ihnen die Baugenehmigung für eine eigene Kirche staatlicherseits verwehrt. Ihre Freiluftgottesdienste auf der Straße wurden von staatlichen Behörden als »Störung der öffentlichen Ordnung« bezeichnet und gewaltsam aufgelöst. In ähnlicher Weise gehen staatliche Stellen gegen katholische Untergrundkirchen oder protestantische Hauskirchen vor, indem sie Bischöfe, Priester und Pastoren verhaften und für längere Zeit in Gefängnisse oder Arbeitslager verbringen. Das von den Behörden am häufigsten angewandte Mittel, Linientreue zur offiziellen Religionspolitik zu erzwingen, sind mehrtägige Schulungsmaßnahmen, an denen Bischöfe, Priester und Pastoren teilnehmen müssen, mit dem Ziel, sie zu indoktrinieren und einzuschüchtern. Da viele dieser restriktiven Maßnahmen ohne gerichtlichen Prozess und Verurteilung erfolgen, sind die Betroffenen staatlicher Willkür ohne gesetzlichen Schutz ausgesetzt. Einige Bischöfe,

Priester und Pastoren sind nach ihrer Verhaftung einfach »verschwunden«, ohne dass es möglich gewesen wäre, Informationen über ihr Schicksal zu erhalten. Das Los von Bischöfen und Priestern, die in den letzten Jahren so »verschwunden« sind, beunruhigt führende Kräfte in der Kirche. Ende Dezember 2011 hat die katholische italienische Nachrichtenagentur »Asia News« zwei chinesische Bischöfe, die schon seit Jahren »verschwunden« sind, als »Herausragende Unbekannte für das Jahr 2011« benannt. Es handelt sich um die Bischöfe Jakobus Su Zhinmin von der Diözese Baoding, der seit Oktober 1997 »verschwunden« ist, und Cosmas Shi Enxiang von der Diözese Yixian, der im April 2001 verhaftet wurde und danach spurlos verschwand.

Immer wenn in ausländischen Medien über diese Vorfälle berichtet und das staatliche Vorgehen gegen die Christen als »Verfolgung« bezeichnet wird, erfolgt eine stereotype »Richtigstellung« seitens der chinesischen staatlichen Behörden. Da wird zunächst einmal festgestellt, dass es in der VR China die von der Verfassung garantierte Religionsfreiheit gibt, nach der jeder Chinese sich einer Religion anschließen kann. Danach wird allerdings einschränkend betont, dass die Ausübung dieser vom Staat garantierten Religionsfreiheit an Bedingungen geknüpft sei, die eingehalten werden müssten. Die zentrale Bedingung ist, dass religiöse Tätigkeiten nur dann »legal« sind, wenn sie in vom Staat anerkannten und registrierten religiösen Organisationen stattfinden. Religiöse Tätigkeiten, die außerhalb dieser Organisationen ausgeübt werden, gelten daher den staatlichen Stellen als Verstöße gegen bestehende Gesetze, die als »kriminelle Vergehen« von den staatlichen Organen geahndet und bestraft werden. Für die staatlichen Religionsbehörden stellen daher die restriktiven Maßnahmen gegen Mitglieder christlicher Untergrund- und Hauskirchen keine Beeinträchtigung der Religionsfreiheit dar, sondern sind ein zur Aufrechterhaltung der staatlichen Ordnung notwendiges Vorgehen gegen außerhalb der Gesetze operierende Gruppen, die sich zu Unrecht auf das Prinzip der Religionsfreiheit berufen, um damit ihre »kriminellen Akte« zu legitimieren.

Erstaunliche Kontinuität im Religionsverständnis und in der Religionspolitik in China

Um einen Zugang zum Verständnis der Religionspolitik der kommunistischen Partei und Regierung in der VR China zu finden, ist ein geschichtlicher Rückblick auf die den Religionen zugewiesene Rolle hilfreich, da sie eine erstaunliche Kontinuität mit der heutigen Religionspolitik aufweist. Während des Kaiserreiches galt der jeweilige Kaiser als »Sohn des Himmels«, dem die Aufgabe zukam, die Verbindung zum »Herrn des Himmels« herzustellen. Die Religionen hatten dabei die Funktion, für die Wohlfahrt des Landes zu beten und selbige durch ihre Rituale sicherzustellen. Zugleich sollten sie die Menschen zu einem guten ethischen Verhalten erziehen, d.h. zum Gehorsam gegen die Staatsgewalt anhalten. Dabei waren die Religionen angewiesen, sich auf ihre religiösen und rituellen Handlungen zu beschränken und sich nicht in gesellschaftliche oder politische Belange einzumischen. Damit war ihnen eine gesellschaftskritische bzw. prophetisch mahnende Rolle verwehrt. Nur solche Religionen, die sich an diese Vorgaben hielten, wurden im Kaiserreich als »legitim« und »orthodox« anerkannt. Die konfuzianische Ethik und Philosophie diente dazu, die Kriterien zu liefern, nach denen eine Religion als »orthodox«, d.h. staatserhaltend, oder als »unorthodox« oder als »falsche« Religion bezeichnet und entsprechend sanktioniert wurde.

Mit der Machtübernahme der Kommunisten nach dem Bürgerkrieg und die 1949 erfolgte Gründung der Volksrepublik China kam es zu einem radikalen Wandel in der Religionspolitik bei gleichzeitiger überraschender Kontinuität.[215] Mao Zedong stand ganz in der chinesischen Tradition, dass der jeweilige Herrscher für das Wohl und die Einheit des Landes verantwortlich ist, als er seine Herrschaft rational mit »marxistischer Wissenschaft« untermauerte, als moralistisches Element den Begriff »dem Volke dienen« einführte und den Marxismus und Sozialismus chinesischer Prägung als die einzige »orthodoxe« Lehre hinstellte. Neu an der Argumentation der kommunistischen Regierung war dagegen die Übernahme der marxistischen Religionskritik, nach der die Religionen durch den Aufbau eines sozialistischen Staates von selber verschwinden würden, weil ihre vorläufige Funktion, »Opium des Volkes« zu sein, sich dann erübrigt haben werde.[216] Nach der marxistischen Religionskritik wird Religion definiert als die »vergebliche und irrige Antwort des Menschen auf seine Gefühle der Machtlosigkeit und der Angst angesichts der Naturgewalten und der gesellschaftlichen Kräfte«.[217] Die offizielle Religionspolitik in der frühen Zeit der VR China war bestimmt von dieser marxistisch inspirierten Religionskritik, nach der alle Religionen nach Errichtung einer sozialistischen Gesellschaft wegen der Austrocknung ihrer Funktion, als Sedativ und Trostmittel zu wirken, von selbst absterben würden. In der Zwischenzeit sollte es den etablierten und vom Staat anerkannten Religionen erlaubt sein, am Aufbau des sozialistischen Staates und damit indirekt an ihrem eigenen Verschwinden mitzuwirken. Im kommunistischen China wurde den Religionen untersagt, auf dem gesellschaftlichen Sektor mit Schulen, Krankenhäusern und anderen karitativen oder sozialen Einrichtungen tätig zu werden. Die Ausübung religiöser Tätigkeiten wurde strikt auf den rituellen Bereich innerhalb von Tempeln, Moscheen und Kirchen beschränkt.

Dieses Begrenzen der religiösen Tätigkeiten auf den Binnenbereich des religiös-rituellen Lebens zielte vor allem auf die christlichen Kirchen, die vielseitig auf dem karitativen, erzieherischen und sozialen Sektor tätig gewesen waren und deren Einrichtungen geschlossen bzw. vom Staat übernommen wurden. Die ausländischen Missionskräfte wurden des Landes verwiesen und die Verbindungen der christlichen Kirchen mit dem Ausland weitgehend unterbrochen. Von den christlichen Kirchen wurde erwartet, dass sie durch die Errichtung sogenannter »patriotischer Vereinigungen« ihre Unterstützung für die nationalen Ziele des Aufbaus einer sozialistischen Gesellschaft zum Ausdruck brachten. Die chinesischen Kommunisten mussten allerdings erkennen, dass die Religionen auch in einem kommunistischen Staat nicht einfach verschwanden, wie nach der marxistischen Religionstheorie zu erwarten gewesen wäre, sondern trotz repressiver staatlicher

Maßnahmen weiter bestanden und neue Anhänger fanden. Von Ministerpräsident Zhou Enlai (1898–1976) stammt die Warnung, dass die Religionen wie »Nägel« seien, die, je mehr man auf sie einschlage, umso tiefer ins Holz getrieben würden. Daher solle man vermeiden, die Religionen zu verfolgen, weil dies ihren Rückhalt im Volk eher verstärken würde. Diese Mahnung wurde in der tatsächlichen Religionspolitik in der VR China allerdings nicht gehört. Im Gegenteil, durch immer neue Restriktionen und im Fall der christlichen Kirchen durch Verhaftungen von Priestern, Pastoren und Ordensleuten wurde versucht, religiöses Leben und religiöse Tätigkeiten zu behindern bzw. zu verhindern. Während der Exzesse der Kulturrevolution (1966–1976) wurden alle Religionen ohne Unterschied als »alt« und »überholt« verfolgt, und alle Formen religiösen Lebens in der Öffentlichkeit wurden in dieser Zeit unterbunden. Vom Ausland aus gesehen hatte es den Anschein, als ob es den »Roten Garden« gelungen sei, jede Form religiösen Lebens auszurotten. Mit der Reformpolitik von Deng Xiaoping nach dem Ausschalten der radikalen »Viererbande« 1979, die allerdings in erster Linie mit der Politik der »Vier Modernisierungen« auf ökonomische, landwirtschaftliche, technologische und militärische Reformen abzielte, wurde mit der neuen Verfassung von 1982 auch die Religionspolitik neu gestaltet.[218] Die Verfassung billigt jedem Bürger der VR China das Recht zu, einer Religion anzugehören.[219] Der Staat garantiert die Freiheit der Ausübung religiöser Tätigkeiten, soweit sie unter der Kontrolle des Staates und mit dessen Billigung stattfinden sowie die öffentliche Ordnung und die Gesundheit der Menschen nicht gefährden. Jede Einmischung von ausländischen Organisationen in die religiösen Angelegenheiten von Religionen in der VR China ist untersagt. Diese Passage zielt in erster Linie auf die christlichen Kirchen und vor allem auf die katholische Kirche mit ihrer Verbindung zum Papst in Rom.[220]

Eingeschränkte Religionsfreiheit unter strikter staatlicher Kontrolle

Die Ausübung der Religionsfreiheit ist insoweit eingeschränkt, als sie ausdrücklich nur für »legitime« Formen der Religionsausübung gilt, wobei die Definition, welche religiösen Handlungen »legitim« sind, ausschließlich bei den staatlichen Religionsbehörden liegt. De facto bedeutet dies, dass der Staat den Anspruch auf eine absolute Kontrolle über alle religiösen Äußerungen erhebt.[221] Zusammen mit allen anderen gesellschaftlichen Kräften sind die Religionsgemeinschaften zur Zusammenarbeit in der »Vereinten Front«, respektive der »Konsultativkonferenz des chinesischen Volkes« verpflichtet. Das bedeutet, dass die Religionen, insoweit sie die Politik der Regierung und vor allem der kommunistischen Partei unterstützen, durchaus eine positive Rolle in der Gesellschaft spielen dürfen. Aber diese Funktion ist ihnen von der Regierung und Partei zugestanden worden und beruht keineswegs auf dem allgemeinen Menschenrecht auf Religionsfreiheit im westlichen Verständnis. Die absolute Kontrolle durch die entsprechenden Regierungs- und Parteiorgane soll sicherstellen, dass die Religionen die ihnen zugewiesene Rolle, den Aufbau der Gesellschaft im Sinne von Regierung und Partei zu fördern, strikt einhalten. Sobald die Religionen für sich das Recht in Anspruch nehmen, im eigenen Namen mit Bezug auf ihre Lehre und Vorstellungen einer gerechten Gesellschaft Kritik an der Regierung oder der Partei zu üben, wird dies mit drakonischen Maßnahmen sofort unterbunden. Vor allem die christlichen Kirchen sind da suspekt, da es in ihnen die Tradition des prophetischen Einspruchs gegen Maßnahmen der Herrschenden gibt. Das kritische Element im Christentum, dass der Gehorsam gegenüber Gott dem Beachten staatlicher Gesetze und Maßnahmen übergeordnet ist – »Man muss Gott mehr gehorchen als den Menschen« (Apg 5,29) –, wird seitens der chinesischen Regierung als »subversiv« und »umstürzlerisch« abgelehnt und bekämpft.

Verschlechterung der Beziehungen zwischen Beijing und Rom

In den letzten fünf Jahren hatte es eigentlich den Anschein gehabt, dass es zu einer Art pragmatischer Zusammenarbeit zwischen Beijing und Rom gekommen sei. Auch wenn die Aufnahme gegenseitiger diplomatischer Beziehungen, die mehrfach als unmittelbar bevorstehend angekündigt wurde, weiterhin ein Desiderat blieb, zeigte sich doch eine Entspannung in der strittigen Frage der Bischofsernennungen und -weihen, die zu einer Reihe von Bischofsweihen im gegenseitigen Einvernehmen führte. Dann jedoch kam es zu einer überraschenden Wende in der Frage der Bischofsernennungen seitens der chinesischen Religionsbehörde, die das inzwischen eingespielte Verfahren, dass vor einer Bischofsweihe die römische Seite gehört und um Zustimmung gebeten wurde, de facto aufkündigte. Das Signal für diese erneute Wende in der Religionspolitik gegenüber der katholischen Kirche war die von Rom nicht approbierte Weihe des Priesters Guo Jincai zum Bischof von Chengde, die am 20. November 2010 erfolgte. Eine weitere Verschlechterung der gegenseitigen Beziehungen zwischen China und dem Vatikan brachte der »8. Nationalkongress der Vertreter der Chinesischen Katholiken«, der vom 7. bis 9. Dezember 2010 in Beijing stattfand. Dieser Kongress war vorher schon einige Male angesagt und dann wieder verschoben worden. Das massive Eingreifen der staatlichen Religionsbehörde sorgte schließlich dafür, dass der Nationalkongress abgehalten wurde. Einzelne Bischöfe, die versuchten, dem Kongress fernzubleiben, wurden durch vielfältigen Druck bis hin zur physischen Gewalt gezwungen, an den Sitzungen teilzunehmen. Der Ausgang der Wahlen für die kirchlichen Spitzenfunktionen hatte einen besonderen Beigeschmack. Die Stelle des Vorsitzenden der Bischofskonferenz wurde mit dem 45-jährigen Bischof Ma Yingling besetzt, der 2006 ohne Zustimmung Roms geweiht worden war, während die Funktion der Leitung der Patriotischen Vereinigung dem 57-jährigen Bischof Fang Xingyao übertragen wurde, der von Rom anerkannt ist.

Der Vatikan reagierte mit einer Stellungnahme, in der beklagt wurde, dass auf die Teilnehmer des Kongresses seitens staatlicher Organe ungebührlicher Druck ausgeübt worden sei. Jeder, der an dem Kongress teilgenommen habe, müsse für sich wissen, inwieweit er vor Gott und der Kirche verantwortlich sei und wie sehr er die Gemeindeglieder durch seine Teilnahme enttäuscht habe. Die Art und Weise, wie staatliche Behörden mit Polizeigewalt einzelne Bischöfe zur Teilnahme am Nationalkongress und, noch ärger, zur Mitwirkung bei illegitimen Bischofsweihen gezwungen haben, widerspricht allen Prinzipien der Religionsfreiheit. Die harten Reaktionen des Vatikan auf die unerlaubten Bischofsweihen in Chengde im November 2010 und die in Leshan im Juni 2011 sowie in Shantou im Juli 2011, in denen die ohne Erlaubnis des Papstes geweihten Bischöfe exkommuniziert wurden, zeigen allerdings, dass es einen Wandel in der Haltung des Vatikan gegenüber den Provokationen durch die chinesischen Religionsbehörden gegeben hat. Offensichtlich hat man in Rom eingesehen, dass die Politik des Entgegenkommens zu keinerlei Konzession seitens der chinesischen Seite geführt hat. Die einzige Wirkung bestand in einer starken Verunsicherung der Katholiken im Untergrund. Zugleich sind sich die römischen Stellen aber auch bewusst, dass eine Reihe vom Papst anerkannte Bischöfe nur unter großem Zwang an den illegitimen Bischofsweihen teilgenommen haben. Rom ließ daher offen, inwieweit die eigentlich vorgesehenen kanonischen Strafen auch auf sie zutreffen.

Es gibt auch Fälle, die »andersherum« verlaufen sind.[222] So wurde Bischof Paul Pei Junmin von der Diözese Liaoning im Nordosten Chinas im Oktober 2011 von seinen Posten sowohl in der nationalen Bischofskonferenz als auch in der Patriotischen Vereinigung suspendiert, weil er sich geweigert hatte, an einer illegalen Bischofsweihe in Shantou teilzunehmen.[223]

Wer entscheidet über die Orthodoxie der katholischen Kirche in China?

Im Zusammenhang mit den Auseinandersetzungen über die gegen den ausdrücklichen Einspruch des Vatikan im Dezember 2010 stattgefundene 8. Vollversammlung der katholischen Kirche Chinas in Beijing hat ein Sprecher des staatlichen Büros für religiöse Angelegenheiten in einer öffentlichen Erklärung die »Rechtmäßigkeit« dieser Versammlung festgestellt. Das Erstaunliche an dieser Erklärung war, dass eine Behörde eines sich dezidiert atheistisch verstehenden Staates sich mit dem Anspruch von Verbindlichkeit zu katholischen Lehrinhalten äußert. In der Erklärung der staatlichen Religionsbehörde heißt es: »Die Chinesische Katholische Patriotische Vereinigung und die Bischofskonferenz der katholischen Kirche in China sind rechtmäßige gesellschaftliche Organisationen, die in Übereinstimmung mit dem Gesetz registriert sind. Gemäß den Vorschriften (...) halten sie alle fünf Jahre Versammlungen ihrer Vertreter ab (...). Chinas System der Versammlung der Vertreter der katholischen Kirche hat nichts mit den Fragen der katholischen Lehre zu tun und verletzt keine Grundlagen des katholischen Glaubens. Zweifellos braucht es keine Anerkennung irgendeiner ausländischen Organisation oder eines Staates.«[224] Ausdrücklich wird die gegenteilige Feststellung des Vatikan zurückgewiesen und »eine Fehlinterpretation der gegenwärtigen Situation der katholischen Kirche in China« genannt, die in einer offiziellen Erklärung eben diese »Rechtmäßigkeit« infrage gestellt und die »Unvereinbarkeit mit der katholischen Lehre« festgestellt hatte. Damit wurde nur wiederholt, was Papst Benedikt XVI. in seinem Brief an die Katholiken Chinas schon 2007 deutlich gemacht hatte. In diesem Schreiben hatte der Papst »die Verwirklichung der Prinzipien der Unabhängigkeit und Autonomie, der Selbstverwaltung und der demokratischen Administration, als unvereinbar mit der katholischen Lehre bezeichnet«. Außerdem hat der Papst deutlich festgestellt, dass die »Chinesische Katholische Patriotische Vereinigung« in ihrer Zusammensetzung und Funktion keinen Platz in der katholischen

Kirche habe, da sie mit dem Kirchenrecht unvereinbar sei. Vorbehalte gibt es auch gegenüber der gegenwärtigen Chinesischen Bischofskonferenz, die in ihrer jetzigen Zusammensetzung, solange die Bischöfe der Untergrundkirche in ihr keinen Platz haben, den kanonischen Vorschriften nicht entspricht.[225]

Wandel der Rolle der Religionen in der chinesischen Gesellschaft

Die chinesische Gesellschaft macht gegenwärtig eine Zeit des Umbruchs und Neuanfangs durch. Die rasante wirtschaftliche Entwicklung des Landes verändert in immer stärkerem Maß die Lebenssituation der Chinesen. Die ehemals egalitäre Struktur der chinesischen Gesellschaft ist zerbrochen. Die Unterschiede zwischen Stadt und Land, zwischen den von der wirtschaftlichen Entwicklung profitierenden Schichten und den Verlierern in der Landbevölkerung und bei den Wanderarbeitern werden immer größer. Die ideologische Vorherrschaft der kommunistischen Partei erscheint immer weniger legitimiert und wird verstärkt kritisch hinterfragt. Scharf, aber treffend, beschreibt der Friedensnobelpreisträger Liu Xiaobo den Zustand der kommunistischen Partei Chinas: »Der Bankrott der kommunistischen Ideale und die Förderung des Primats des Profits haben seit dem Beginn der Reformen aus der revolutionären Partei der chinesischen Kommunisten eine Partei des Profits gemacht.«[226] Der Niedergang der kommunistischen Partei zeigt Auswirkungen auf den Gesamtzustand der chinesischen Gesellschaft. Liu Xiaobo spricht vom Verlust der Seele: »Die moralische Leere oder der geistige Ruin nach dem 4. Juni 1989 waren zunächst einmal ein Problem des maroden Systems, die Unterdrückung der Redefreiheit durch die autokratische Macht, die Erziehung zu Lügen von Amts wegen und die erzwungene Propagierung der moralischen Vorurteile der Herrschenden sind die Hauptschuldigen für unsere heute Entseelung.«[227]

Das ideologische Vakuum führt dazu, dass immer mehr Chinesen auf der Suche nach Alternativen zur kommunistischen Ideologie sich den Religionen zuwenden. Die christlichen Kirchen profitieren stark von diesen weltanschaulichen Suchbewegungen. Seit mehreren Jahren melden alle christlichen Kirchen ein starkes Wachstum. Hauptnutznießer sind die protestantischen Kirchen, während die katholische Kirche sich wegen der internen Spaltung zwischen offizieller und Untergrundkirche hier schwerertut. Allerdings gibt es nur unsichere Statistiken zur Zahl der Christen in der VR China. Bei von der Regierung veröffentlichten Zahlen ist deutlich die Tendenz zu spüren, die Zahl der Mitglieder der offiziell anerkannten Religionen möglichst klein zu halten. Die Gesamtzahl der Chinesen, die einer Religion angehören, wird mit nur 100 Millionen angegeben, wobei für den Islam die Zahl von 18 Millionen, für die Protestanten 10 Millionen, für die Katholiken gerade mal vier Millionen angegeben werden. Die größte Religionsgruppe stellen mit gut 60 Millionen die Buddhisten dar.[228] Neben diesen offiziellen statistischen Angaben, die die Zahl der Religionsangehörigen betont gering beziffern, sind die von ausländischen Beobachtern gemachten statistischen Angaben zum Teil um ein Mehrfaches höher. Die Zahl der chinesischen Katholiken wird offiziell mit 5,7 Millionen angegeben, eine Zahl, die nur Katholiken in der offenen Kirche berücksichtigt. Werden die Katholiken in der Untergrundkirche mitgerechnet, beläuft sich ihre Zahl auf etwa 15 Millionen. Die Zahlenangaben zu den protestantischen Christen bewegen sich zwischen vorsichtigen Annahmen von 25 Millionen bis zu fantastisch anmutenden 130 Millionen. Täglich sollen sich 10 000 Chinesen zum Christentum neu bekennen, was hochgerechnet in 30 Jahren zu einer Zahl von 400 Millionen Christen in China führen würde.

Zweifelsfrei ist, dass viele Chinesen auf der Suche nach einer Alternative zur herrschenden Ideologie das Christentum als Alternative entdeckt haben. Was Liu Xiabo in diesem Zusammenhang zur Person Jesu Christi schreibt, ist sehr beachtenswert: »Deshalb wurde Jesus zu einem Idol der gerechten Sache. Angesichts der Verführung von Macht, Geld und Schönheit sagte Jesus ›Nein!‹; selbst angesichts der drohenden Kreuzigung bleibt Jesus bei seinem ›Nein!‹. Noch wichtiger ist, dass Jesus ›Nein!‹ sagt ohne den Hass und die Rachegelüste eines ›Auge um Auge, Zahn um Zahn‹, sondern voll grenzenloser Liebe und Toleranz. Er ruft nicht dazu auf, der Gewalt mit Gewalt zu begegnen, sondern hält fest an seinem gewaltlosen passiven Widerstand, er nimmt das Kreuz auf sich und sagt ruhig ›Nein!‹. Ganz unabhängig davon, wie säkularisiert und pragmatisch die Welt noch werden wird, solange Jesus, der Sohn Gottes, da ist, solange gibt es auf der Welt Begeisterung, Wunder und Schönheit.«[229]

Die geschichtlichen Ereignisse der letzten fünfzig Jahre waren für die christlichen Kirchen in China von entscheidender Bedeutung. Die erzwungene Trennung von ihren Beziehungen und Bindungen an europäische und nordamerikanische Schwesterkirchen und Missionsorganisationen bedeutete zunächst eine Existenzkrise. Zugleich war sie aber auch die große Chance, das »westliche Gewand« abzuwerfen und endlich Wege in Hinblick auf die Entwicklung einer genuin chinesischen Form des Christseins zu gehen. Die Zeit der Verfolgung brachte Christen mit Vertretern anderer Religionen und Weltanschauungen in den Gefängnissen und Arbeitslagern zusammen. Die von vielen Christen gezeigte Haltung von Mitmenschlichkeit, Hilfsbereitschaft, Vertrauen und Mut hat stark dazu beigetragen, das Image der Christen in der chinesischen Gesellschaft zu verbessern. Mit dem Beginn der Reformpolitik und der damit gegebenen eingeschränkten Religionsfreiheit haben sie trotz großer Schwierigkeiten das kirchliche Leben neu gestaltet und ihm ein »chinesisches Gesicht« gegeben. Soweit es ihnen möglich war, haben sie auch wieder begonnen, auf den Gebieten von Erziehung, der Medizin und der sozialen Tätigkeit sich zum Wohl der Gesellschaft zu engagieren.[230] Exemplarisch für das Engagement der christlichen Kirchen ist auf der protestantischen Seite die 1985 gegründete Amity Foundation, die eine Nichtregierungsorganisation ist, in der Christen mit Nichtchristen auf den Gebieten der Ausbildung, der Gesundheitsfürsorge und der Sozialarbeit in Krisenherden der chinesischen Gesellschaft zusammenarbeiten. Seit 1987 gibt es in Nanjing die Amity-Druckerei, die in Zusammenarbeit mit der United Bible Society inzwischen zu einer der weltweit größten

Bibeldruckereien geworden ist. Im November 2010 lag die Zahl der in Nanjing gedruckten Bibeln bei 80 Millionen 2008 wurde die Druckerei modernisiert und ist seitdem in der Lage, jährlich 12 Millionen zu drucken. In diesem Jahr wird erwartet, dass die 100-Millionen-Grenze von in Nanjing gedruckten Bibeln erreicht wird. Auch in der katholischen Kirche gibt es in verschiedenen Diözesen eine Reihe von Sozialeinrichtungen, Krankenstationen, Bildungseinrichtungen und Druckereien. In Shijiazhuang in der Hebei-Provinz ist die 1998 gegründete sozial-karitative Einrichtung Beifang Jinde tätig, die im Mai 2011 als erste katholische Einrichtung unter dem Namen »Hebei Jinde Charities Foundation« die staatliche Anerkennung als gemeinnützige Stiftung erhielt. Katholische kirchliche Druckereien gibt es in Shanghai, Beijing und Shijiazhuang. Der Vertrieb von religiösem Schrifttum ist allerdings immer noch stark behindert. Generell gilt, dass religiöse Schriften als »interne Publikationen« *(neibu)* nur innerhalb kirchlicher Einrichtungen und nicht in gewöhnlichen Buchläden käuflich erworben werden können. Dagegen sind Publikationen, die sich im wissenschaftlichen Rahmen von Religionswissenschaft bewegen, in den normalen Buchhandlungen erhältlich. Dies gilt zum Beispiel für die Übersetzungsreihe von Werken christlicher Philosophen und Theologen, die seit Jahren aus Kreisen der sogenannten »Kulturchristen« erscheinen. An immer mehr Universitäten in der VR China gibt es inzwischen Lehrstühle für Religionswissenschaft, die mit ihren Lehrveranstaltungen, Konferenzen und Publikationen sich mit einer Vielzahl religiöser Themen, vor allem mit dem Christentum, befassen.

Die Aktivitäten der christlichen Kirchen auf dem sozialen, medizinischen und schulischen Sektor wurden von der kommunistischen Partei und Regierung zunächst mit Misstrauen beobachtet, dann geduldet und schließlich auch offiziell anerkannt. Im Wesentlichen lässt man es zu, dass die Kirchen gewisse Nischenfunktionen ausfüllen. Da wo die staatlichen Stellen Defizite aufweisen oder nicht tätig werden wollen, wie zum Beispiel in der Betreuung von geistig behinderten Kindern und an anderen sozialen Brennpunkten, wird den Kirchen Spielraum gegeben, sich einzubringen und Lücken zu schließen. Generell wird anerkannt, dass nicht nur die christlichen Kirchen, sondern auch die anderen Religionsgemeinschaften für die Gesellschaft wichtige und positive Beiträge leisten.

Autoren

Samuel Aktas, Abt des Klosters Mor Gabriel und Metropolit des Tur Abdin.

Wolfgang Baake, Geschäftsführer des Christlichen Medienverbundes KEP, Beauftragter der Deutschen Evangelischen Allianz am Sitz des Deutschen Bundestags und der Bundesregierung.

Jan Bittner, ehemaliger langjähriger Mitarbeiter der Planungsgruppe und in dieser Funktion außenpolitischer Berater des Fraktionsvorsitzenden der CDU/CSU-Bundestagsfraktion.

Anba Damian, Generalbischof der koptisch-Orthodoxen Kirche in Deutschland, Abt des koptisch-orthodoxen Klosters Brenkhausen.

Dr. Georg Evers, langjähriger Asienreferent im Missionswissenschaftlichen Institut Missio in Aachen und Autor zahlreicher Fachbeiträge zur Theologie der Mission und des interreligiösen Dialogs in Asien.

Dr. Andreas Jacobs, Koordinator für Religion und Politik bei der Konrad-Adenauer-Stiftung in Berlin. Von August 2007 bis Mai 2012 Leiter des Büros der Stiftung in Ägypten.

Yakubu Joseph, nigerianischer Soziologe und Friedensforscher, wissenschaftlicher Mitarbeiter in der Arbeitsgruppe Humangeografie an der Universität Tübingen.

Volker Kauder, MdB, Vorsitzender der CDU/CSU-Bundestagsfraktion.

Dr. Otmar Oehring, langjähriger Referatsleiter Afrika/Naher Osten in der Auslandsabteilung von Missio, Internationales Katholisches Missionswerk Aachen, seit 2001 Leiter der Fachstelle Menschenrechte.

Dr. Rainer Rothfuß, Professor für Humangeografie, unter anderem mit Schwerpunkt Konfliktforschung an der Universität Tübingen.

Dr. Ludwig Schick, Erzbischof von Bamberg, Vorsitzender der Kommission X »Weltkirche« der Deutschen Bischofskonferenz.

Martin Schindehütte, Auslandsbischof der EKD, Leiter der Hauptabteilung Ökumene und Auslandsarbeit im Kirchenamt der Evangelischen Kirche in Deutschland.

Dr. theol. Dr. phil. Thomas Schirrmacher, zahlreiche Lehraufträge und Lehrtätigkeit weltweit, so etwa seit 1981 gastweise in Indien als Distinguished Professor of Global Ethics and International Development an der William Carey University, Shillong, Meghalaya. 2006 Ehrenpromotion der Universität Bangalore für 25 Jahre Einsatz für Entwicklung in Indien. Autor zahlreicher Bücher zu christlichen Themen.

Mine Yildirim, Mitglied des Komitees zu rechtlichen und religiösen Fragen der Vereinigung protestantischer Kirchen. Forschungstätigkeit zu Fragen der kollektiven Religionsfreiheit, mit besonderem Bezug zu internationalem Recht und der Türkei.

Anmerkungen

1 Publius Cornelius Tacitus, Annales, lib. XV. 44.4.
2 In: Evangelische Verantwortung, Februar 2007, S. 4.
3 Evangelische Theologie 32/1972, S. 225.
4 Martin Luther: Von der Freiheit eines Christenmenschen (1520), WA 7, S. 21.
5 Otto Böhm: »Christenverfolgung heute«, evangelische Aspekte. Mai 2011. http://www.evangelische-aspekte.de/evasp2010/ausgabe-mai-2011-startseite/evasp20112ob-4/5.
6 Deutscher Text der Allgemeinen Erklärung der Menschenrechte: http://www.ohchr.org/EN/UDHR/Pages/Language.aspx?LangID=ger.
7 Resolution 217 A (III) http://www.ohchr.org/EN/UDHR/Pages/Introduction.aspx.
8 http://treaties.un.org/pages/ViewDetails.aspx?src=TREATY&mtdsg_no=IV-4&chapter=4&lang=en.
9 Ebd.
10 »Als Element der Glaubens-, Gewissens- und Bekenntnisfreiheit das Recht zur Vornahme der zu einer Religion gehörenden kultischen Handlung.« http://www.bpb.de/wissen/5I8Y6Y,0,0,Kultusfreiheit.html.
11 ÖRK: Das christliche Zeugnis in einer multireligiösen Welt. 28.06.11. http://www.oikoumene.org/de/dokumentation/documents/oerk-programme/interreligious-dialogue-and-cooperation/christian-identity-in-pluralistic-societies/das-christliche-zeugnis-in-einer-multireligioesen-welt.html.
12 Heute gilt das in der Türkei nur noch für einige wenige Dörfer im Tur Abdin und in der näheren Umgebung von Antakya, Hatay.
13 Wiederholte persönliche Mitteilung von christlichen Gesprächspartnern in der Türkei.
14 Sürgün alayı; vgl. dazu Otmar Oehring. Gutachterliche Stellungnahme vom 25.03.1991 zu VG Bremen 1 AS 248/86, 1 AS 137/87, 1 AS 189/87, 13 Blatt [Türkei: Christen + Wehrdienst; Orte der Ableistung; Zwangsbeschneidungen; Misshandlungen; Wehrübungen; Einfluss der Reislamisierungstendenzen auf Behandlung christlicher Wehrpflichtiger].
15 Es handelt sich bislang allerdings noch nicht um volle diplomatische Beziehungen – der Apostolische Nuntius in Brunei, Malaysia, Ost-Timor und Singapur – mit Sitz in Singapur – ist seit dem 13.01.2011 zugleich auch Apostolischer Delegat für Vietnam.
16 Vgl. z.B.: Annual Report of the United States Commission on International Religious Freedom – May 2010. http://www.uscirf.gov/countries/1386.html?task=view.

[17] »Burma orders Christians to be wipped out«: Daily Telegraph, 21012007, zitiert nach http://de.wikipedia.org/wiki/Myanmar.

[18] Der folgende Abschnitt zu Bedrängnis und Verfolgung von Christen in Lateinamerika und der Karibik ist unter Mitarbeit von Elisabeth Steffens, Aachen, entstanden.

[19] Sekretariat der Deutschen Bischofskonferenz (Hg.). Solidarität mit verfolgten und bedrängten Christen in unserer Zeit: Lateinamerika – Beispiele aus Kolumbien, Kuba, Guatemala und El Salvador. Arbeitshilfen, Nr. 191, Bonn 2005, S. 2.

[20] Martin Lange/Reinhold Iblacker (Hg.). Christenverfolgung in Lateinamerika. Zeugen der Hoffnung, Freiburg i.Br., Basel, Wien: Herder^2, 1981, S. 13.

[21] Elisabeth Steffens, »Leonidas Proaño – Bischof der Kichwa und Prophet Lateinamerikas«, in: Evangelisches Missionswerk in Deutschland & Verband evangelischer Missionskonferenzen (Hg.). Menschen mit einer Mission. Biografien, Porträts, Interviews, Hamburg 2003, S. 53.

[22] Thomas Seiterich-Kreuzkamp, »Rom gegen die indianische Kirche«, in: Publik-Forum 2006 H. 23, S. 58–59.

[23] Sekretariat der Deutschen Bischofskonferenz (Hg.), a.a.O., S. 5.

[24] Siehe ebd. S. 6.

[25] KNA Basisdienst, 09.03.12, S. 11.

[26] Siehe Paulo Suess, »Steine der Hoffnung zusammentragen«: adveniat 2005. http://www.adveniat.de/presse/reden-beitraege/archiv-reden-beitraege/reden-beitraege2005/vortragsuess.html.

[27] Ebd.

[28] Malte Lehming, »Unser täglich Wulff gib uns heute«, tagesspiegel 13.02.2012. http://www.tagesspiegel.de/meinung/kontrapunkt-unser-taeglich-wulff-gib-uns-heute/6203326.html.

[29] Norbert Dörholt, »Drangsal und Verfolgung«, factum Magazin 1/2012, S. 12. »Für Zimmer, den Dörholt wiedergibt, scheine die Verfolgung von Christen ›nicht wenigen der sogenannten aufgeklärten Zeitgenossen ein wenig peinlich zu sein‹. Lieber diskutiere man die Menschenrechte anhand der Todesstrafe in den USA oder der Situation in Tibet.«

[30] Markus Rode, »Steht ihnen endlich bei!«. Focus 7/2012, S. 54.

[31] Wolfram Weimer, »Wer demonstriert für Christen?«, Christliches Medienmagazin pro, 1/2012, S. 12.

[32] Markus Rode, »Steht ihnen endlich bei!«. Focus 7/2012, S. 54.

[33] »Wachstum. Bildung. Zusammenhalt. Der Koalitionsvertrag zwischen CDU, CSU und FDP« (beschlossen und unterzeichnet am 26.10.2009), http://www.cdu.de/portal2009/29145.htm vom 27. März 2012.

[34] Volker Kauder, »Freiheit ist auch Religionsfreiheit«. Welt am Sonntag, 08.11.2009, S. 11.

[35] Guido Westerwelle, »Dieser Mann darf nicht sterben!«. Die Zeit 10/2012, S. 56.

[36] Ausschuss für Menschenrechte im Deutschen Bundestag. Pressemitteilung 20.10.2011: »Ausschuss für Menschenrechte und humanitäre Hilfe fordert Freilassung von Menschenrechtlern im Iran«. http://www.bundestag.de/presse/pressemitteilungen/2011/pm_111020.html, 20.10.2011.

[37] Christoph Strässer: spdfraktion 01.03.12. »Todesurteil an Pastor Nadarkhani nicht vollstrecken«. https://www.spdfraktion.de/cnt/rs/rs_dok/0,,60393,00.html, 01.03.12.

[38] Elmar Brok: Pressemitteilung 09.03.2012. »Iran muss Pastor Nadarkhani freilassen«. http://www.elmarbrok.de/archives/iran-muss-pastor-nadarkhani-freilassen, 09.03.2012.

[39] S. dazu Richard Howell in Thomas Schirrmacher, Richard Howell: Racism. With an essay on Caste in India. Bonn: VKW, 2012.

[40] Eine gute Einführung mit vielen Stimmen findet sich in: Evangelisches Missionswerk in Deutschland, Dalits: Religion und Menschenrechte der ehemaligen »Unberührbaren« in Indien. Weltmission heute 67. Hamburg: 2009, mit einer guten Literaturliste, S. 192–196. S. weiter Brigitte Voykowitsch, Dalits: Die Unberührbaren in Indien. Wien: Verlag Der Apfel, 2006. Und aus akademischer Sicht: S. M. Michael (Hg.), Dalits in Modern India. Los Angeles/Singapore: SAGE, 2007. Dalits: Viele englischsprachige Quellen unter: http://idsn.org/country-information/india/.

[41] Dem liegen Selbstauskünfte aller Kirchen und Befragungen vieler Experten zugrunde: Jason Mandryk. Operation World. Secunderabad (Indien): Biblica, 2010. S. 405–446.

[42] Zur Geschichte vgl. Thomas Schirrmacher, »Indian and Pakistani Christianity«. In: George Thomas Kurian (Hg.). Encyclopedia of Christian Civilization. 4 Bde. Chicester: Wiley-Blackwell, 2011. S. 1191–1995.

[43] Thomas Schirrmacher, »Mar Thoma Church«. In: George Thomas Kurian (Hg.). Encyclopedia of Christian Civilization, A.a.O. S. 1420–1422.

[44] »Freedom of Religion in India«. http://en.wikipedia.org/wiki/Freedom_of_religion_in_India.

[45] www.bjp.org.

[46] Jakob Rösel, Ideologie, Organisation und politische Praxis des Hindunationalismus: Lehre, Rituale und Wirkung des RSS und der BJP. Internationales Asienforum 25 (1994): S. 285–313.

[47] S. ausführlicher Thomas Schirrmacher, Fundamentalismus: Wenn Religion zur Gewalt wird. Holzgerlingen: SCM Hänssler, 2010.

[48] Hans-Joachim Klimkeit, Der Politische Hinduismus. Wiesbaden: Harrasowitz, 1981.

[49] Michael Schied, Nationalismus und Fundamentalismus in Indien. Der Ayodhya-Konflikt. Saarbrücken: Müller 2008; Clemens Six, Hindu-Nationalismus und Globalisierung. Frankfurt: Brandes, 2001; Andreas Schworck, Ursachen und Konturen eines Hindu-Fundamentalismus in Indien aus modernisierungstheoretischer Sicht. Berlin: Verlag für Wissenschaft und Bildung, 1997; Ernst Pulsfort, Indien am Scheideweg zwischen Säkularismus und Fundamentalismus. Würzburg: Echter, 1991.

[50] Katharina Ceming, »Hinduismus: Auf dem Weg vom Universalismus zum Fundamentalismus?«; polylog. Zeitschrift für interkulturelles Philosophieren 12 (2004), S. 99–114 (= 1–15), auch unter http://them.polylog.org/5/ack-de.htm, S. 7.

[51] Thomas Schirrmacher, »Aktuelle Entwicklungen der Christenverfolgung weltweit«. In Kuno Kallnbach, Helmut Matthies (Hg.): Bedrängt, verfolgt, getötet. Gießen: Brunnen, 2012, S. 59–82.

[52] Die beste Zusammenfassung bei American Center for Law and Justice: »Religious Freedom Acts: Anti Conversion Laws in India«. 26.06.2009, media.aclj.org/pdf/freedom_of_religion_acts.pdf. Vgl. auch http://www.conservapedia.com/Anti-conversion_legislation_in_India; vgl. Arun K. Dasgupta, Religion, secularism, and conversion in India. Kolkata: Seribaan, 2010.

[53] Zuletzt http://www.state.gov/j/drl/rls/irf/2010_5/168245.htm, frühere Jahre unter http://www.state.gov/j/drl/rls/irf/; vgl. auch die Empfehlungen der United States Commission on International Religious Freedom unter http://www.uscirf.gov/component/tag/india.html.

[54] Nirmala Carvalho, Asia News. 04.09.2005, http://www.asianews.it/index.php?art=3002&l=en.

[55] Evangelical Fellowship of India: http://www.efionline.org/persecution; All India Christian Council: http://www.christiancouncil.in/; The Catholoc Secular Forum: http://www.thecsf.org/home.html; weitere Berichte finden sich unter http://christianpersecutionindia.blogspot.com/. Gesamtbericht für 2011 http://www.efionline.org/persecution/494-persecution-report-yearly-compilation-2011, auch unter http://www.iirf.eu/index.php?id=108.

[56] Fernando Perez, »A New Dimension of Christian Persecution in India«, 19.05.2011. http://www.iirf.eu/index.php?id=221&no_cache=1&tx_ttnews[backPid]=108&tx_ttnews[tt_news]=1139.

[57] Zitiert nach Christian Solidarity Worldwide. Briefing, India: Religious Violence and Discrimination against Christians in 2007: New Malden (GB), 2008. http://dynamic.csw.org.uk/article.asp?t=report&id=91&rnd=0.6 810 877.

[58] Joseph D'souza, Dalit Freedom: Now and Forever. London: OM & Colorado: Dalit Freedom Network, 2005. www.dalitnetwork.org.

59 www.idsn.org; www.ncdhr.org.in; www.dalit.de.

60 Human Rights Watch, »Hidden Apartheid«. New York 2007. http://www.hrw.org/en/node/11030/section/1, als pdf unter www.chrgj.org/docs/IndiaCERDShadowReport.pdf.

61 Ebd. S. 75–77, Übersetzung aus Thomas Schirrmacher: »Wenn indische Dalits zum Christentum oder Islam konvertieren, verlieren sie verfassungsmäßige Garantien und Sozialhilfe.« In: Max Klingberg, Thomas Schirrmacher, Ron Kubsch (Hg.), Märtyrer 2009 – Das Jahrbuch zur Christenverfolgung heute. VKW: Bonn, 2009, S. 148–156.

62 Brigitte Voykowitsch, Dalits. a. a. O. S. 85, vgl. zur Diskriminierung von Dalits in christlichen Kirchen und der zunehmenden Gleichberechtigungsbewegung dort S. 83–87.

63 Jean Benjamin Sleiman, Der Aufschrei des Erzbischofs von Bagdad. Christliche Kirche im Irak. Echter Verlag 2009, S. 131.

64 Apg. 2,9.

65 »Eure Schwestergemeinde hier in Babylon lässt euch grüßen« (1. Petr 5,13).

66 Auch im Alten Testament finden zahlreiche Orte auf dem Gebiet des heutigen Irak Erwähnung: Abraham stammte aus der Stadt Ur in Chaldäa – im heutigen Südirak (1. Mose 11,27); der Prophet Jona erhält von Gott den Auftrag, nach Ninive zu gehen (Jona 1,2) – im Norden des heutigen Irak; und der Prophet Nahum stammt aus der unweit von Mosul gelegenen Stadt Alqosh/Elkosch (Nahum 1,1).

67 Syrer sind hier nicht zu verwechseln mit den Staatsangehörigen Syriens; vielmehr handelt es sich um ein christliches Volk, das sich selbst Suryoye nennt und auch als aramäisch bezeichnet wird.

68 Jean-Pierre Valognes, Vie et mort des chrétiens d'orient. Des origines à nos jours. Fayard 1994, S. 736.

69 Martin Tamcke, Christen in der islamischen Welt. Von Mohammed bis zur Gegenwart. Verlag C.H. Beck 2008, S. 166.

70 Jean-Pierre Valognes, Vie et mort, S. 735.

71 World Christian Database, Center for the Study of Global Christianity, Gordon-Conwell Theological Seminary. Abgerufen am 16.01.2012.

72 Besuch bei den chaldäisch-katholischen Bischöfen von Erbil-Ankawa, Mosul, Alqosh, Ahmadiya im April 2011.

73 Von den über 100 000 zivilen Opfern der Gewalt sind allein 12 000 durch Anschläge von Selbstmordattentätern ums Leben gekommen. Siehe: The Lancet, Volume 378, Issue 9794, S. 906, 03.09.2011.

74 Kamal Sido. Ethnische Säuberung und Christenverfolgung: Das Schicksal der aramäischsprachigen Assyro-Chaldäer im Irak. Gesellschaft für bedrohte Völker. Göttingen 2012.

75 Sébastien De Courtois, Le nouveau défi des chrétiens d'Orients. D'Istanbul à Bagdad, JC Lattès 2009, S. 87.

[76] Der römisch-katholische Erzbischof von Bagdad beschreibt diesen Minderheitenstatus als »Tragik der Dhimmitude«. Siehe: Sleiman, Jean Benjamin. Der Aufschrei, S. 19.

[77] Einige christliche Geistliche sahen sich sogar gezwungen, den angebotenen Schutz durch die US-Armee abzulehnen, um nicht als Alliierte der Vereinigten Staaten zu erscheinen. Siehe: Kenneth Katzman Iraq: Politics, Governance, and Human Rights. Congressional Research Service 2011, S. 23.

[78] Gespräche im Rahmen einer Reise organisiert von missio Aachen. Klaus Barwig / Otmar Oehring (Hg.), Hintergrundinformationen. Aufnahme von Irakflüchtlingen. Zur Situation nichtmuslimischer Flüchtlinge in den Nachbarländern des Irak, missio 31, 2008.

[79] »Wir werden über ihnen die Tore der Zerstörung öffnen und die Flüsse des Blutes«, hieß es in einer Erklärung der Organisation. Zitiert nach Martin Chulov. Resurgent al-Qaida threatens Christians in Iraq with »destruction«: The Guardian, 03 112 010.

[80] Antonio Guterres, Statement to the Conference on Addressing the Humanitarian Needs of Refugees and Internally Displaced Persons Inside Iraq and in Neighbouring countries. http://www.unhcr.org/462490411.html, 2007.

[81] Die Zahlen basierten auf Schätzungen, da sich bei Weitem nicht alle Flüchtlinge beim Flüchtlingswerk der Vereinten Nationen (UNHCR) registrieren ließen. Ende des Jahres 2011 hielten sich 12 000 irakische Christen in Syrien auf (entspricht 12 % der irakischen Flüchtlinge), 3 800 in Jordanien (11 %), 4 800 im Libanon (52 %) und 4 200 in der Türkei (39 %). UNHCR Iraq Operation: Statistical Report on UNHCR Registered Iraqis and Non-Iraqis, 31.12.2011.

[82] Barwig / Oehring (Hg), Aufnahme von Irakflüchtlingen.

[83] Schlussfolgerungen des Rates der Europäischen Union: Justiz und Inneres. 27.–28.11.2008.

[84] Jan Bittner, »Die Aufnahme von Irakflüchtlingen in Deutschland«, in: Kuno Kallnbach / Helmut Matthies (Hg.) Bedrängt, verfolgt, getötet. Wenn es lebensgefährlich ist, Christ zu sein. Gießen: Brunnen-Verlag, 2012.

[85] UNHCR Iraq Operation: Statistical Report on UNHCR Registered Iraqis and Non-Iraqis. 31.10.2011.

[86] Gespräche des Verfassers mit Irakflüchtlingen in Amman und in Beirut im Mai 2011. Der hohe Migrationsdruck ist auch an den Asylbewerberzahlen in Deutschland abzulesen: 13 % der im Jahr 2011 in Deutschland Asylsuchenden waren Iraker. 2011 haben 5 831 Menschen aus dem Irak Asyl in der Bundesrepublik Deutschland beantragt. Damit lag der Irak hinter Afghanistan an zweiter Stelle der Herkunftsländer von Asylsuchenden in Deutschland.

[87] Gespräche des Verfassers mit Vertretern internationaler Organisationen in der Region.

[88] Mirella Galletti, Le Kurdistan et ses chrétiens, Les Éditions du Cerf, 2010.

[89] International Crisis Group. Iraq's New Battlefront. The Struggle over Ninewa: Middle East Report 90, 2009.

[90] Der Wunsch nach Autonomie hat einen seiner historischen Vorläufer in Versuchen der Assyrer im Ersten Weltkrieg, mit einer eigenen Legion an der Seite der Briten territoriale Unabhängigkeit gegen das Osmanische Reich zu erkämpfen. Der Versuch scheiterte und führte zu einer verschärften Verfolgung und Unterdrückung der assyrischen Christen.Vgl. Martin Tamcke, Christen in der islamischen Welt.

[91] UNAMI Human Rights Office and Office of the High Commissioner for Human Rights: 2010 Report on Human Rights in Iraq.

[92] USCIRF: Annual Report of the United States Commission on International Religious Freedom May 2011, S. 88, http://www.uscirf.gov/images/book%20with%20cover%20for%20web.pdf.

[93] UNHCR: UNHCR Eligibility Guidelines for Assessing the International Protection Needs of Iraqi Asylum-Seekers, 2009, S. 175. http://www.unhcr.org/refworld/docid/49f569cf2.html.

[94] Sleiman, Der Aufschrei, S. 115.

[95] UNAMI Human Rights Office and Office of the High Commissioner for Human Rights: 2010 Report on Human Rights in Iraq.

[96] Die Wörter »Kopten« und »Ägypten« sind etymologisch verwandt und werden beide abgeleitet vom griechischen Wort »Aegyptos«, mit dem die Griechen das von Alexander dem Großen eroberte Pharaonenland bezeichneten.

[97] Ist im Folgenden von der »koptischen Kirche« die Rede, ist immer die koptisch-orthodoxe Kirche gemeint.

[98] Zur Geschichte des koptischen Christentums vgl. Otto F. Meinardus, Two Thousand Years of Coptic Christiantiy, Kairo 2002, sowie Emma Brunner-Traut, Die Kopten. Leben und Lehre der frühen Christen in Ägypten: Freiburg 2000.

[99] Die genaue Zahl der Christen in Ägypten ist ein Politikum und daher umstritten. Vertreter der Kirche und viele Kopten sprechen von 12 bis 20 % der Bevölkerung. Die ägyptische Regierung, aber auch westliche Beobachter halten eine Größenordnung von 5 bis 8 % für realistisch. Zu dieser Diskussion vgl. Arab-West-Report 52/17 2008. www.arabwestreport.info.

[100] Vgl. hierzu die Zitatensammlung koptischer Intellektueller bei www.arabwestreport.info vom 26.07.2008, sowie das viel beachtete Interview mit dem einflussreichen Bischof Bischoy in der Tageszeitung Al-Masry Al-Youm: »Key church figure discusses hot topics with Al-Masry Al-Youm.« In: Al-Masry Al-Youm vom 15.09.2010. http://

www.egyptindependent.com/news/key-church-figure-discusses-hot-topics-al-masry-al-youm.

101 Vgl. hierzu auch die Schilderungen in Cornelius Hulsman: Die Hintergründe des brutalen Anschlags auf eine koptische Kirche in Alexandria am 1. Januar 2011. Eine auf 15 Jahre Forschungsarbeit zu den muslimisch-christlichen Beziehungen in Ägypten gestützte Analyse, Aachen: missio 2011, S. 6–8.

102 Grundsätzlich zum muslimischen Verständnis des Christentums und zum christlich-islamischen Dialog vgl. Christian Troll: Unterscheiden um zu klären. Orientierung im christlich-islamischen Dialog, Freiburg 2008.

103 Vgl. hierzu United States Department of State: International Religious Freedom Report, July-December 2010: Egypt, Washington 2011, S. 14, zit. nach www.state.gov.

104 Für eine aktuelle Position zur Problematik des »Abfalls vom Islam« (Apostasie) vgl. Al-Qaradawi, Yusuf: Apostasy. Major and Minor, zit. nach www.islamonline.net vom 13042006. Der Text ist hier nicht mehr abrufbar. Dafür auf folgender Seite http://www.slideshare.net/IslamicBooks/apostasy-major-minor-by-dr-yusuf-al-qaradawi-2777415.

105 Dennoch fordern auch ägyptische Kleriker, wie etwa der bekannte Fernsehprediger Yusuf al-Badri, öffentlich die Todesstrafe für Konvertiten (zum Christentum), vgl. hierzu »Ägypten: Muslimische Autoritäten fordern Enthauptung von Konvertiten«. In: www.kath.net vom 31.08.2007. http://www.kath.net/detail.php?id=17614.

106 Vgl. US Department of State 2011, S. 3–5.

107 Vgl. Volkhart Windfuhr: »Grundsatzurteil in Ägypten. Christliche Konvertiten dürfen Islam wieder verlassen«. In: Spiegel Online vom 15022008. http://www.spiegel.de/politik/ausland/0,1518,535667,00.html. Ausgelöst wurde die Diskussion vom Fall Mohammed Hegasys, der 2007 als erster Konvertit vom Islam zum Christentum eine Anerkennung des Religionswechsels durch den ägyptischen Staat gerichtlich erwirken wollte.

108 Vgl. Daily News Egypt vom 17.05.2011. Nicht online, alternativ zitiert: »No more discriminatory law against churches in Egypt: PM Sharaf«. In: Ahramonline vom 11.05.2011. http://english.ahram.org.eg/NewsContent/1/64/11899/Egypt/Politics-/No-more-discriminatory-laws-against-churches-in-Eg.aspx.

109 Dies führte zum lauten Protest einiger jüngerer Kopten während der Messe. Vgl. Matthias Sailer: »Päpstliche Diktatur«. In: The European vom 11.01.2012. http://www.theeuropean.de/sailer-matthias/9512-koptische-christen-in-aegypten.

110 Zum koptischen Kirchenrecht vgl. Tobias Erdmann: Das Recht der koptischen Kirche. München: GRIN Verlag 2009.

[111] Vgl. »Coptic church ordered to allow remarriage«. In: Middle East Online, 31.05.2010. http://middle-east-online.com/english/?id=39275.

[112] Vgl. hierzu Kristina Bergmann: »Aufstand der ägyptischen Christen. Kopten fordern von ihrer Kirche Scheidungsrecht oder gar ein ziviles Personenstandsrecht«. In: Neue Zürcher Zeitung, 10.10.2011.

[113] Vgl. hierzu Hulsman 2011, S. 30–32.

[114] Vgl. hierzu US Department of State 2011, S. 4f., 7.

[115] Zur christlichen Kritik an der koptischen Kirche und an angeblich zunehmenden Kirchenaustritten vgl. »NGO report: 93 000 Copts left Egypt since March«. In: Egypt Independent, 25.09.2011. http://www.egyptindependent.com/news/ngo-report-93000-copts-left-egypt-march.

[116] Vgl. Frankfurter Allgemeine Zeitung vom 29.04.2009.

[117] Dem (einzigen) christlichen Gouverneur Ägyptens wurde u.a. vorgeworfen, ein Anhänger des gestürzten Präsidenten Mubaraks zu sein und ein gewaltsames Vorgehen gegen die Protestbewegung vom 25. Januar 2011 befürwortet zu haben. Vgl. hierzu: »Tens of thousand continue protest against Qena governor«. In: Egypt Independent22.04.2011. http://www.egyptindependent.com/news/tens-thousands-continue-protests-against-qena-governor.

[118] Der Begriff bezieht sich auf den Namen der Straße in der Gegend vor dem Rundfunkgebäude.

[119] Vgl. hierzu Hulsman 2011, S. 19.

[120] Dieser Generalverdacht gegenüber den Kopten wird oft verstärkt von der im Prinzip wichtigen und richtigen internationalen Unterstützung der christlichen Minderheit in Ägypten. Zugleich erklärt er die Zurückhaltung der Kirche gegenüber ausländischen Besuchern und internationalen Gesten und Hilfsangeboten. Vgl. hierzu auch die Artikelsammlung in: Süddeutsche Zeitung, 10.10.2011.

[121] Christian Rumpf, Das türkische Verfassungssystem. Einführung mit vollständigem Verfassungstext. Wiesbaden 1996, S. 106, und ders.: »Laizismus, Fundamentalismus und Religionsfreiheit in der Türkei in Verfassung, Recht und Praxis«. In: Verfassung und Recht in Übersee (VRÜ) 32 (1999), S. 166.

[122] Ebd. S. 167.

[123] Griechisch-orthodoxes Ökumenisches Patriarchat, armenisch-katholische und armenisch-orthodoxe Kirche, chaldäisch(-katholische) Kirche, syrisch-katholische und syrisch-orthodoxe Kirche u.a.

[124] Dazu: European Commision for Democracy through Law (Venice Commisson). Draft Opinion on the Legal Status of Non-Muslim Religious Communities in Turkey and the Right of the Orthodox Patriarchate of Istanbul to Use the Adjecktive ›Ecumenical‹. Opinion no. 535/2009 – CDL(2010)011. http://www.venice.coe.int/docs/2010/CDL(2010)011-e.asp, dort: Nr. 33.

[125] Art. 24 TVerf'82.

[126] Kemal Gözler, »1982 Anayasası'na Göre Din Eğitim ve Öğretimi« (Religions-Erziehung und -Unterricht nach der Verfassung von 1982), Prof. Dr. Tunçer Karamustafaoğlu'na Armağan. Ankara, Adalet Yayınevi 2010, p. 317-334, www.anayasa.gen.tr/din-egitimi.htm.

[127] Zum Inhalt der Lehrpläne vgl. www.dkab.org.

[128] »Aile Çocuğun Dışlanmaması için Dava Açmak İstemiyor« [Eltern wollen nicht klagen, weil sie nicht wollen, dass ihre Kinder ausgeschlossen werden.], Bianet 22.06.2011,http://bianet.org/bianet/insan-haklari/130932-aile-cocugun-dislanmamasi-icin-dava-acmak-istemiyor.

[129] Am 9. Juli 1990 entschied die Direktion des Hohen Rates für Erziehung und Unterricht beim Erziehungsministerium (Milli Eğitim Bakanlığı'na bağlı Eğitim ve Öğretim Yüksek Kurulu Başkanlığı), dass christliche und jüdische Schüler nicht am Religionskultur- und Ethikunterricht teilnehmen müssen.

[130] Eine Umfrage hat ergeben, dass 82,1 % der Einwohner der Türkei der Meinung sind, dass Religionsunterricht ein Pflichtfach in den öffentlichen Schulen sein sollte. Die Umfrage hat ferner ergeben, dass 85,5 % der Meinung sind, dass gottesdienstliche Praktiken wie die rituelle Waschung oder das rituelle Gebet (namaz) Bestandteil der allgemeinen Unterweisung über den Islam sein sollten. Vgl. dazu: Ali Çarkoğlu and Binnaz Toprak. Religion, Society and Politics in a Changing Turkey [Religion, Gesellschaft und Politik in einer sich wandelnden Türkei]. TESEV Publications 2007, S. 60.

[131] EGMR-Entscheidung in der Sache Hasan und Eylem Zengin vs. Türkei, 09.10.2007, Antrags-Nr. 1448/04.

[132] Ebd.

[133] Die Lehrpläne für den Religionskultur- und Ethikunterricht wurden 2006 und 2011 überarbeitet.

[134] Staatsrat, 8. Kammer, 28.12.2007, E2006/4107, K.2007/481, 29.02.2008, E.2007/679 K.2008/1461.

[135] Ebd.

[136] Ahmet Sezer, »Türkiye'de Din-Vicdan Özgürlüğü ve Din Devlet İlişkisi« (Freiheit der Religion, des Gewissens und das Verhältnis von Staat und Religion in der Türkei). In Prof. Dr. Bülent Tanör Armağan: Legal Publications. Istanbul 2004, S. 561–609.

[137] Vgl. das Programm für das Schuljahr 2011/2012 http://dogm.meb.gov.tr/ogretim_programlari.html.

[138] Diyanet İşleri Başkanlığı Kur'an Kursları ile Öğrenci Yurt ve Pansiyonlarına ilişkin Yönetmelik [Verordnung über die Korankurse, Wohnheime und Internate des Präsidiums für religiöse Angelegenheiten], R.G. (Staatsanzeiger) Nr. 23982, 3.3.2000. Gemäß Artikel 4(k) können Schüler nach Vollendung der fünften Klasse an diesen Korankursen teilnehmen.

[139] Türk Ceza Kanunu (Türkisches Strafgesetzbuch), Gesetz Nr. 5237, 26.9.2004, Artikel 119/1-e.

[140] Missionarische Aktivitäten wurden in einem Dokument zur Nationalen Sicherheitspolitik, das anlässlich einer Sitzung des Nationalen Sicherheitsrats 2001 vorgelegt wurde, als eine nationale Bedrohung benannt.

[141] Vgl. das jüngst erschienene Buch von İsmail Saymaz, Nefret-Malatya: Bir Milli Mutabakat Cinayeti (Hass – Malatya: A National Consensus Murder). Kalkedon Publications 2011. Vgl. auch die Berichte der Vereinigung Protestantischer Kirchen aus den Jahren 2008–2011: www.protestankiliseler.org.

[142] Vgl. dazu insbesondere: Human Rights Committee, General Comment No. 22: The right to freedom of thought, conscience and religion (Art. 18): 07/30/1993. CCPR/C/21/Rev.1/Add.4 para. 4: »Die Praxis und Unterweisung einer Religion oder einer Überzeugung beinhaltet auch Akte, die der Religionsausübung durch Religionsgemeinschaften eigen sind, wie die Freiheit, die eigenen religiösen Führer, Geistlichen, Lehrer zu bestimmen, die Freiheit zur Errichtung von Seminaren und Religionsschulen und die Freiheit zur Erstellung und Verbreitung religiöser Texte und Publikationen.«

[143] Artikel 24, Absatz 3.

[144] USCIRF Turkey Report 2010, http://www.uscirf.gov/images/ar2010/turkey2010.pdf.

[145] Ebd.

[146] Toplantı ve Gösteri Yürüyüşleri Kanunu (Gesetz über Versammlungen und Demonstrationen) Artikel 4 (b), Gesetz Nr. 2911, 06.10.1983, R.G. (Staatsanzeiger) Nr. 18185, 08.10.1983.

[147] Bericht der Vereinigung protestantischer Kirchen: »Bedrohung« oder bedroht – Soziale und rechtliche Probleme von Protestanten in der Türkei. Oktober 2010, https://docs.google.com/viewer?url=http://protestankiliseler.com/data/Protestants_in_Turkey-_A_Threat_of_Under_Threat_2010_.pdf.

[148] İmar Kanunu (Bebauungsgesetz), Gesetz Nr. 3194, 3.5.1985, R.G. (Staatsanzeiger) Nr. 18749, 09.05.1985, Zusatz-Regelung 2 (Änderungsartikel 9), 15.7.2003.

[149] Ebd.

[150] S.o. Fußnote 19.

[151] Cemevi bedeutet »Versammlungsort« und bezeichnet eine Gebetsstätte der Aleviten.

[152] Mustafa Kara, Din Hayat Sanat Açısından Tekkeler ve Zaviyeler (Tekke und Zaviye im Lichte von Religion, Leben, Kunst). Dergah Verlag 1999, S. 55–60; A. Y. Ocak, Zaviyeler, Dini, Sosyal ve Kültürel Tarih Açısından bir Deneme [Die Zaviye aus religiöser, sozialer und

kulturgeschichtlicher Sicht]. In: Osmanlı Sufiliğine bir Bakış [Blick auf den osmanischen Sufismus], 2011, S. 225.

153 Zu den Problemen und Forderungen der Aleviten im Hinblick auf die Cemevi vgl. den von der Föderation der Alevitenverbände publizierten Bericht: Belief Groups in Turkey: A New Framework Aimed at Issues and Demands, September 2011. Der Bericht stellt fest, dass es neben den rechtlichen Problemen im Hinblick auf die Anerkennung der Cemevi als Gebetsstätten beim Bau von Cemevi immer wieder zu ernsten sozialen Spannungen kommt.

154 Mine Yildirim, TURKEY: The right to have places of worship – a trapped right. Forum 18. http://forum18.org/Archive.php?article_id=1549.

155 Derwisch-Orden.

156 Derwisch-Klöster.

157 Gesetz Nr. 677 vom 30. November 1341 [1925] über Verbot und Schließung der Derwischorden, der Klöster und Mausoleen, über das Verbot des Berufs der Mausoleenwächter und der Führung und Verleihung einiger Titel.

158 Aramäisch: »Berg der Knechte Gottes«.

159 Boko Haram bedeutet in der Sprache der Hausa: »Westliche Bildung ist Sünde«.

160 Goodluck Jonathan, »Boko Haram has infiltrated my govt – Jonathan«, Punch, 09.01.12, www.punchng.com/news/boko-haram-has-infiltrated-my-govt-jonathan/.

161 Die internationale Menschenrechtsorganisation Human Rights Watch hierzu: »Boko Haram's attacks show a complete and utter disregard for human life. The Nigerian authorities need to call a halt to this campaign of terror and bring to justice those responsible for planning and carrying out these reprehensible crimes.« Human Rights Watch. Nigeria. Boko Haram Widens Terror Campaign. 24.01.12. www.hrw.org/news/2012/01/23/nigeria-boko-haram-widens-terror-campaign.

162 Die Forderung nach einer *Sovereign National Conference* bedeutet, dass sich die Nigerianer intensiv mit der Frage auseinandersetzen, ob sie weiterhin in einer gemeinsamen Föderation leben wollen und welches die gemeinsame Grundlage hierfür sein sollte.

163 Die Studie des Pew Forum on Religion and Public Life von 2006 gibt an, dass 91 % der Muslime und 76 % der Christen in Nigeria Religion als wichtigste Identitätsgrundlage ansehen. Nur 3 % der Muslime und 9 % der Christen sehen dagegen ihre Nationalität als wichtigste Identitätsgrundlage. The Pew Forum on Religion and Public Life. Nigeria's Predidential Election: The Christian-Muslim Divide. 21.03.07. http://pewforum.org/Politics-and-Elections/Nigerias-Presidential-Election-The-Christian-Muslim-Divide.aspx.

[164] Zwölf Bundesstaaten in Nordnigeria haben die Schariagesetzgebung eingeführt. Die nicht strafrechtlichen Aspekte der Scharia waren im nigerianischen Rechtssystem schon seit der Kolonialzeit erlaubt. Die Integration der strafrechtlichen Aspekte sowie die Einführung und Umsetzung des Verhaltenskodex nach der Scharia begann 1999 und mündete in religiöse Gewalt.

[165] Vgl. Paul Marshall (2008:11), Religious Freedom in the World, Rowman & Littlefield Publishers.

[166] Das *Association of Religion Data Archive* führt Daten diverser offizieller und unabhängiger Quellen zusammen, darin enthalten sind auch die Daten der *US State Department's International Religious Freedom Reports*, www.thearda.com/internationalData/countries/Country_166_3.asp.

[167] Die Hausa und Fulani sind eigenständige ethnische Gruppen, werden aber oft als eine einzige Gruppe betrachtet, die dann als Hausa-Fulbe bezeichnet wird.

[168] Gbenga Akiingbule, »Bloomberg: Nigerian Security Forces Arrest Islamist Fighters' Spokesman«. Brüssel: International Crisis Group 2012, http://crisisgroup.tumblr.com/post/16 874 887 476/bloomberg-nigerian-security-forces-arrest-islamist.

[169] Yusufu Turaki, Tainted Lagacy. Islam, Colonialism and Slavery in Northern Nigeria. Isaac Publishing 2010. Prof. Turaki ist ein nigerianischer Professor der Theologie und Sozialethik am Theologischen Seminar ECWA in Jos, Plateau. Er gewährte uns wertvolle Einblicke in seine umfangreichen Forschungsarbeiten zur Geschichte der muslimisch-christlichen Beziehungen im Norden Nigerias, als wir ihn im August 2010 in Jos interviewten.

[170] Vgl. Sanusi Lamido Sanusi: »Fundamentalist Groups and the Nigerian Legal System: Some Reflections«. WLUML (Women Living Under Muslim Laws) 2004. www.wluml.org/sites/wluml.org/files/import/english/pubs/pdf/wsf/09.pdf.

[171] Abiodun Alao, »Islamic Radicalisation and Violence in Nigeria«. Security and Development 2010. www.securityanddevelopment.org/pdf/ESRC%20Nigeria%20Overview.pdf. International Crisis Group, »Northern Nigeria: Background to Conflict«, Africa Report Nr. 168, 20.12.2010. www.crisisgroup.org/~/media/Files/africa/west-africa/nigeria/168 %20Northern%20Nigeria%20-%20Background%20to%20Conflict.ashx.

[172] Human Rights Watch schätzt die Zahl der Todesfälle auf über 800. »Nigeria: Post-Election Violence killed 800«. Human Rights Watch 2011. www.hrw.org/news/2011/05/16/nigeria-post-election-violence-killed-800.

[173] The News, »Wole Soyinka: Next Phase of Boko Haram Terrorism«, 06.02.2012. http://thenewsafrica.com/2012/02/06/next-phase-of-boko-haram-terrorism/.

[174] Rainer Rothfuss/Yakubu Joseph, »The Spatial Dimension of Muslim-Christian Conflicts in the Middle Belt of Nigeria«, International Journal of Religious Freedom 3(2), 2010, S. 39–63.

[175] In letzter Zeit ist die Gruppe dazu übergegangen, Menschen in Kirchen zu erschießen und Sprengstoffattentate zu verüben. So wurde am Weihnachtstag die St. Theresa Catholic Church in Madalla bombardiert, wobei 44 Menschen starben und 127 verletzt wurden, von denen sieben erblindeten. Adelowo Oladipo: »Madalla bomb blast: 7 parishioners go blind«, Tribune 22.02.12. http://tribune.com.ng/index.php/news/36404-madalla-bomb-blast-7-parishioners-go-blind. Am gleichen Tag erfolgten auch Angriffe auf Kirchen in Jos und Potiskum.

[176] Leadership: »We're Planning A ›War‹ On Christians – Boko Haram Spokesman«, 04032012. www.leadership.ng/nga/articles/18121/2012/03/04/were_planning_war_christians_-_boko_haram_spokesman.html.

[177] Die nachfolgenden Informationen stützen sich auf Interviews, die Ende 2011 und Anfang 2012 mit einigen vertriebenen indigenen Christen im Bundesstaat Yobe durchgeführt wurden.

[178] Siehe Beitrag des Vorsitzenden des Yobe State Chapter of the Christian Association of Nigeria, Rev. Garba Idi in einem Interview mit dem Nigerian Tribune newspaper. Isaac Shobayo: »Many Christians have fled Yobe«. Tribune 07.02.12. http://tribune.com.ng/index.php/gamji-interview/35610-many-christians-have-fled-yobe-rev-idi.

[179] www.nirecng.org.

[180] Die Vereinten Nationen (UNFPA 2010, S. 103) erwarten einen Anstieg der Bevölkerung Nigerias auf 289,1 Million bis zum Jahr 2050. State of World Population 2010. From conflict and crisis to renewal: generations of change. http://www.unfpa.org/webdav/site/global/shared/swp/2010/swop_2010_eng.pdf.

[181] http://www.bmz.de/de/was_wir_machen/laender_regionen/subsahara/nigeria/zusammenarbeit.html.

[182] Vgl. Bettina David, »Machtverschiebungen zwischen Indonesiens Zentrum und Peripherie«. Aus Politik und Zeitgeschichte 62, 2012, 11–12: 23–30.

[183] Vgl. zur Geschichte Thomas Schirrmacher, »Indonesian Christianity«. In: George Thomas Kurian (Hg.). Encyclopedia of Christian Civilization. 4 Bde. Chicester: Wiley-Blackwell, 2011. S. 1197–1199. Zu den indonesischen Kirchen siehe Adolf Heuken, Ensiklopedi gereja. 9 vols. Jakarta: Yayasan Cipta Loka Caraka, 2004–2006 und zur katholischen Kirche ders. 200 tahun Gereja Katolik di Jakarta. Jakarta: Yayasan Cipta Loka Caraka, 2007.

[184] Katholisch: Raja Oloan Tumanggor, Adat und christlicher Glaube: Eine missionswissenschaftliche Studie zur Inkulturation des christlichen Glaubens unter den Toba-Batak (Indonesien). Diss.: Univ. Münster, 2006, Evangelisch: Lothar Schreiner. Adat und Evangelium. Gütersloh: Mohn, 1972; Paul B. Pedersen, Batak blood and Protestant soul: the development of national Batak churches in North Sumatra. Grand Rapids (MI): Eerdmans, 1970.

[185] Jason Mandryk, Operation World. Secunderabad (Indien): Biblica, 2010. S. 446–463.

[186] Vgl. zum Stand vor 1978 etwa Rolf Italiander: Indonesiens verantwortliche Gesellschaft. Verlag der Evangelisch-Lutherischen Mission: Erlangen, 1976; Theodor Müller-Krüger, Der Protestantismus in Indonesien. Stuttgart: Evangelisches Verlagswerk, 1968 oder auch noch meinen Bericht »Religion ist Pflicht in Indonesien«. Idea 80/81/8.10.1981/S.II-III; Idea-Spektrum Nr. 56-57/21.10.1981, S. 25.

[187] Dieter Becker, Die Kirchen und der Pancasila-Staat: Indonesische Christen zwischen Konsens und Konflikt. Missionswiss. Forschungen NF 1. Verlag der Ev.-Luth. Mission: Erlangen, 1996 und mein Kommentar dazu im Mitarbeiterbrief der Vereinigten Evangelischen Mission (VEM) 4/1998. S. 26.

[188] Pebri und Christian Goweiler, »Christen und Muslime in Indonesien«. Märtyrer 2010. VKW: Bonn, 2010. S. 209–212, hier S. 209.

[189] Der Wahhabismus ist Staatsreligion in Saudi-Arabien, eine besonders strenge Auslegung des Islam und Vorbild der Salafiyya.

[190] Thomas Schirrmacher, »Javanische Mystik«. Factum 10/1987, S. 3–6.

[191] Noorhaidi Hasan, Professorin an der *Sunan Kalijaga Islamic University* in Yogyakarta (Indonesien), ist die beste Kennerin der islamistischen Beeinflussung Indonesiens durch den Wahhabismus, siehe die Veröffentlichungsliste unter http://www.kitlv.nl/home/Projects?id=14. Besonders zu nennen sind: Noorhaidi Hasan, »The Failure of the Wahhabi Campaign: Transnational Islam and the Salafi Madrasa in Post 9/11 Indonesia«. South East Asia Research 18 (2010): 675–705; Noorhaidi Hasan, »The Drama of Jihad: The Emergence of Salafi Youth in Indonesia«. S. 49–62 in: Linda Herrera, Asef Bayat (Hg.). Being Young and Muslim: New Cultural Politics in the Global South and North. Oxford: Oxford University Press, 2010; Noorhaidi Hasan, Islamist Party, Electoral Politics, and Da'wa Mobilization among Youth: The Prosperous Justice Party (PKS) in Indonesia. RSIS Working Paper 184. Singapore: Rajaratnam School of International Studies, 2009; Noorhaidi Hasan, »Saudi expansion, Wahhabi campaign and Arabised Islam in Indonesia«. S. 263–281 in: Madawi al-Rasheed (Hg.). Kingdom without Borders, Saudi Political, Religious and Media. London: Hurst, 2008.

192 Noorhaidi Hasan, Laskar Jihad: Islam, Militancy and the Quest for Identity in Post-New Order Indonesia. Leiden: ISIM, 2005.

193 Noorhaidi Hasan, »Transnational Islam in Indonesia«, a.a.O. S. 124. Vgl. Frauke-Katrin Kandale. Der Islam in Indonesien nach 1998 am Beispiel der Partai Keadilan Sejahtera. Berlin: Regiospectra, 2008.

194 Kristina Großmann u.a., »Aceh nach Konflikt und Tsunami«. Aus Politik und Zeitgeschichte 62 (2012) 11–12, S. 37–43.

195 http://www.hrw.org/news/2010/11/29/indonesia-local-sharia-laws-violate-rights-aceh, der ausführliche Bericht »Policing Morality: Abuses in the Application of Sharia in Aceh, Indonesia« unter http://www.hrw.org/sites/default/files/reports/indonesia1210WebVersionToPost.pdf.

196 Islamische Rechtsgutachten.

197 Pebri und Christian Goweiler, »Christen und Muslime in Indonesien«. Märtyrer 2010. VKW: Bonn, 2010. S. 209–212.

198 Ebd.

199 Andreas Ufen, »Politischer Islam in Indonesien seit 1998«, Aus Politik und Zeitgeschichte 62 (2012), 11–12: 30–36, S. 31.

200 Thomas Schirrmacher, »Religion ist Pflicht in Indonesien«. Idea 80/81/8.10.1981/S.II-III; Idea-Spektrum Nr. 56-57/21.10.1981, S. 25.

201 International Crisis Group: »Indonesia: Trouble Again in Ambon«. Update Brief, Asia Briefeing No. 128, Jakarta & Brüssel, 04.10.2011. http://www.crisisgroup.org/en/regions/asia/south-east-asia/indonesia/B128-indonesia-trouble-again-in-ambon.aspx.

202 Anita Rachman, »Indonesia: A Bad Year for Religious Rights«. The Jakarta Globe, 26.12.11, http://www.thejakartaglobe.com/news/indonesia-a-bad-year-for-religious-rights/486729.

203 Am wichtigsten sind: der monatliche Bericht des islamischen Wahid-Instituts: http://www.wahidinstitute.org/Documents; der entsprechende Jahresbericht, zuletzt für 2010: http://www.wahidinstitute.org/Documents/Detail/?id=168/hl=en/Executive_Summary_Report_On_Religious_Freedom_And_Tolerance_2010_WI; der Jahresbericht des Setara Institute for Democracy and Peace 2010 liegt nur auf Indonesisch vor, der letzte ins Englische übersetzte ist der von 2008, http://www.setara-institute.org/.

204 Etwa der Blasphemiebericht 2010 für Indonesien: http://expression.freedomhouse.org/reports/blasphemy_report/indonesia; bestätigt vom UN-Flüchtlingskommissariat unter http://www.unhcr.org/refworld/country,,FREEHOU,,IDN,,4d5a700a2d,0.html.

205 Englisch: www.wahidinstitute.org/?lang=en.

206 Fernando Perez, »Why Religious Violence has Grown in Indonesia«, 18.02.11. http://www.iirf.eu/index.php?id=222&no_cache=1&tx_ttnews[backPid]=81&tx_ttnews[tt_news]=1111.

[207] http://www.state.gov/j/drl/rls/irf/2010_5/168 356.htm, frühere Jahre unter http://www.state.gov/j/drl/rls/irf/; vgl. auch die Empfehlungen der United States Commission on International Religious Freedom unter http://www.uscirf.gov/component/tag/indonesia.html.

[208] Vishal Arora, »Why Is Islamic Extremism Growing in Indonesia?«. 12.10.11. http://www.iirf.eu/index.php?id=222&no_cache=1&tx_ttnews[backPid]=81&tx_ttnews[tt_news]=1334.

[209] Thomas Schirrmacher, »Aktuelle Entwicklungen der Christenverfolgung weltweit«, S. 59–82 in: Kuno Kallnbach, Helmut Matthies (Hg.): Bedrängt, verfolgt, getötet. Gießen: Brunnen, 2012.

[210] Vgl. Jacques Bertrand, Nationalism and Ethnic Conflict in Indonesia. Cambridge: Cambridge University Press, 2004.

[211] Andreas Ufen, »Politischer Islam in Indonesien seit 1998«. Aus Politik und Zeitgeschichte 62 (2012), 11–12: 30–36, S. 31, s. die Quellen der Untersuchungen dort: http://www.bpb.de/publikationen/EOLHDR,0,Politischer_Islam_in_Indonesien_seit_1998.html.

[212] »Controversial Religious Affairs Minister Must Go«. The Jakarta Post, 28.01.2012, http://www.thejakartapost.com/news/2012/01/28/controversial-religious-affairs-minister-must-go.html.

[213] Alle Quellen sind auf Indonesisch, bis auf das Buch HM. Attamimy. Sinyo Harry Sarundajang. 82. S. Jakarta/Manado: o.V., 2010. Darin findet sich S. 7–19 ein Bericht von Thalib.

[214] »Entschließung des Europäischen Parlaments vom 07.07.2011 zu Indonesien, einschließlich Übergriffe auf Minderheiten«. http://www.europarl.europa.eu/sides/getDoc.do?pubRef=-//EP//TEXT+TA+P7-TA-2011-0341+0+DOC+XML+V0//DE.

[215] Dokumentation zur Religionspolitik in der VR China findet sich in D.E. MacInnis, Religious Policy and Practice in Communist China, New York 1972; ders: Religion in China Today. Policy and Practice. New York 1989; dt. Übers. Religion im heutigen China. Politik und Praxis, Nettetal 1993.

[216] Vgl. Zhuo Xinping, Theorien über Religion im heutigen China, in: R. Malek (Hg.), »Fallbeispiel China«. Ökumenische Beiträge zu Religion, Theologie und Kirche im chinesischen Kontext, Nettetal 1996, 417–429.

[217] Vgl. Jiang Ping, Die Religionstheorie des Marxismus und die Religionspolitik der Partei sorgfältig studieren!, in: China Heute Nr. 5–6, 1986, 8–16, 8.

[218] In der heute geltenden Verfassung der VR China von 1982, Art. 36 wird zur Religionsfreiheit festgehalten: »Die Bürger der VR China genießen Glaubensfreiheit. Kein Staatsorgan, keine gesellschaftliche Organisation und keine Einzelperson darf Bürger dazu zwingen, sich zu einer Religion zu bekennen oder nicht zu bekennen, noch dürfen sie jene Bürger benachteiligen, die sich zu einer Religion bekennen oder

nicht bekennen. Der Staat schützt die normalen religiösen Tätigkeiten. Niemand darf eine Religion dazu benutzen, Aktivitäten durchzuführen, die die öffentliche Ordnung stören, die körperliche Gesundheit von Bürgern schädigen oder das Erziehungssystem des Staates beeinträchtigen. Die religiösen Organisationen und Angelegenheiten dürfen von keiner ausländischen Kraft beherrscht werden.«

219 In der Praxis galt das Recht auf freie Religionsausübung nur eingeschränkt, da den Mitgliedern der kommunistischen Partei und den Angehörigen des Militärs verboten wurde – ein Verbot, das auch heute offiziell immer noch gilt –, sich einer Religion anzuschließen. Die Tatsache, dass die Anordnung, dass Mitglieder der kommunistischen Partei Chinas keiner Religionsgemeinschaft angehören dürfen, in regelmäßigen Abständen immer wieder eingeschärft wird, macht deutlich, dass es gar nicht so wenige Parteimitglieder gibt, die sich mehr oder weniger offen zu einer Religion bekennen.

220 Vgl. G. Evers, Die Länder Asiens, Paderborn 2003, S. 93–103.

221 In den Medien ist viel Aufhebens darum gemacht worden, dass in der Verfassung der Chinesischen Kommunistischen Partei seit dem 17. Parteitag vom 15.–21. Oktober 2007 erstmals das Wort »Religion« erscheint. Im Paragraf 19 der revidierten Verfassung findet sich jetzt der Passus: »Die Partei bemüht sich, die grundlegenden Prinzipien ihrer Arbeit in Hinblick auf die religiösen Angelegenheiten zu verwirklichen und ermuntert alle religiös Gläubigen, Beiträge zur wirtschaftlichen und gesellschaftlichen Entwicklung zu machen.«

222 Vgl. K. Wenzel-Teuber, Sino-vatikanische Beziehungen auf neuem Tiefstand. In: China Heute XXX, 2011, 3, S. 142–145.

223 Vgl. UCA-News, 21.10.11.

224 Vgl. Xinhua News Agency Domestic, 23.12. 2010. Deutsche Übersetzung: China Heute XXX, 2011, 1, 23 f.

225 Vgl. Brief von Benedikt XVI. an die chinesischen Katholiken vom 27. Mai 2007, Libereria Editrice Vaticana 2007.

226 Vgl. Liu Xiaobo, »Ich habe keine Feinde, ich kenne keinen Hass«. Ausgewählte Schriften und Gedichte, Frankfurt 2011, S. 273.

227 Vgl. Liu Xiaobo, a. a. O. S. 251.

228 Einen guten Überblick über die Religionsstatistik gibt Roman Malek: Kirchen und Religionen in der VR China. Statistischer Überblick 2010/2011, in: China Heute XXX, 2011, S. 27–40.

229 Vgl. Liu Xiaobo, a. a. O., S. 258.

230 Vgl. W. Glüer, Gegenseitige Anpassung und Harmonie. Zur Religionspolitik in der Volksrepublik China. In: R. Malek (Hg.): »Fallbeispiel China«. Ökumenische Beiträge zu Religion, Theologie und Kirche im chinesischen Kontext, Nettetal 1996, S. 491–502.

WILBERFORCE
DER MANN, DER DIE SKLAVEREI ABSCHAFFTE
ERIC METAXAS
SCM Hänssler

€ 14,95